인공지능·IoT 시대를 위한

병렬형 SW 개발 방법론
K-Method
표준

저자 유홍준 / 김성현

SoftQT ㈜소프트웨어품질기술원

목 차

‖‖‖

제 1 장   K-Method 개요

제 2 장   표준 적용 방안 및 공통 관리

제 **3** 장 [PR100] 착수 단계 표준

제 4 장   [PD100] 분석 단계 표준

제 5 장 　[PD200] 설계 단계 표준

제 6 장 [PD300] 구현 단계 표준

제 7 장 [CC100] 시험 단계 표준

제 8 장   [CC200] 전개 단계 표준

그림목차

||||||||||||||||||||||||||||||||||||||||||||||||||||||||||||||||||||||||||||||||||||||||||||||||||||||||||||||||||

표 목 차

IIIIIIIIIIIIIIIIIIIIIIIIIIIIIIIIIIIIIIIIIIIIIIIIIIIIIIIIIIIIIIIIIIIIIIIIIIIIIIIIIIIIIIIIIIIIIIIIIIIIIIII

표 목 차

||||||||||||||||||||||||||||||||||||||||||||||||||||||||||||||||||||||||||||||||||||||||||||||||||

머리말

소프트웨어를 개발함에 있어서 방법론의 중요성은 아무리 강조해도 지나침이 없다. 그 이유는 소프트웨어 자체가 유연성이 크기 때문이다. 따라서 일정한 체계를 확립하지 않은 상태에서 개발을 진행하면 소프트웨어의 개발 과정에서 생산성과 품질을 확보하는 것이 어려워진다. 뿐만 아니라, 개발을 완료한 이후에도 소프트웨어를 유지 보수하는 것이 용이하지 않게 된다.

그럼에도 불구하고, 현재 우리나라에는 명확하게 체계를 수립하여 적용하고 있는 소프트웨어 개발 방법론이 존재하지 않는다. 초기에는 아더 앤더슨 컨설팅(Arthur Andersen Consulting) 사에서 개발한 관리기법/1(METHOD/1)이라는 방법론을 한국전산원(지금의 한국정보화진흥원)에서 채택하여 공공 정보화 사업에 보급했던 적이 있다. 그 이후, ETRI에서 마르미(MarMI)라는 방법론을 개발하였고, 마르미 II를 거쳐서 마르미 III까지 업그레이드하였다. 삼성 SDS, LG CNS, SK C&C 등을 비롯한 대형 SI 기업에서는 각각 자사에 맞는 방법론을 정립하여 적용하기 시작했다. 하지만 국내의 대기업이 정립한 방법론은 전체적으로 폐쇄적인 성격을 띄었고, 공개적인 적용을 위해 개발한 ETRI도 오래 가지 않아 마르미 방법론의 업그레이드를 중단하였다. 이러한 상황 속에서 중소기업들은 주로 관리기법/1의 소규모 프로젝트 경로를 프로젝트의 성격에 따라 테일러링하여 사용하는 등 자구책을 모색해왔다. 하지만 정보시스템 구축을 감리해오는 과정에서 느낀 문제점이 있었다. 이들 IT 기업들이 새로운 프로젝트를 수행할 때, 기존에 이미 지적하였던 방법론 상의 이슈를 완벽하게 해결한 상태였는가의 문제이다. 기존의 방법론 상의 문제를 해결하고 새로운 프로젝트에 임하는 경우는 거의 없음을 인지하게 되었다. 그 이유는 무엇일까?

소프트웨어 개발 방법론 자체에 대한 인식이 절대적으로 부족했던 점도 있었지만, 소프트웨어 개발 방법론의 중요성을 알았다 하더라도 방법론 체계를 확립한다는 것은 매우 어려운 일이었기 때문이다.

이에 정보시스템 감리 초창기부터 이러한 문제점을 깊게 인식하고 있었던 저자는 새로운 정보시스템 환경에 맞는 방법론의 정립을 위해 몸을 던지게 되었다. 그 결과 만들어낸 방법론이 세계 최초의 병렬형 소프트웨어 개발 방법론인 K-Method이다.

저자는 원리편을 먼저 완성하였다. 이어, K-Method에서 사용하는 개발 표준을 정립하여 내놓게 되었다. 아무쪼록 K-Method 표준이 소프트웨어 신규 개발 및 고도화는 물론 운영에 있어 많은 도움이 되기를 기도드린다.

2017년 09월 05일
공저자 유 홍준 김 성현

시작하기 전에

병렬형 소프트웨어 개발 방법론 K-Method 표준편은 K-Method의 각 태스크(task)를 수행하면서 생성하거나 참조하는 산출물을 어떻게 작성해야 하는지에 대한 표준을 다루고 있다.

표준은 소프트웨어 개발 규모나 유형에 따라 상당한 차이가 발생할 수 있다. 그럼에도 불구하고 공통적인 영역도 상당히 존재한다.

본 서에서는 소프트웨어 개발 유형과 규모를 감안하되 최대한 공통적으로 적용할 수 있는 부분을 다룬다. 이러한 관점에서 표준을 만들거나 적용함에 있어 겪을 수 있는 시행 착오를 최소화할 수 있도록 몇 가지 조언을 드리고자 한다.

첫째, 표준은 K-Method의 준비 구간 - 착수 단계 - 총괄 준비 작업 세그먼트의 개발 표준 설정 태스크에서 확정해야 한다. 그 이유는 표준을 개발이나 고도화 사업의 초기에 확정하지 않을 경우, 개발이나 고도화 과정에서 혼란이 발생할 가능성이 증가하기 때문이다. 따라서, 소프트웨어 개발 또는 고도화 사업의 진행 초기인 준비 구간에서 모든 표준을 확정하는 것이 중요하다.

둘째, 표준은 표준 정의와 표준 양식을 포함해야 한다. 표준 정의는 '개발 표준 정의서'에 반영하며, 표준 양식은 '산출물 표준 양식'에 반영해야 한다. 이들은 개발 표준 설정 태스크에서 모두 명확하게 확립하여야 한다.

셋째, 일단 표준을 확정하면 사업 기간 중 철저히 준수해야 한다. 표준을 준수하지 않을 경우 개발, 고도화 또는 유지 보수 작업자 간의 의사 소통이 용이하지 않게 되어 품질을 확보하기 어려워진다. 따라서, 표준의 철저한 준수를 통해 개발 생산성, 유지 보수성과 품질을 세심히 확보해주는 것이 중요하다.

넷째, 표준을 확정하고 나면 반드시 교육을 실시해야 한다. 아무리 세밀하게 작성한 표준 지침이 있더라도, 교육이 없어서는 안된다. 교육이 없으면 자기 나름대로의 해석에 의해 엉뚱하게 표준을 적용하는 문제가 발생할 수 있다. 따라서, 적절한 교육을 실시하여 해석을 잘못할 수 있는 부분에 대해 명쾌한 정의를 내려주어, 안정적인 표준 적용을 할 수 있도록 해야 한다.

다섯째, 표준 준수 여부에 대해 주기적인 점검이 있어야 한다. 개발 공정 단계별 베이스 라인을 설정하여 각 베이스 라인별로 표준 준수 여부에 대한 점검을 하여 교정해주는 활동을 해야 한다. 그렇게 해야 품질을 적정 수준 이상으로 유지할 수 있다.

표준을 확립하여 철저히 적용하는 문화를 정착시키면, 사업 품질을 획기적으로 제고해 줄 수 있다. (주)소프트웨어품질기술원은 향후 이러한 품질 정착에 더욱 노력을 기울일 것을 다짐드린다.

⟫⟫⟫ 주의

이 책에서 제시한 '표준'은 바람직한 사례를 제시한 것이다. 따라서 소프트웨어 신규 개발, 고도화 또는 운영(유지 보수 포함) 사업의 특성에 따라, 테일러링하여 적용하는 것을 허용한다. 다만 특별한 사정이 없는 한, 이 책에서 제시한 표준의 내역을 최대한 반영할 것을 권고한다.

그 이유는 오랜 기간의 감리 경험을 통해 통상적으로 무리가 없는 수준의 양식과 연관 표준을 제시하는 것이기 때문이다.

특히, 아래의 다섯 가지 점에 주의할 것을 권고한다.

첫째, 표준은 그 성격에 따라 파일 형식을 지정할 필요가 있다. 예를 들어, 총괄 시험 계획서는 MS-WORD나 아래아 한글 파일로 지정하고, 테이블 정의서는 엑셀 파일로 지정하는 식이다. 이렇게 해야, 산출물의 목적에 맞는 파일 형식을 사용하기 쉬워진다. 이는 향후 산출물의 품질을 검증할 때 아주 중요하므로 꼭 파일 형식의 지정이 필요하다.

둘째, 표준에는 코드 번호를 부여해야 한다. 산출물 코드를 표준 체계와 연계하여 부여하면, 연관 산출물의 작성에 있어 표준을 찾는 번거로움을 크게 줄일 수 있다.

셋째, 산출물 양식 파일은 다양한 포맷을 허용하는 경우와 그렇지 않은 경우를 명시적으로 구분해야 한다. 예를 들어, 전개 계획 결과서는 MS-WORD, 아래아 한글, 파워 포인트의 어느 파일 포맷도 허용한다. 하지만, 비즈니스 융합도(BCD: Business Convergence Diagram)나 작업 융합도(WCD: Work Convergence Diagram)는 파워 포인트 파일만 허용한다. 그리고 프로그램 논리 설계서는 텍스트 파일만 허용한다. 이러한 점을 표준에 명시해주어야 혼란을 미연에 방지할 수 있다.

넷째, 표준의 준수 여부를 검증하는 도구를 명시해주는 것이 필요하다. 이는 선택 사항이기는 하지만, 표준을 점검할 수 있는 자동화 도구가 있을 경우 이를 명시해줌으로써 향후 검증이 용이하도록 지원하는 것도 필요하다.

다섯째, 표준의 준수 여부를 검증해주는 베이스 라인을 명시해야 한다. 표준을 잘 준수하였는지를 사업의 진행 과정에서 언제 점검할 것인지 그 시점을 베이스 라인에 연관지어 설정해주는 것이 필요하다.

표준은 이를 철저히 준수할 경우 소프트웨어 개발 사업의 품질(project quailty)을 제고하고 유지 보수성(maintainability)을 향상시켜주는데 결정적인 역할을 한다. 하지만 그렇지 못할 경우, 사업의 품질 저하의 주요 요인으로 작용한다.

따라서, 사업을 수행하는 기간 내내 이를 철저히 준수할 수 있도록 각별히 주의하는 것이 중요하다.

⟫⟫⟫ 저작권 안내

  본 '병렬형 SW 개발 방법론 K-Method 표준'에 대한 저작권과 관련한 모든 권리는 (주)소프트웨어품질기술원이 가지고 있다. 따라서, (주)소프트웨어품질기술원의 서면 허가 없이는 무단 복사하여 배포하는 것을 불허한다.

  본 '병렬형 SW 개발 방법론 K-Method 표준'의 무단 전재를 금한다. 가공·인용할 때에는 반드시 '(주)소프트웨어품질기술원, 병렬형 SW 개발 방법론 K-Method 표준'이라고 밝혀야 한다. 가공·인용 범위에 대해서는 (주)소프트웨어품질기술원의 사전 서면 승인을 얻어야 한다.

  기타 저작권 안내에서 특별히 명시한 사항을 제외하고는 어떠한 권리나 허가도 부여하지 않는다.

(주)소프트웨어품질기술원
주소 : 경기도 고양시 일산동구 호수로 358-39, 101-614
전화번호 : 031-819-2900

>>> 상세 변경 이력

◈ V1.0
  일   자 : 2017년 09월 05일
  작성내용 : 병렬형 SW개발 방법론 K-Method 표준 V1.0 최초 작성
  작 성 자 : 유홍준 김성현

K-Method 개요

1. K-Method 개요

 ## 1.1 K-Method 표준 개요

K-Method 표준은 병렬형 SW 개발 방법론인 K-Method로 프로젝트를 수행하는 과정에서 생성하거나 관리하는 산출물의 표준과 관련한 내용을 다룬다. 표준에 의거한 산출물 작성 및 활용 방법을 설명한다.

이번 장에서는 K-Method 표준의 목적, 적용 범위 및 유의점, 문서 구성 체계, 산출물 코드 체계 등을 설명하기로 하겠다.

1.1.1 표준의 목적

본 서는 소프트웨어 개발 사업 수행을 위하여 병렬형 SW 개발 방법론인 K-Method를 적용할 때 필요한 표준화된 산출물 양식과 작성 방법을 상세히 제시함으로써, 불필요한 산출물을 제거하고 사업에 꼭 필요한 산출물의 효율적인 작성을 지원하는 것을 목적으로 한다. 여기서 소프트웨어 개발 사업이라 함은, 신규 개발 및 고도화를 모두 포함한다.

이러한 목적을 달성하기 위해서는 산출물 양식 내의 구성 요소에 대한 명확한 이해가 필요하다.

1.1.2 표준의 적용 범위 및 유의점

K-Method 표준의 적용 대상 및 범위와 산출물을 프로젝트에 적용할 때의 유의점을 설명하면 다음과 같다.

▶ 적용 대상 및 범위

K-Method 표준은 SW를 개발하는 모든 사업이나 프로젝트를 대상으로 한다.

사업의 규모, 기간, 특성에 따라 방법론 테일러링 작업을 수행하여, 작성할 산출물을 선별하는 것이 바람직하다.

병렬형 SW 개발 방법론인 K-Method의 표준은 SW 개발 구간(section)에 따른 단계(phase), 세그먼트(segment), 태스크(task)의 순서로 세분화하고, 단계별 표준 성과물 양식과 작성 방법을 상세하게 제시하였다.

본 서에서는 일정, 보고, 위험, 형상 등의 사업 관리 분야에 대한 표준 산출물은 제시하지 않는다. 사업 관리를 위한 표준 프로세스와 표준 성과물에 대한 가이드는 별도로 제공한다.

(그림 1-1-1) K-Method 프레임워크

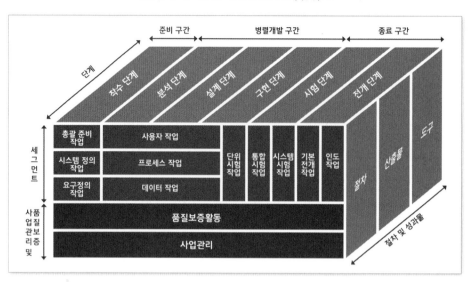

본 서는 소프트웨어 개발에 대한 준비 구간의 착수 단계, 병렬 개발 구간의 분석, 설계, 구현 단계, 종료 구간의 시험, 전개 단계의 진행 과정에서 작성하는 표준 산출물 양식과 작성 방법을 제시한다.

K-Method 표준은 개발과 직접적인 연관성이 있는 산출물 표준을 중심으로 전개한다.

▶ K-Method 표준 적용 시 유의점

K-Method 표준에서 제시하는 표준 양식과 작성 방법은 사업의 규모와 특성에 맞추어 변경 또는 보완할 수 있다. 수행하는 소프트웨어 개발 사업에 맞추어 항목을 추가하거나 삭제할 수 있다.

그러나 표준 산출물에서 제시하는 요구 사항 ID, 화면 ID, 프로그램 ID, 시험 ID 등의 주요 항목은 사용자(이벤트) 모델, 프로세스 모델, 데이터 모델 간의 상호 연결 고리 역할을 하는 정보이거나, 각 공정 단계별 요구 사항의 이행 상황을 단계적 정제화(stepwise refinement)의 과정을 거치는 가운데 지속적으로 추적하기 위한 정보에 해당한다. 그러므로 반드시 작성해야 한다.

또한 K-Method에서 제시하는 필수(mandatory) 작성 산출물은 소프트웨어 신규 개발, 고도화, 운영 사업 등을 성공적으로 완수하기 위해 꼭 필요한 산출물이므로 반드시 작성해야 한다.

부득이 작성하지 못할 경우에는 사유와 대체 방안을 명확하게 제시하여 근거를 남겨야 한다.

1.1.3 문서 구성 체계

K-Method 표준이 포함하고 있는 내용의 구성 체계는 세부적으로 나타내면 다음과 같다.

▶ K-Method 개요

K-Method 표준의 작성 목적에 대하여 설명하고, 표준 산출물의 적용 가능한 범위와 적용 시의 유의 사항, 본 서의 구성 체계, 코드 체계를 제공한다. 표준의 완전한 적용을 위하여 K-Method의 기본 개요 및 표준 절차를 설명한다.

특히, 문서 구성 체계를 이해하기 위해서는 K-Method의 준비 구간, 병렬 개발 구간, 종료 구간에 속하는 각 단계의 연계가 이루어지는 과정을 사전에 이해할 필요가 있다.

▶ 표준 적용 방안 및 공통 관리

K-Method의 표준 절차별 필수 산출물을 결정하는 요소를 소프트웨어의 생명 주기(life cycle), 소프트웨어 유형(software type), 개발 주체(development party), 사업 규모(project scale), 데이터베이스 사용(DB usage) 여부로 구분하여 제시하고, 이 다섯 가지 고려 요소를 조합하여 적용 유형을 결정 한 후, 그에 맞춰 테일러링한 프로세스와 필수 산출물을 제시한다.

그리고 산출물을 생성하여 관리하는 공통 표준과 관리 방안을 제시한다.

▶ 착수, 분석, 설계, 구현, 시험, 전개 단계별 K-Method 표준 서식 및 작성 방법

K-Method의 준비 구간, 병렬 개발 구간, 종료 구간이 포함하고 있는 6개 단계(phase), 17개 세그먼트(segement), 32개 태스크(task)에서 작성하는 산출물의 표준 서식에 대하여 설명하고, 주요 항목에 대한 작성 방법과 고려 사항을 설명한다.

또한, 작성 산출물을 기준으로 주요 참고 산출물과 주요 영향 산출물을 제시한다.

총 6개 단계 중 준비 구간의 1개 단계(착수 단계)와 종료 구간의 2개 단계(시험 단계, 전개 단계)는 직렬 구간(serial section)이므로 순방향(forward direction) 중심으로 작업을 진행한다. 병렬 개발 구간이 포함하고 있는 3개 단계(분석 단계, 설계 단계, 구현 단계)는 병렬 구간(parallel section)이므로 순방향(forward direction)과 역방향(reverse direction)의 어느쪽으로도 작업을 진행하는 것이 가능하다. 표준 서식 및 작성 방법도 이를 고려하여 대응할 필요가 있다.

1.1.4 산출물 코드 체계

K-Method에서 사용하는 구간(section), 단계(phase), 세그먼트(segment), 태스크(task)에 대한 코드 체계를 설명하고, 표준 산출물의 코드 부여 규칙을 제시한다.

〈산출물 문서 번호 설명〉

첫 번째와 두 번째 영문 대문자는 '구간 구분'을 나타낸다.
세 번째, 네 번째, 다섯 번째 숫자 3자리는 단계, 세그먼트, 태스크 구분을 나타낸다.
여섯 번째, 일곱 번째 숫자 2자리는 순차적인 일련 번호이며, 문서 구분 일련 번호를
나타낸다.

(그림 1-1-2) 산출물 문서 번호 부여 규칙 예시

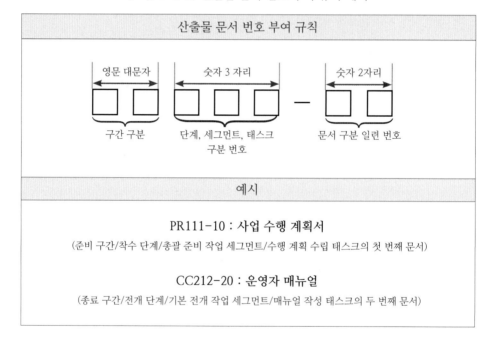

1.2 K-Method 방법론 이해

1.2.1 K-Method 방법론 개요

소프트웨어 위기에 대한 해법의 하나로 폭포수형(waterfall type) 방법론이 탄생한 이후, SW 개발 현장에서는 나선형(spiral), 점증형(iterative & incremental), 기민형(agile) 등 그동안 다양한 형태의 방법론이 출현하며 발전을 거듭해 왔다.

(그림 1-2-1) 기존 SW 개발 방법론의 공정 진행 방식 비교

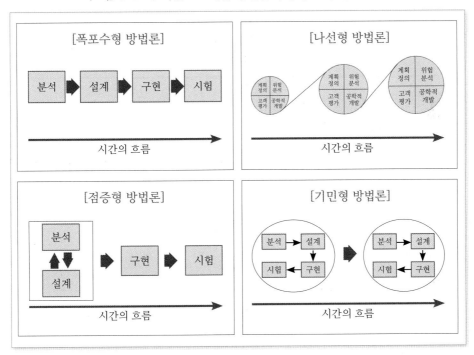

하지만 어떠한 방법론을 채택하더라도 실제 프로젝트를 진행할 때에는 폭포수형과 유사한 형태로 진행될 수밖에 없는 결과를 초래했다. 그 이유는 대부분의 프로젝트가 1년 미만의 단기성이라 반복을 허용하기 어려운 구조였기 때문이다. 또한, 지금까지 출현한 SW 개발 방법론은 모두 직렬형 공정 절차를 기반으로 수행하는 형태여서 짧은 프로젝트 기간을 효율적으로 사용하면서 반복을 수행하는 것이 거의 불가능했기 때문이다. 그로 인해 개발 효율성과 개발 품질을 향상시키는 것이 용이하지 않았다.

저자는 오랜 기간의 현장 정보시스템 감리 경험을 바탕으로 개발 공정이 직렬형으로 고착되어 있는 한 향후 어떤 방법의 개선이 있더라도 한계를 극복할 수 없음을 확신하게 되었다.

이러한 문제점을 해결하기 위해, 개발 공정 자체를 직렬형(serial type)에서 병렬형 (parallel type)으로 발전시켜 작업의 효율성과 품질을 혁신적으로 제고할 수 있는 K-Method를 창안하여 세상에 내놓게 되었다.

(그림 1-2-2) 병렬형 SW 개발 방법론 K-Method의 공정 진행 방식

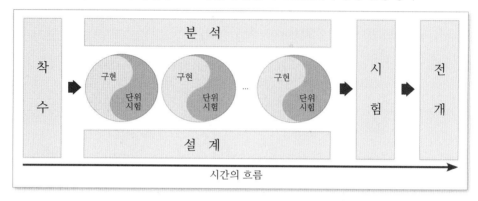

K-Method의 공정 절차를 보면 정보공학이나 관리기법/1 방법론과 같은 폭포수형과 유사하게 착수-분석-설계-구현-시험-전개의 공정 단계로 이루어져 있다.

그러면서도 확연히 다른 특성이 있다. K-Method는 착수와 시험, 전개의 3단계 공정을 제외하고, 분석-설계-구현 공정을 병렬적으로 진행할 수 있도록 하였다.

한 마디로 말하면, 그동안 1개의 차선으로만 작업해왔던 것을 여러 개의 차선을 동시에 이용하여 작업할 수 있는 것이다. 이처럼 대역폭을 확장시킨 다차선 병행 진행 형태를 선택한 것을 특징으로 한다. 또한, 시험 공정의 경우에도 단위 시험을 시험 공정이 아닌 구현 공정의 일부로 편입시켰다. 그렇게 하여, 구현과 단위 시험을 순환적으로 수행하면서 개발 작업을 진행하도록 하고 있다. K-Method와 다른 주요 방법론을 비교하면 〈표 1-2-1〉과 같다.

〈표 1-2-1〉 주요 SW 개발 방법론간의 공정 진행 형태 비교

구분	폭포수형	점증형	기민형	병렬형
주요 적용 방법론 사례	정보공학, 관리기법/1	RUP, 마르미III	XP, Lean, SCRUM, PP, FDD, DSDM, Kanban, ASD, CF, TTD, XM	K-Method
공정 진행 형태	폭포수처럼 단계적으로 순방향 진행	공정 단계의 일부 (분석-설계) 구간을 반복 진행	분석-설계-구현 공정을 직렬형으로 짧게 반복	분석-설계-구현 공정을 병렬형으로 진행
SI 실무 적용	현재까지 가장 많이 적용	현재는 제안 시에만 사용하고 실제로는 거의 미적용	현재는 제안 시에만 사용하고 실제로는 거의 미적용	400회 이상의 감리 실무 검증을 통해 새로 발표

1.2.2 K-Method 방법론 주요 특징

K-Method는 병렬형 기반의 SW 개발 방법론이다. 다양한 정보시스템 개발 사업의 수행을 위해 표준화한 프로세스와 산출물, 작업 지침을 제공한다.

병렬형 SW 개발 방법론인 K-Method의 특징을 요약하여 5가지로 나타내면 다음과 같다.

첫째, 인간의 특성을 반영한 병렬형 SW 개발 방법론이다. 기존의 방법론은 공정 단계를 거치는 과정에서 순방향으로 진행하는 직렬형 SW 개발 방법론이었다. 그러나 직렬형 SW 개발 방법론은 요구 사항의 변경이나 환경 변화 등에 적절한 대응이 용이하지 않았다. 이에 비해 K-Method는 분석-설계-구현 공정을 병렬적으로 진행한다. 그렇게 함으로써, 요구 사항의 변경이나 내·외부 환경의 변화에 즉각적으로 대처할 수 있다. 또한, 인간의 변화무쌍한 진화적 요구에 고품질로 신속하게 대응하는 것이 가능하다. 이를 통해, 인공 지능과 IoT까지 포함한 스팩트럼 넓은 개발에 적용할 수 있다.

둘째, 프로젝트에 실제 적용이 용이하도록 최적화된 프로세스와 산출물을 제공한다. 국내 현실에 잘 맞지않는 외국의 이론적인 방법론을 그동안 국내 SW 개발 현장에 무분별하게 적용해왔다. 불필요한 절차와 산출물이 많았다. 결과적으로, 실제 적용이 어려워 방법론을 적용하지 않고 프로젝트를 수행하는 경우가 많았다. 이에 비해 K-Method는 프로젝트의 성공과 품질 제고에 필요한 최적화된 프로세스와 산출물을 제공한다. 이를 통해, 프로젝트의 규모와 성격에 따라 적용이 용이하도록 지원한다.

셋째, 기능 분할 및 인과 관계 추적을 명확히 구분하여 진행할 수 있도록 구조화하였다. 기존의 방법론에서는 주로 기능적인 요소 중심의 대응이었다. 그래서 프로젝트의 목표 달성과 작업 효율성 제고를 위한 기능과 기능간의 인과 관계를 명확히 파악하는 방안에의 철저한 대응이 미흡하였다. 이에 비해 K-Method는 기능과 인과 관계를 명확히 파악하여 구현하도록 구조화한 프로세스와 산출물을 제공한다.

넷째, 단순 작업을 줄이고 모델과 소스의 시각화를 지원하는 도구의 지원을 받는다. 시스템을 개발하다보면 산출물을 작성하는데 많은 시간을 소요한다. 또한, 복잡하게 얽힌 소스 및 이와 연관이 있는 모델의 작업에 어려움을 겪는다. 이에 비해 K-Method는 프로그램 개발에 집중할 수 있도록 단순하고 형식적인 산출물 작성의 자동화를 추구한다. 또한, 복잡한 소스 및 모델을 체계적으로 시각화하여 쉽게 분석할 수 있도록 하는 도구를 지원한다.

다섯째, 순수한 국내산의 방법론이다. 우리나라에서 개발한 세계 최초의 병렬형 SW 개발 방법론이다. 따라서, 로얄티 등의 부담 없이 지속적으로 기술 지원을 쉽게 받을 수 있다.

1.2.3 K-Method 전체 구성도

병렬형 SW 개발 방법론인 K-Method는 (그림 1-2-3)과 같이 준비, 병렬 개발, 종료의 3개 구간 속에 착수, 분석, 설계, 구현, 시험, 전개의 6개 단계(phase), 17개 세그먼트(segment), 32개 태스크(task)를 포함한다.

(그림 1-2-3) K-Method의 전체 구성도

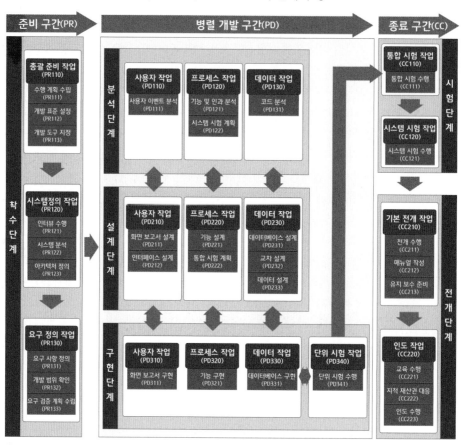

SW 개발을 위해서는 준비 구간(PR section)이 포함하고 있는 착수 단계를 먼저 수행한다. 이어서, 병렬 개발 구간(PD section)이 포함하고 있는 분석, 설계, 구현 단계의 병행적 작업을 진화적으로 수행한다. 이런 식으로 SW를 병렬형 접근을 통해 개발한다. 이때 구현 단계에서는 사용자 작업, 프로세스 작업, 데이터 작업 세그먼트를 융합하여 단위 시험 작업 세그먼트와 순환적으로 연계 작업을 수행한다.

병렬 개발 구간에서의 작업을 마치면, 종료 구간(CC section)이 포함하고 있는 시험 단계와 전개 단계를 거쳐 SW의 인도 작업을 행한다. 이러한 과정을 거쳐 SW 개발 사업을 완료한다.

▶ 준비 구간(PR)

준비 구간은 착수 단계를 포함한다. 착수 단계는 총괄 준비 작업, 시스템 정의 작업, 요구 정의 작업의 3개 세그먼트를 포함한다.

이들 3개 세그먼트에서는 모두 직렬형으로 작업을 진행한다. 그 이유는 준비 단계에서는 다른 영역의 작업자 간의 병행적인 정보 교환이나 의사 소통보다는 순차적인 형태의 연계 작업을 중심으로 하기 때문이다.

총괄 준비 작업 세그먼트는 수행 계획 수립, 개발 표준 설정, 개발 도구 지정의 3개 태스크로 이루어진다.

시스템 정의 작업 세그먼트는 인터뷰 수행, 시스템 분석, 아키텍처 정의의 3개 태스크로 이루어진다.

요구 정의 작업 세그먼트는 요구 사항 정의, 개발 범위 확인, 요구 검증 계획 수립의 3개 태스크로 이루어진다.

착수 단계에서의 세그먼트 진행 순서는 총괄 준비 작업, 시스템 정의 작업, 요구 정의 작업의 순이다. 또한, 각 세그먼트 내에서의 태스크의 흐름은 (그림 1-2-4)에서 나타낸 바와 같은 형태의 진행 과정을 거친다.

(그림 1-2-4) K-Method의 준비 구간 표준 프로세스

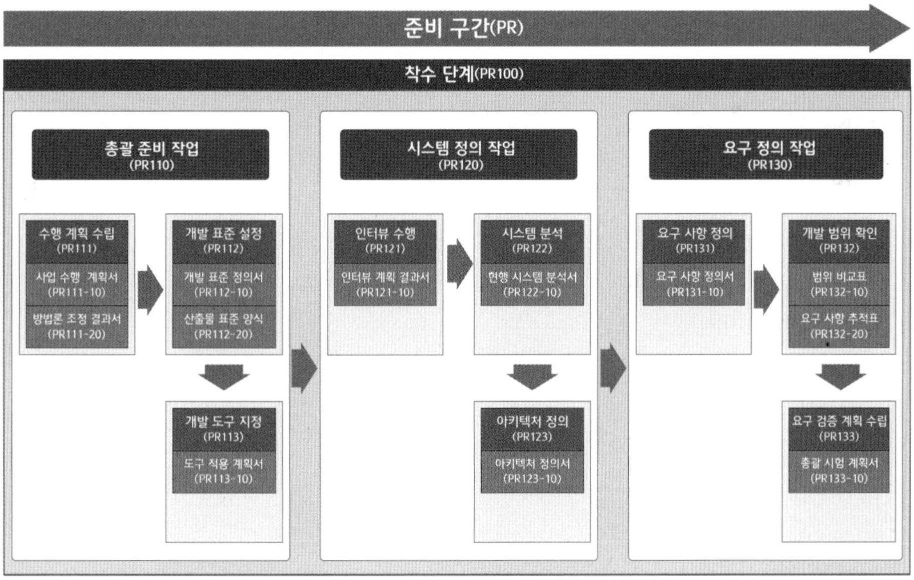

준비 구간을 뜻하는 코드인 'PR'은 '준비 구간(preparation section)'의 맨 앞자 2자를 떼어내어 대문자로 나타낸 것이다. 준비 구간은 개발을 본격적으로 시작하기 전의 준비를 하는 구간이므로 모든 공정 작업이 직렬형(serial type)으로 이루어진다.

▶ 병렬 개발 구간(PD)

병렬 개발 구간은 분석 단계, 설계 단계, 구현 단계의 3단계를 포함한다. 각각의 단계는 병렬적으로 융합이 이루어진다. 이를 통해 점진적인 개발을 수행하는 형태로 진행한다. 각 단계는 사용자 작업, 프로세스 작업, 데이터 작업의 3개 세그먼트를 각각 포함한다.

분석 단계에서의 사용자 작업 세그먼트는 사용자 이벤트 분석의 1개 태스크로 이루어진다.

분석 단계에서의 프로세스 작업 세그먼트는 기능 및 인과 분석, 시스템 시험 계획의 2개 태스크로 이루어진다.

분석 단계에서의 데이터 작업 세그먼트는 코드 분석의 1개 태스크로 이루어진다.

설계 단계에서의 사용자 작업 세그먼트는 화면 보고서 설계, 인터페이스 설계의 2개 태스크로 이루어진다.

설계 단계에서의 프로세스 작업 세그먼트는 기능 설계, 통합 시험 계획의 2개 태스크로 이루어진다.

설계 단계에서의 데이터 작업 세그먼트는 데이터베이스 설계, 교차 설계, 데이터 설계의 3개 태스크로 이루어진다.

구현 단계에서의 사용자 작업 세그먼트는 화면 보고서 구현의 1개 태스크로 이루어진다.

구현 단계에서의 프로세스 작업 세그먼트는 기능 구현의 1개 태스크로 이루어진다.

구현 단계에서의 데이터 작업 세그먼트는 데이터베이스 구현의 1개 태스크로 이루어진다. 구현 단계에서는 단위 시험 작업 세그먼트를 1개 더 포함한다. 단위 시험 작업 세그먼트는 단위 시험 수행의 1개 태스크로 이루어진다.

각 단계별 세그먼트는 사용자 작업, 프로세스 작업, 데이터 작업의 세그먼트별로 작업을 한다. 분석 단계, 설계 단계, 구현 단계가 서로 연관을 맺으며, 3개의 차선이 병렬로 늘어서 진행하는 형태로 수행한다. 여기에 구현 단계에서는 사용자 작업, 프로세스 작업, 데이터 작업을 모두 융합하고, 그 결과를 단위 시험 작업 세그먼트와 순환적으로 작업을 수행해나가는 형태로 진행한다.

병렬 개발 구간의 제반 세부적인 공정을 병렬적으로 수행하려면 새빛(SEVIT)이나 새틀(SETL)과 같은 자동화 도구를 사용해야 한다. 자동화 도구의 지원을 받지 않아 분석 단계, 설계 단계, 구현 단계를 병렬형으로 진행할 수 없다 하더라도, K-Metnod는 직렬형 작업도 효율적으로 지원한다. 폭포수형, 점증형, 기민형 같은 직렬형 공정도 K-Method는 무리없이 지원한다.

병렬 개발 구간을 뜻하는 코드인 'PD'는 '병렬 개발 구간(parallel development section)'의 2단어 앞자 한 자씩을 떼어내어 대문자로 나타낸 것이다. 병렬 개발 구간은 개발을 본격적으로 진행하는 구간이므로 전체적인 공정 작업의 대부분이 병렬형(parallel type)으로 이루어진다.

(그림 1-2-5) K-Method의 병렬 개발 구간 표준 프로세스

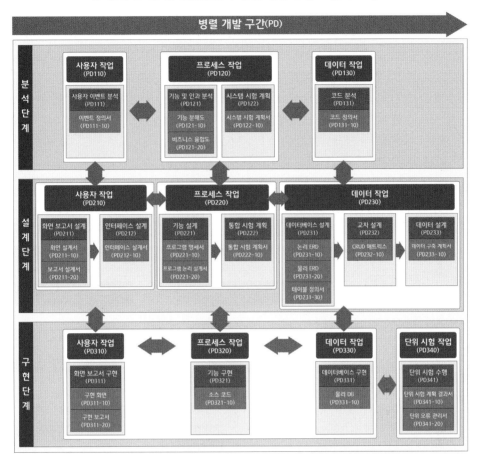

▶ 종료 구간(CC)

　종료 구간은 시험 단계, 전개 단계의 2단계를 포함한다. 종료 구간의 모든 단계는 직렬형으로 진행한다. 그 이유는 작업이 순차적인 연계 중심으로 행해지기 때문이다.

　시험 단계는 통합 시험 작업, 시스템 시험 작업의 2개 세그먼트를 포함한다.

　통합 시험 작업 세그먼트는 통합 시험 수행의 1개 태스크로 이루어진다.

　시스템 시험 작업 세그먼트는 시스템 시험 수행의 1개 태스크로 이루어진다.

　단위 시험 작업 세그먼트는 구현 단계로 통합이 이루어져 있어, 시험 단계에서는 제외한다.

　시험 단계에서의 세그먼트 진행 순서는 통합 시험 작업, 시스템 시험 작업의 순이다.

　전개 단계는 기본 전개 작업, 인도 작업의 2개 세그먼트를 포함한다.

기본 전개 작업 세그먼트는 전개 수행, 매뉴얼 작성, 유지 보수 준비의 3개 태스크로
이루어진다.

인도 작업 세그먼트는 교육 수행, 지적 재산권 대응, 인도 수행의 3개 태스크로
이루어진다.

전개 단계에서의 세그먼트 진행 순서는 기본 전개 작업, 인도 작업의 순이다.

종료 구간의 시험 단계와 전계 단계의 각 세그먼트는 순차적으로 진행하는 것을
원칙으로 한다. 다만, 사업을 진행하는 과정에서 일부 순서를 바꿔야 할 경우가 발생할
시에는 테일러링을 통해 조정한다.

기본 전개 작업과 인도 작업을 모두 마치면 사업을 종료한다.

(그림 1-2-6) K-Method의 종료 구간 표준 프로세스

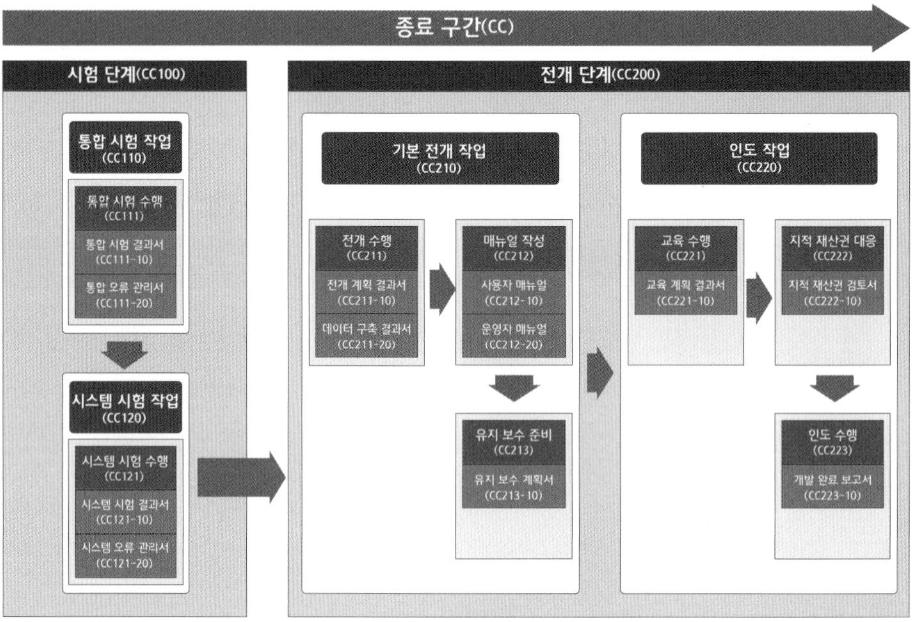

종료 구간을 뜻하는 코드인 'CC'는 '종료 구간(cycle completion section)'의 2단어 앞자
한 자씩을 떼어내어 대문자로 나타낸 것이다. 종료 구간은 개발을 완료한 후 시험을 거쳐
인도를 하기까지의 개발 사이클의 마무리 작업을 하는 구간이므로 모든 공정 작업이
직렬형(serial type)으로 이루어진다.

이상과 같이, K-Method의 전체적인 구성은 개발을 직렬형으로 준비하는 '준비 구간',
개발을 병렬형으로 수행하는 '병렬 개발 구간', 개발 사이클을 직렬형으로 마무리하는
'종료 구간'의 세 구간으로 구분되어, 각 구간의 수행 목적에 맞도록 단계를 나눠
수행하도록 이루어진다.

1.2.4 K-Method 표준 프로세스

병렬형 SW 개발 방법론인 K-Method는 준비(PR) 구간, 병렬 개발(PD) 구간, 종료(CC) 구간의 3구간으로 나뉜다.

준비 구간은 착수 단계를 포함하고 있다. 세부적으로는 개발을 진행하기 위한 총괄 준비 작업, 시스템 정의 작업, 요구 정의 작업의 세그먼트로 이루어진다. 총괄 준비 작업 세그먼트는 3개의 태스트, 시스템 정의 작업 세그먼트는 3개의 태스크, 요구 정의 작업 세그먼트도 3개의 태스크를 포함한다.

병렬 개발 구간은 분석 단계, 설계 단계, 구현 단계의 3단계를 포함하고 있다. 세부적으로 3단계는 각각 사용자 작업, 프로세스 작업, 데이터 작업의 3가지 유형의 작업으로 나누어지는 세그먼트를 병렬적으로 수행한다. 또한 구현 단계의 사용자 작업, 프로세스 작업, 데이터 작업의 3가지 작업은 단위 시험 작업과 사이클을 형성하면서 개발을 수행한다.

이들 병렬 개발 구간의 분석 단계, 설계 단계, 구현 단계의 3단계는 단순히 계층이라기보다는 (그림 1-2-7)에 나타낸 바와 같이, 마치 동축 케이블(coaxial cable)처럼 원형 튜브 속에 또 다른 튜브가 들어 있는 것과 같은 형태로 구성이 이루어진다. 그렇기 때문에 분석, 설계, 구현 단계는 각각이 별도로 있는 것이 아니라 외관상으로는 통합적으로 보인다. 내부적으로만 상호 소통하면서 공정을 병행적으로 진행한다.

(그림 1-2-7) 병렬 개발 구간의 다차선 공정 병행 진행 방식

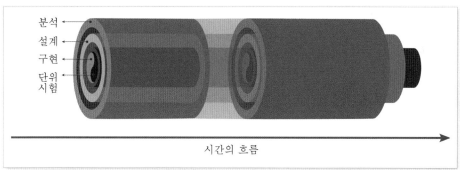

종료 구간은 시험 단계와 전개 단계를 포함한다. 세부적으로 시험 단계에서는 통합 시험 작업과 시스템 시험 작업을 행한다. 전개 단계에서는 기본 전개 작업과 인도 작업을 행한다.

병렬형 SW 개발 방법론인 K-Method의 표준 프로세스(standard process)는 6개의 단계(phase), 17개의 세그먼트(segment), 32개의 태스크(task)로 이루어진다. 또한, 46개의 산출물(product)을 생성한다. 단계, 세그먼트, 태스크, 산출물을 제시하면 〈표 1-2-2〉와 같다.

〈표 1-2-2〉 K-Method의 표준 프로세스와 산출물

단계 (phase)	세그먼트 (segment)	태스크 (task)	산출물 (product)
착수 단계 (PR100)	총괄 준비 작업 (PR110)	수행 계획 수립 (PR111)	사업 수행 계획서 (PR111-10)
			방법론 조정 결과서 (PR111-20)
		개발 표준 설정 (PR112)	개발 표준 정의서 (PR112-10)
			산출물 표준 양식 (PR112-20)
		개발 도구 지정 (PR113)	도구 적용 계획서 (PR113-10)
	시스템 정의 작업 (PR120)	인터뷰 수행 (PR121)	인터뷰 계획 결과서 (PR121-10)
		시스템 분석 (PR122)	현행 시스템 분석서 (PR122-10)
		아키텍처 정의 (PR123)	아키텍처 정의서 (PR123-10)
	요구 정의 작업 (PR130)	요구 사항 정의 (PR131)	요구 사항 정의서 (PR131-10)
		개발 범위 확인 (PR132)	범위 비교표 (PR132-10)
			요구 사항 추적표 (PR132-20)
		요구 검증 계획 수립 (PR133)	총괄 시험 계획서 (PR133-10)
분석 단계 (PD100)	사용자 작업 (PD110)	사용자 이벤트 분석 (PD111)	이벤트 정의서 (PD111-10)
	프로세스 작업 (PD120)	기능 및 인과 분석 (PD121)	기능 분해도 (PD121-10)
			비즈니스 융합도 (PD121-20)
		시스템 시험 계획 (PD122)	시스템 시험 계획서 (PD122-10)
	데이터 작업 (PD130)	코드 분석 (PD131)	코드 정의서 (PD131-10)

단계 (phase)	세그먼트 (segment)	태스크 (task)	산출물 (product)
설계 단계 (PD200)	사용자 작업 (PD210)	화면 보고서 설계 (PD211)	화면 설계서 (PD211-10)
			보고서 설계서 (PD211-20)
		인터페이스 설계 (PD212)	인터페이스 설계서 (PD212-10)
	프로세스 작업 (PD220)	기능 설계 (PD221)	프로그램 명세서 (PD221-10)
			프로그램 논리 설계서 (PD221-20)
		통합 시험 계획 (PD222)	통합 시험 계획서 (PD222-10)
	데이터 작업 (PD230)	데이터베이스 설계 (PD231)	논리 ERD (PD231-10)
			물리 ERD (PD231-20)
			테이블 정의서 (PD231-30)
		교차 설계 (PD232)	CRUD 매트릭스 (PD232-10)
		데이터 설계 (PD233)	데이터 구축 계획서 (PD233-10)
구현 단계 (PD300)	사용자 작업 (PD310)	화면 보고서 구현 (PD311)	구현 화면 (PD311-10)
			구현 보고서 (PD311-20)
	프로세스 작업 (PD320)	기능 구현 (PD321)	소스 코드 (PD321-10)
	데이터 작업 (PD330)	데이터베이스 구현 (PD331)	물리 DB (PD331-10)
	단위 시험 작업 (PD340)	단위 시험 수행 (PD341)	단위 시험 계획 결과서 (PD341-10)
			단위 오류 관리서 (PD341-20)

01 K-Method 개요

41

단계 (phase)	세그먼트 (segment)	태스크 (task)	산출물 (product)
시험 단계 (CC100)	통합 시험 작업 (CC110)	통합 시험 수행 (CC111)	통합 시험 결과서 (CC111-10)
			통합 오류 관리서 (CC111-20)
	시스템 시험 작업 (CC120)	시스템 시험 수행 (CC121)	시스템 시험 결과서 (CC121-10)
			시스템 오류 관리서 (CC121-20)
전개 단계 (CC200)	기본 전개 작업 (CC210)	전개 수행 (CC211)	전개 계획 결과서 (CC211-10)
			데이터 구축 결과서 (CC211-20)
		매뉴얼 작성 (CC212)	사용자 매뉴얼 (CC212-10)
			운영자 매뉴얼 (CC212-20)
		유지 보수 준비 (CC213)	유지 보수 계획서 (CC213-10)
	인도 작업 (CC220)	교육 수행 (CC221)	교육 계획 결과서 (CC221-10)
		지적 재산권 대응 (CC222)	지적 재산권 검토서 (CC222-10)
		인도 수행 (CC223)	개발 완료 보고서 (CC223-10)

　SW 개발 사업의 생명 주기, SW 유형, 개발 주체, 사업 규모, DB 사용 여부 등에 따라 표준 프로세스는 변경이 가능하며, 표준 프로세스 수행으로 작성하는 산출물도 조정할 수 있다. 생명 주기는 신규 개발, 고도화, 운영 등으로 구분한다. SW 유형은 시스템 SW, 응용 SW, 패키지 SW, 내장 SW 등으로 구분한다. 개발 주체는 자체 개발, 외주 개발 등으로 구분한다. 사업 규모는 대규모, 중규모, 소규모 등으로 구분한다. DB 사용 여부는 미사용, 사용 등으로 구분한다.

　K-Method의 표준 프로세스 테일러링(tailoring)은 이처럼 5가지의 고객화 요소를 가지고 이루어진다.

1.2.5 K-Method 산출물 연관도

K-Method의 준비 구간, 병렬 개발 구간, 종료 구간의 표준 프로세스를 중심으로 착수, 분석, 설계, 구현, 시험, 전개의 단계별 활동의 결과로 작성하는 주요 산출물은 (그림 1-2-8)과 같다.

(그림 1-2-8) K-Method의 표준 프로세스에 따른 주요 산출물 개관

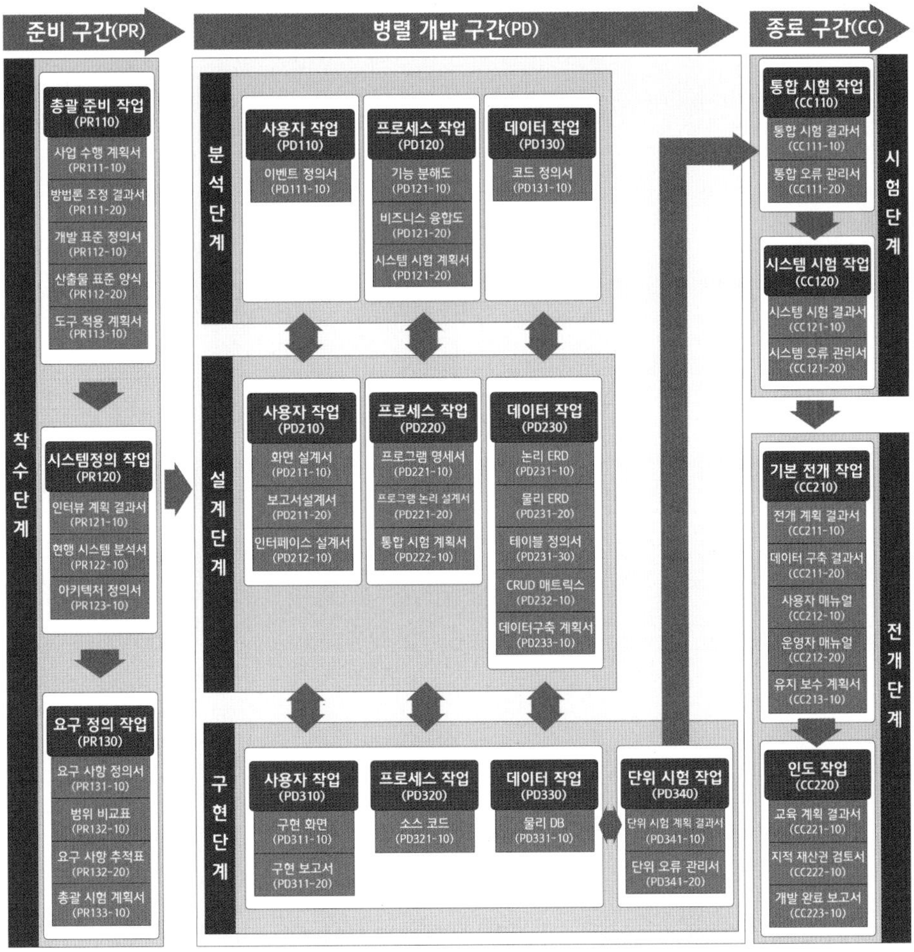

K-Method의 산출물은 요구 사항 ID, 기능 ID, 화면 ID 등의 식별 정보로 상호 연결이 이루어진다.

이를 바탕으로 착수, 분석, 설계, 구현, 시험, 전개 단계별로 요구 사항을 중심으로 하는 이벤트, 프로세스, 데이터 모델의 추적이 가능하다.

1.2.6 단계별 표준 프로세스 적용 자동화 도구

K-Method 기반의 병렬형 소프트웨어 개발에서는 각 공정 단계별로 자동화 도구의 적용이 이루어진다.

㈜소프트웨어품질기술원이 자체 보유하여 지원하는 자동화 도구를 각 공정 단계별로 정리하여 표로 제시하면 〈표 1-2-3〉과 같다.

〈표 1-2-3〉 K-Method의 각 공정 단계별로 적용하는 주요 자동화 도구

구분		㈜소프트웨어품질기술원 지원 도구	지원 도구 역할
준비 구간	착수 단계	새품, 새북	▶ 새벗: 새룰, 새틀, 새빛, 새북을 포함한 SW 융합 프레임 워크를 형성하여, 통합 운용 기능을 제공하는 도구
병렬 개발 구간	분석 단계	새벗, 새빛, 새틀, 새품, 새룰, 새북	▶ 새빛: 복잡하고 어려운 소스를 체계적으로 시각화하고 자동화 하는 기능을 포함한 도구
	설계 단계		▶ 새틀: 다양한 프로그램 언어로 구성된 소스를 쉽게 분석이 가능하도록 시각화하여 SW 품질을 개선하는 도구
	구현 단계		▶ 새품: 사용자, 프로세스, 데이터의 품질을 점검하여 개선하는 도구
종료 구간	시험 단계	새벗, 새빛, 새틀, 새품	▶ 새룰: 새틀, 새빛에 정형화한 규칙을 제공하여 SW 품질을 확보하는 도구
	전개 단계	새품, 새북	▶ 새북: 동적 콘텐츠와 정적 콘텐츠의 쌍방향 연결 및 제어를 통해 개발 내용의 이해를 높이고 개발 시스템의 효율적 학습 능력 제고를 지원하는 도구

▶ 준비 구간(PR)

준비 구간에 적용하는 자동화 도구 상세 내역을 나타내면 (그림 1-2-9)와 같다.

(그림 1-2-9) 준비 구간에 적용하는 주요 자동화 도구 상세

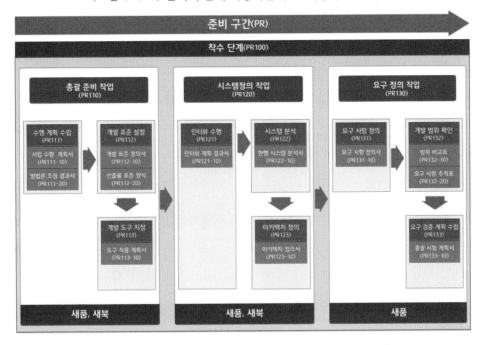

K-Method의 준비 구간에는 착수 단계 하나만 존재한다. 착수 단계라 함은 병렬 개발 구간의 본격적인 분석, 설계, 구현 단계로 진입하기 전에 사업을 착수하면서 사전에 준비해야 할 작업들을 수행하는 단계이다.

착수 단계는 총괄 준비 작업 세그먼트, 시스템 정의 작업 세그먼트, 요구 정의 작업 세그먼트의 총 3개 세그먼트가 존재한다.

3개 세그먼트 중에서 총괄 준비 작업과 시스템 정의 작업 세그먼트에는 새품과 새북의 2가지 자동화 도구를 사용하고, 요구 정의 작업 세그먼트에서는 새품만 사용한다.

착수 단계의 3개 세그먼트에 걸쳐 사용하는 새품은 착수 단계에서 주로 품질 기준에 의거한 체크리스트 기법을 사용한다. 이를 통해, 각 세그먼트의 작업이 적정 품질을 유지하고 있는지 점검한다. 다만, 요구 정의 작업 세그먼트 중 요구 사항 정의와 개발 범위 확인 태스크에서는 개발 범위 비교와 요구 사항 추적이 적절한 매핑을 통해 추적이 가능한지 비교 점검을 수행한다.

새북은 총괄 준비 작업과 시스템 정의 작업 세그먼트에서 사용한다. 새북은 개발 표준과 산출물 표준 양식에 관한 이해를 쉽게 하는 것을 지원한다. 새품과 새북의 사용을 통해 초기의 위험을 최소화할 수 있다.

▶ 병렬 개발 구간(PD)

병렬 개발 구간에 적용하는 자동화 도구 상세 내역을 나타내면 (그림 1-2-10)과 같다.

(그림 1-2-10) 병렬 개발 구간에 적용하는 주요 자동화 도구 상세

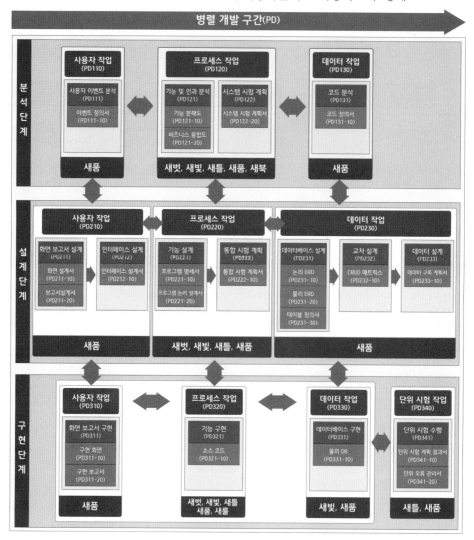

K-Method의 병렬 개발 구간에는 분석 단계, 설계 단계, 구현 단계의 3단계가 존재한다. 전통적인 방법론의 경우에는 분석 단계, 설계 단계, 구현 단계를 순방향으로만 진행한다. 그러나 K-Method에서는 분석 단계, 설계 단계, 구현 단계를 순방향으로 진행할 수도 있지만, 역방향으로 진행할 수도 있다. 그 이유는 무엇일까? K-Method에서는 분석 단계, 설계 단계, 구현 단계가 통합적으로 융합이 이루어져 병렬로 공정을 진행할 수 있기 때문이다.

분석 단계, 설계 단계, 구현 단계는 모두 내부에 사용자 작업 세그먼트, 프로세스 작업 세그먼트, 데이터 작업 세그먼트를 각각 가지고 있다. 이들 각각의 세그먼트들은 각 단계의 내부에 존재한다. 분석 단계, 설계 단계, 구현 단계는 서로 대등한 상태로 상호 연관 관계를 맺으며 병렬 형태로 공정을 진행한다.

구현 단계 내부에는 하나의 세그먼트가 더 존재한다. 그것은 단위 시험 작업 세그먼트이다. 이 단위 시험 작업 세그먼트는 구현 단계 내의 사용자 작업 세그먼트, 프로세스 작업 세그먼트, 데이터 작업 세그먼트를 모두 융합한 형태의 결과를 받아 시험하는 작업을 수행한다.

분석 단계, 설계 단계, 구현 단계의 상호 연관을 가진 사용자 작업 세그먼트에는 새품이라는 자동화 도구를 사용한다. 새품은 사용자 작업 세그먼트에서 체크리스트 형태의 점검 방법을 사용하여 품질을 점검하는 역할을 한다.

분석 단계, 설계 단계, 구현 단계의 상호 연관을 가진 프로세스 작업 세그먼트에는 새벗, 새빛, 새틀, 새품, 새룰, 새북의 6가지 자동화 도구를 사용한다.

새벗(SEVUT : Software Engineering Visualized Unification Tool)은 시각화한 통합 환경을 만들어주는 도구이다. 새벗을 기반으로 새빛, 새틀, 새북 등과 같은 다양한 자동화 도구를 통합하여 사용할 수 있도록 해줌으로써, 병렬 개발을 위한 통합 프레임워크 환경을 형성한다.

새빛(SEVIT : Software Engineering Visualized Integration Tool)은 구현 단계에서 역공학으로 추출한 정보를 가지고 분석 단계와 설계 단계를 병렬로 통합해준다. Java 언어에 특화시켜 작업할 수 있는 시각화 통합 도구이다. Java 소스 코드를 중심으로 분석과 설계 단계를 통합한다. 분석 및 설계 모델링에는 시스템 다이어그램, 패키지 다이어그램, 클래스 다이어그램, 시퀀스 다이어그램, 플로우 다이어그램의 5가지 모델링 표기 방법을 사용한다. 이들은 소스 코드에서 추출한 요소들을 자동적으로 시각화하여 병렬 개발 작업을 지원한다.

이들 5가지 다이어그램 중 시스템 다이어그램, 패키지 다이어그램, 클래스 다이어그램의 3가지 다이어그램은 분석 모델에 해당한다. 시퀀스 다이어그램과 플로우 다이어그램의 2가지 다이어그램은 설계 모델에 해당한다. 이들 5가지 다이어그램은 직접 코드와 연관을 맺으며 작업을 수행할 수 있다.

특히, 소스 코드의 복잡도 계산을 통해 코드의 품질을 적정 수준으로 유지할 수 있다.

새빛은 독자적인 사용뿐만 아니라 새벗이라는 융합 프레임 내에서도 작동한다. 또한, 새틀과 협력하여 조립식 설계 작업과 코딩 및 단위 시험과도 유기적으로 연계하여 작업을 수행할 수 있다. 다만, 현재는 Java 언어 기반의 프로젝트에서만 사용이 가능하다.

새틀(SETL : Software Engineering TooL)은 설계 단계를 중심으로 분석 단계와 구현 단계를 병렬로 통합해준다. Java, C, C++, Arduino(C의 변형) 등의 다양한 언어에 유연하게 대응하는 시각화 도구이다. 지원 언어도 계속 확대하고 있다.

새틀은 분석 단계의 기능 분해도 역할을 수행할 수 있고, 논리 설계를 조립식으로 수행할 수 있다. 설계 단계와 구현 단계를 자유자재로 오가며 병렬로 개발 작업을 수행하는 것을 지원한다. 아울러, 구현한 결과물을 단위 시험(부분적인 통합 시험 포함)하는 것을 통합적으로 지원한다.

분석과 설계 표기법은 TTAK.KO-11.0196 정보 통신 단체 표준인 '소프트웨어 논리 구조 표기 지침(Guidelines for Representing the Logic Structure of Software)'의 추상화 수준 분류 기능과 설계 패턴을 이용한다. 설계를 먼저 하거나, 구현을 먼저 하는 것에 상관 없이 순공학(forward engineering) 기능과 역공학(reverse engineering) 기능으로 대응한다. 설계한 것은 소스 코드로 구현하고, 소스 코드로 구현한 것은 자동적으로 설계로 변환하는 기능을 내장하고 있다. 그렇기 때문에 진정한 의미의 병렬 개발을 지원한다. 분석, 설계, 구현의 어느 단계에서도 바로 단위 시험으로 진입하고 실행까지도 시킬 수 있는 기능을 가지고 있다. 또한 설계 내역을 출력할 경우 긴 프로그램도 일관성 있게 추적할 수 있다. 이를 통해 최상의 논리 오류 점검 효율을 제공한다.

새품(SEPUM : Software Engineering Project-quality Unveiling Machine)은 병렬 개발 구간의 전체적인 작업 품질을 점검해 주는 자동화 도구이다. 분석 단계, 설계 단계, 구현 단계 전반에 걸쳐 요구 사항의 매핑 과정의 오류를 자동으로 점검한다.

프로세스 측면에서 소스 코드의 품질을 다양한 매트릭을 사용하여 점검하는 기능을 가지고 있다.

뿐만 아니라, 프로세스 모델과 데이터 모델간의 정합성도 점검한다.

기타 병렬 개발 구간에서 발생할 수 있는 제반 품질 문제를 체크리스트 형태로 점검함으로써 정량적·정성적 관점의 품질 점검 대응을 모두 지원한다.

새룰(SERULE : Software Engineering Rule)은 주로 소스 코드의 문제점을 점검해주는 자동화 도구이다. 코딩 가이드라인 준수를 기본으로 하고 있으며, 코드의 완전성 점검, 코드의 취약점 점검 등 부가적인 기능도 포함하고 있다.

새품, 새빛, 새틀 등과는 달리 새룰은 구현 단계의 소스 코드에 특화시켜 점검해주는 기능을 가진 것이 특징이다.

다만, 새룰은 현재 Java 언어를 사용하는 프로젝트만 지원한다.

새북(SEBOOK : Software Engineering BOOK)은 소프트웨어 개발 과정에서 필요한 교육이나, 자가 학습의 수행, 소프트웨어 개발 도구 활용 매뉴얼의 동적인 작성을 지원하는 자동화 도구이다. 이것은 학습자나 사용자 간의 제어 정보의 공유를 통해 소프트웨어 개발에 관한 지식을 집단 지성(collective intelligence)이라는 형태로 확산하여 쌓을 수 있도록 하는 기능을 가진 것이 특징이다.

분석 단계, 설계 단계, 구현 단계의 상호 연관을 가진 데이터 작업 세그먼트에는 새빛, 새품이라는 자동화 도구를 사용한다. 새빛은 Java 언어 기반으로 패키지와 클래스 다이어그램을 이용하여 정적 모델을 통합적인 시각에서 파악할 수 있도록 지원한다.

새품은 데이터 작업 세그먼트에서 체크리스트 및 직접 검사 형태의 점검 방법을 사용하여 품질을 점검하는 역할을 한다. 데이터 측면에서 DB의 논리 데이터 모델과 물리 데이터 모델은 물론 실제 물리 DB의 무결성을 포함한 통합적인 시각의 품질을 자동적으로 점검하는 기능을 가지고 있다.

구현 단계의 단위 시험 작업 세그먼트에서는 새틀, 새품이라는 자동화 도구를 사용한다.

새틀은 구현된 코드를 컴파일러와 직접 연결하여 빌드를 할 수 있도록 지원하여 단위 시험의 결과를 도구 내에서 확인하여 대처할 수 있도록 지원한다. 또한, 단위 시험 과정을 통해 소스 코드에 수정 사항이 있을 경우, 이를 바로 설계로 변환하는 것을 지원한다.

새품은 시험과 연관이 있는 점검 항목에 대한 세부적인 체크리스트 형태의 점검을 할 수 있도록 지원하여 시험의 품질을 제고해주는 역할을 수행한다.

이처럼, 새벗(SEVUT), 새빛(SEVIT), 새틀(SETL), 새품(SEPUM), 새룰(SERULE), 새북(SEBOOK)은 서로 유기적인 연관을 맺어가며 병렬 개발 구간의 품질을 높이고 개발 생산성 향상을 지원한다.

▶ 종료 구간(CC)

종료 구간에 적용하는 자동화 도구 상세 내역을 나타내면 (그림 1-2-11)과 같다.

(그림 1-2-11) 종료 구간에 적용하는 주요 자동화 도구 상세

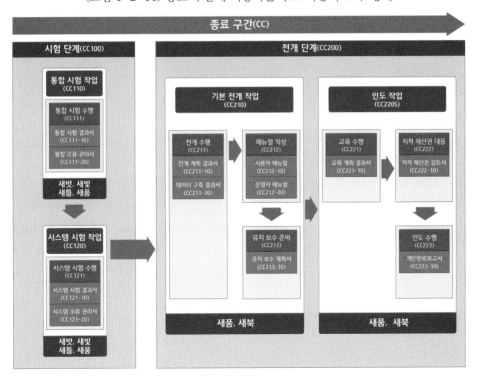

K-Method의 종료 구간에는 시험 단계와 전개 단계의 2단계가 존재한다. 종료 구간은 병렬 개발 구간과는 달리 전통적인 방법론과 유사한 형태로 순차적으로 진행한다.

시험 단계는 통합 시험 작업 세그먼트와 시스템 시험 작업 세그먼트를 포함한다. 통합 시험 작업 세그먼트 내에는 통합 시험 수행 태스크, 시스템 시험 작업 세그먼트 내에는 시스템 시험 수행 태스크가 존재한다.

시험 단계는 구현의 완료와 더불어 모든 단위 시험까지 마친 내역에 대해 시험을 하는 단계이다. 통합적인 차원에서 모든 기능과 인터페이스 연결 상태, 업무 프로세스의 적정한 동작을 시험하고, 모든 비기능 시험도 실시하는 단계이다.

통합 시험 작업 세그먼트에서는 모든 기능과 인터페이스를 구비한 상태에서의 통합적인 시험을 실시한다.

새벗, 새틀, 새빛은 융합적으로 작동하며 통합 시험을 지원한다. 그리고 새품은 체크리스트 형태로 품질 점검을 지원한다.

시스템 시험 작업 세그먼트에서는 통합 시험을 완료한 시스템에 대해 성능, 부하, 보안 등 제반 비기능 요구 사항의 시험을 실시한다.

새벗, 새틀, 새빛은 융합적으로 작동하며 시스템 시험을 지원한다. 그리고 새품은 체크리스트 형태로 품질 점검을 지원한다.

전개 단계는 시험을 완료한 시스템을 인도하기까지의 과정을 수행하는 단계이다.

전개 단계는 기본 전개 작업 세그먼트와 인도 작업 세그먼트의 2가지 세그먼트를 포함 한다.

기본 전개 작업 세그먼트는 전개 수행 태스크, 매뉴얼 작성 태스크, 유지 보수 준비 태스크의 3개 태스크를 포함한다. 인도 작업 세그먼트는 교육 수행 태스크, 지적 재산권 대응 태스크, 인도 수행 태스크의 3개 태스크를 포함한다.

새품은 전개 단계의 기본 전개 작업 세그먼트와 인도 작업 세그먼트의 품질 점검을 지원한다.

전개 단계의 경우에는 데이터 전환을 위한 건수 및 내용의 양면적인 측면에서 데이터 전환의 완전성을 점검하기 위해 새품을 사용한다.

새품은 체크리스트 형태로 전개 단계의 기타 품질 점검을 지원한다

새북은 전개 단계의 지원을 '집단 지성(collective intelligence)'의 관점에서 지원하는 자동화 도구이다. 기본 전개 작업 세그먼트에서 매뉴얼 작성 태스크의 사용자 매뉴얼과 운영자 매뉴얼의 작업을 지원한다. 세부적으로는 스마트 러닝(smart learning) 형태의 쌍방향 소통을 실현하여 집단 지성의 구현을 지원한다. 또한, 교육 수행 태스크, 지적 재산권 대응 태스크, 인도 수행 태스크의 3개 태스크도 스마트 러닝 형태의 쌍방향 소통을 실현하여 집단 지성의 구현을 지원한다.

이들 도구는 (주)소프트웨어품질기술원에서 개발하여 적용하고 있는 것들이다. 아울러, K-Method는 각 공정의 목적에 맞는 어떠한 타사 도구도 유연하게 적용을 허용한다.

제 2 장

표준 적용 방안 및 공통 관리

2. 표준 적용 방안 및 공통 관리

2.1 표준 적용 방안

2.1.1 K-Method 주요 성과물 연계도

K-Method의 주요 성과물간의 연관 관계는 다음과 같다.

(그림 2-1-1) K-Method 주요 성과물간의 연관 관계

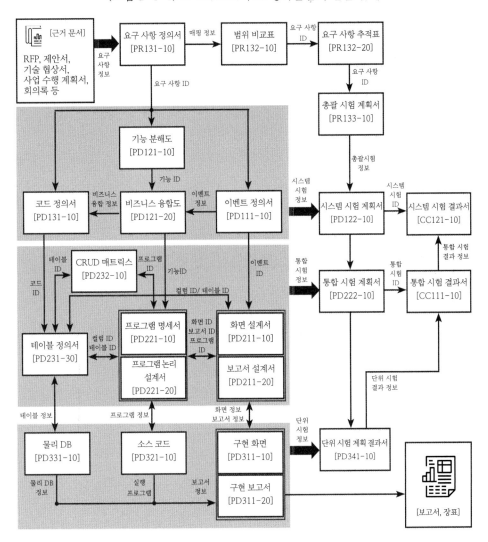

2.1.2 표준 프로세스별 필수 산출물

K-Method의 준비(PR), 병렬 개발(PD), 종료(CC)의 3구간이 각각 포함하는 단계, 세그먼트, 태스크별로 표준 프로세스 수행 시에 생성하여 관리하는 산출물에 대해 기술해 보겠다.

산출물은 반드시 작성해야 하는 필수 산출물과 프로젝트의 특성에 따라 작성 여부를 판단하여 결정할 수 있는 선택 산출물로 구분할 수 있다.

필수 산출물을 결정하는 기준을 K-Method에서는 크게 5가지로 나눠서 생각한다. 생명 주기(life cycle), 소프트웨어 유형(software type), 개발 주체(development party), 사업 규모(project scale), 데이터베이스 사용(DB usage)의 5가지 요소이다.

소프트웨어 프로젝트를 수행함에 있어서 K-Method를 적용할 때에는 반드시 이 다섯가지 고려 요소를 조합하여 적용 유형을 결정한 후, 그에 맞춰 테일러링한 프로세스와 산출물을 적용하는 것이 중요하다.

5가지 고려 요소별 세부 내역을 정리하여 나타내면 아래의 표와 같다.

〈표 2-1-1〉 소프트웨어 생명 주기

생명 주기 구분	약어	세부 내역
신규 개발	신	기존의 시스템이 없는 상태에서 신규로 개발하는 사업
고도화	고	기존의 시스템이 있는 상태에서 개선, 추가, 통합 등을 하는 사업
운영	운	개발을 완료한 시스템을 운영하거나 유지 보수하는 사업

〈표 2-1-2〉 소프트웨어 유형

SW 유형 구분	약어	세부 내역
시스템 SW	시	OS, AI 코어, 프레임워크 등 시스템 코어에 해당하는 소프트웨어
응용 SW	응	관리, AI 적용, 웹 시스템 등 응용에 해당하는 소프트웨어
패키지 SW	패	오피스 프로그램처럼 패키지로 배포가 이루어지는 소프트웨어
내장 SW	내	IoT 프로그램처럼 하드웨어 시스템에 내장하는 소프트웨어

〈표 2-1-3〉 개발 주체

개발 주체 구분	약어	세부 내역
자체 개발	자	소프트웨어를 필요로 하는 기업이나 조직이 자체적으로 소프트웨어를 개발하는 사업
외주 개발	외	소프트웨어를 필요로 하는 기업이나 조직이 외부에 의뢰하여 소프트웨어를 개발하는 사업

〈표 2-1-4〉 사업 규모

사업 규모 구분	약어	세부 내역
대규모	대	20억 이상
중규모	중	5억 이상 ~ 20억 미만
소규모	소	5억 미만

〈표 2-1-5〉 데이터베이스 사용

DB 사용 구분	약어	세부 내역
미사용	미	DB나 DW 등을 전혀 사용하지 않음
사용	사	DB나 DW 등을 사용함

▶ K-Method 표준 프로세스 산출물 적용 방법

K-Method의 적용 과정에서 사용하는 표준 프로세스 산출물은 모두 46개가 기본적으로 제공된다. 단, 구현 화면, 구현 보고서, 소스 코드, 물리 DB 등은 실제 물리적으로 구현한 모습을 의미한다.

사업의 특성에 따라 작성해야 하는 필수 산출물도 달라진다. 〈표 2-1-6〉에 필수 산출물 결정을 위한 사업 특성 구분을 제시하였다. 다만, 본 서에서는 현실적으로 구분의 적용에 있어, 소프트웨어 생명 주기의 경우 개발, 고도화로 한정하였다.

소프트웨어 유형의 경우 응용 소프트웨어, 내장(embedded) 소프트웨어로 한정하였다.

개발 주체의 경우 응용 소프트웨어에는 외주 개발, 내장 소프트웨어에는 자체 개발로 한정하였다.

사업 규모의 경우는 응용 소프트웨어에만 소규모, 중규모, 대규모, 내장 소프트웨어에는 소규모만으로 한정하였다.

데이터베이스 사용의 경우, 응용 소프트웨어에는 사용, 내장 소프트웨어에는 미사용, 사용에 한정하여 필수 산출물을 맞춤형으로 제시하였다.

이렇게 제시하는 이유는, 본 서에서 제시하는 필수 산출물 구분 방법만 이해하면 기타 응용에 따른 산출물을 테일러링 하는 것이 쉬워지기 때문이다.

예를 들어, 데이터베이스 사용에 따른 필수 산출물 작성 내역을 이해했다고 하자. 이를 통해, 데이터베이스를 사용하지 않을 경우, 해당 데이터 모델과 관련한 산출물을 작성하지 않도록 테일러링할 수 있음을 쉽게 이해할 수 있다.

본 서에서 제시하는 산출물 중 필수 산출물의 경우, 해당 사업의 특성에서는 반드시 작성하는 것이 안정적이고 고품질을 도모하여 사업을 성공시킬 수 있음을 나타낸 것이다. 따라서 특별한 사정이 없는 한, 지키는 것이 좋다.

본 서에서 제시하는 필수 산출물 결정을 위한 패턴을 분류하면 아래와 같이 10가지 패턴으로 구분할 수 있다. 기타의 경우에는 (주)소프트웨어품질기술원에 문의바란다.

〈표 2-1-6〉 필수 산출물 결정을 위한 사업 특성 구분 방법

유형번호	약어	생명 주기	SW 유형	개발 주체	사업 규모	DB 사용	적용빈도
1	신응외소사	신규 개발	응용 SW	외주	소규모	사용	높음
2	신응외중사	신규 개발	응용 SW	외주	중규모	사용	중간
3	신응외대사	신규 개발	응용 SW	외주	대규모	사용	낮음
4	고응외소사	고도화	응용 SW	외주	소규모	사용	높음
5	고응외중사	고도화	응용 SW	외주	중규모	사용	중간
6	고응외대사	고도화	응용 SW	외주	대규모	사용	낮음
7	신내자소미	신규 개발	내장 SW	자체	소규모	미사용	높음
8	신내자소사	신규 개발	내장 SW	자체	소규모	사용	낮음
9	고내자소미	고도화	내장 SW	자체	소규모	미사용	높음
10	고내자소사	고도화	내장 SW	자체	소규모	사용	낮음

▶ 제 1 유형 사업 표준 프로세스 필수 산출물

〈표 2-1-7〉 제 1 유형 사업 특성

유형번호	약어	생명 주기	SW 유형	개발 주체	사업 규모	DB 사용	적용빈도
1	신응외소사	신규 개발	응용 SW	외주	소규모	사용	높음

〈표 2-1-8〉 제 1 유형 사업 필수 산출물

단계 (phase)	세그먼트 (segment)	태스크 (task)	산출물 (product)	필수 구분
착수 단계 (PR100)	총괄 준비 작업 (PR110)	수행 계획 수립 (PR111)	사업 수행 계획서 (PR111-10)	○
			방법론 조정 결과서 (PR111-20)	
		개발 표준 설정 (PR112)	개발 표준 정의서 (PR112-10)	
			산출물 표준 양식 (PR112-20)	

단계 (phase)	세그먼트 (segment)	태스크 (task)	산출물 (product)	필수 구분
착수 단계 (PR100)	총괄 준비 작업 (PR110)	개발 도구 지정 (PR113)	도구 적용 계획서 (PR113-10)	
	시스템 정의 작업 (PR120)	인터뷰 수행 (PR121)	인터뷰 계획 결과서 (PR121-10)	
		시스템 분석 (PR122)	현행 시스템 분석서 (PR122-10)	
		아키텍처 정의 (PR123)	아키텍처 정의서 (PR123-10)	
	요구 정의 작업 (PR130)	요구 사항 정의 (PR131)	요구 사항 정의서 (PR131-10)	○
		개발 범위 확인 (PR132)	범위 비교표 (PR132-10)	○
			요구 사항 추적표 (PR132-20)	○
		요구 검증 계획 수립 (PR133)	총괄 시험 계획서 (PR133-10)	
분석 단계 (PD100)	사용자 작업 (PD110)	사용자 이벤트 분석 (PD111)	이벤트 정의서 (PD111-10)	
	프로세스 작업 (PD120)	기능 및 인과 분석 (PD121)	기능 분해도 (PD121-10)	○
			비즈니스 융합도 (PD121-20)	
		시스템 시험 계획 (PD122)	시스템 시험 계획서 (PD122-10)	
	데이터 작업 (PD130)	코드 분석 (PD131)	코드 정의서 (PD131-10)	
설계 단계 (PD200)	사용자 작업 (PD210)	화면 보고서 설계 (PD211)	화면 설계서 (PD211-10)	○
			보고서 설계서 (PD211-20)	
		인터페이스 설계 (PD212)	인터페이스 설계서 (PD212-10)	
	프로세스 작업 (PD220)	기능 설계 (PD221)	프로그램 명세서 (PD221-10)	○
			프로그램 논리 설계서 (PD221-20)	○

표준 적용 방안 및 공통 관리

02

단계 (phase)	세그먼트 (segment)	태스크 (task)	산출물 (product)	필수 구분
설계 단계 (PD200)	프로세스 작업 (PD220)	통합 시험 계획 (PD222)	통합 시험 계획서 (PD222-10)	○
	데이터 작업 (PD230)	데이터베이스 설계 (PD231)	논리 ERD (PD231-10)	○
			물리 ERD (PD231-20)	○
			테이블 정의서 (PD231-30)	○
		교차 설계 (PD232)	CRUD 매트릭스 (PD232-10)	○
		데이터 설계 (PD233)	데이터 구축 계획서 (PD233-10)	
구현 단계 (PD300)	사용자 작업 (PD310)	화면 보고서 구현 (PD311)	구현 화면 (PD311-10)	○
			구현 보고서 (PD311-20)	○
	프로세스 작업 (PD320)	기능 구현 (PD321)	소스 코드 (PD321-10)	○
	데이터 작업 (PD330)	데이터베이스 구현 (PD331)	물리 DB (PD331-10)	○
	단위 시험 작업 (PD340)	단위 시험 수행 (PD341)	단위 시험 계획 결과서 (PD341-10)	○
			단위 오류 관리서 (PD341-20)	○
시험 단계 (CC100)	통합 시험 작업 (CC110)	통합 시험 수행 (CC111)	통합 시험 결과서 (CC111-10)	○
			통합 오류 관리서 (CC111-20)	○
	시스템 시험 작업 (CC120)	시스템 시험 수행 (CC121)	시스템 시험 결과서 (CC121-10)	
			시스템 오류 관리서 (CC121-20)	
전개 단계 (CC200)	기본 전개 작업 (CC210)	전개 수행 (CC211)	전개 계획 결과서 (CC211-10)	
			데이터 구축 결과서 (CC211-20)	○

단계 (phase)	세그먼트 (segment)	태스크 (task)	산출물 (product)	필수 구분
전개 단계 (CC200)	기본 전개 작업 (CC210)	매뉴얼 작성 (CC212)	사용자 매뉴얼 (CC212-10)	○
			운영자 매뉴얼 (CC212-20)	
		유지 보수 준비 (CC213)	유지 보수 계획서 (CC213-10)	○
	인도 작업 (CC220)	교육 수행 (CC221)	교육 계획 결과서 (CC221-10)	○
		지적 재산권 대응 (CC222)	지적 재산권 검토서 (CC222-10)	
		인도 수행 (CC223)	개발 완료 보고서 (CC223-10)	○

▶ 제 2 유형 사업 표준 프로세스 필수 산출물

〈표 2-1-9〉 제 2 유형 사업 특성

유형 번호	약어	생명 주기	SW 유형	개발 주체	사업 규모	DB 사용	적용빈도
2	신응외중사	신규 개발	응용 SW	외주	중규모	사용	중간

〈표 2-1-10〉 제 2 유형 사업 필수 산출물

단계 (phase)	세그먼트 (segment)	태스크 (task)	산출물 (product)	필수 구분
착수 단계 (PR100)	총괄 준비 작업 (PR110)	수행 계획 수립 (PR111)	사업 수행 계획서 (PR111-10)	○
			방법론 조정 결과서 (PR111-20)	○
		개발 표준 설정 (PR112)	개발 표준 정의서 (PR112-10)	○
			산출물 표준 양식 (PR112-20)	
		개발 도구 지정 (PR113)	도구 적용 계획서 (PR113-10)	

단계 (phase)	세그먼트 (segment)	태스크 (task)	산출물 (product)	필수 구분
착수 단계 (PR100)	시스템 정의 작업 (PR120)	인터뷰 수행 (PR121)	인터뷰 계획 결과서 (PR121-10)	
		시스템 분석 (PR122)	현행 시스템 분석서 (PR122-10)	
		아키텍처 정의 (PR123)	아키텍처 정의서 (PR123-10)	○
	요구 정의 작업 (PR130)	요구 사항 정의 (PR131)	요구 사항 정의서 (PR131-10)	○
		개발 범위 확인 (PR132)	범위 비교표 (PR132-10)	○
			요구 사항 추적표 (PR132-20)	○
		요구 검증 계획 수립 (PR133)	총괄 시험 계획서 (PR133-10)	○
분석 단계 (PD100)	사용자 작업 (PD110)	사용자 이벤트 분석 (PD111)	이벤트 정의서 (PD111-10)	
	프로세스 작업 (PD120)	기능 및 인과 분석 (PD121)	기능 분해도 (PD121-10)	○
			비즈니스 융합도 (PD121-20)	○
		시스템 시험 계획 (PD122)	시스템 시험 계획서 (PD122-10)	○
	데이터 작업 (PD130)	코드 분석 (PD131)	코드 정의서 (PD131-10)	○
설계 단계 (PD200)	사용자 작업 (PD210)	화면 보고서 설계 (PD211)	화면 설계서 (PD211-10)	○
			보고서 설계서 (PD211-20)	○
		인터페이스 설계 (PD212)	인터페이스 설계서 (PD212-10)	○
	프로세스 작업 (PD220)	기능 설계 (PD221)	프로그램 명세서 (PD221-10)	○
			프로그램 논리 설계서 (PD221-20)	○
		통합 시험 계획 (PD222)	통합 시험 계획서 (PD222-10)	○

단계 (phase)	세그먼트 (segment)	태스크 (task)	산출물 (product)	필수 구분
설계 단계 (PD200)	데이터 작업 (PD230)	데이터베이스 설계 (PD231)	논리 ERD (PD231-10)	○
			물리 ERD (PD231-20)	○
			테이블 정의서 (PD231-30)	○
		교차 설계 (PD232)	CRUD 매트릭스 (PD232-10)	○
		데이터 설계 (PD233)	데이터 구축 계획서 (PD233-10)	
구현 단계 (PD300)	사용자 작업 (PD310)	화면 보고서 구현 (PD311)	구현 화면 (PD311-10)	○
			구현 보고서 (PD311-20)	○
	프로세스 작업 (PD320)	기능 구현 (PD321)	소스 코드 (PD321-10)	○
	데이터 작업 (PD330)	데이터베이스 구현 (PD331)	물리 DB (PD331-10)	○
	단위 시험 작업 (PD340)	단위 시험 수행 (PD341)	단위 시험 계획 결과서 (PD341-10)	○
			단위 오류 관리서 (PD341-20)	○
시험 단계 (CC100)	통합 시험 작업 (CC110)	통합 시험 수행 (CC111)	통합 시험 결과서 (CC111-10)	○
			통합 오류 관리서 (CC111-20)	○
	시스템 시험 작업 (CC120)	시스템 시험 수행 (CC121)	시스템 시험 결과서 (CC121-10)	○
			시스템 오류 관리서 (CC121-20)	○
전개 단계 (CC200)	기본 전개 작업 (CC210)	전개 수행 (CC211)	전개 계획 결과서 (CC211-10)	○
			데이터 구축 결과서 (CC211-20)	○
		매뉴얼 작성 (CC212)	사용자 매뉴얼 (CC212-10)	○

단계 (phase)	세그먼트 (segment)	태스크 (task)	산출물 (product)	필수 구분
전개 단계 (CC200)	기본 전개 작업 (CC210)	매뉴얼 작성 (CC212)	운영자 매뉴얼 (CC212-20)	○
		유지 보수 준비 (CC213)	유지 보수 계획서 (CC213-10)	○
	인도 작업 (CC220)	교육 수행 (CC221)	교육 계획 결과서 (CC221-10)	○
		지적 재산권 대응 (CC222)	지적 재산권 검토서 (CC222-10)	○
		인도 수행 (CC223)	개발 완료 보고서 (CC223-10)	○

▶ 제 3 유형 사업 표준 프로세스 필수 산출물

〈표 2-1-11〉 제 3 유형 사업 특성

유형 번호	약어	생명 주기	SW 유형	개발 주체	사업 규모	DB 사용	적용빈도
3	신응외대사	신규 개발	응용 SW	외주	대규모	사용	낮음

〈표 2-1-12〉 제 3 유형 사업 필수 산출물

단계 (phase)	세그먼트 (segment)	태스크 (task)	산출물 (product)	필수 구분
착수 단계 (PR100)	총괄 준비 작업 (PR110)	수행 계획 수립 (PR111)	사업 수행 계획서 (PR111-10)	○
			방법론 조정 결과서 (PR111-20)	○
		개발 표준 설정 (PR112)	개발 표준 정의서 (PR112-10)	○
			산출물 표준 양식 (PR112-20)	○
		개발 도구 지정 (PR113)	도구 적용 계획서 (PR113-10)	○
	시스템 정의 작업 (PR120)	인터뷰 수행 (PR121)	인터뷰 계획 결과서 (PR121-10)	○

단계 (phase)	세그먼트 (segment)	태스크 (task)	산출물 (product)	필수 구분
착수 단계 (PR100)	시스템 정의 작업 (PR120)	시스템 분석 (PR122)	현행 시스템 분석서 (PR122-10)	
		아키텍처 정의 (PR123)	아키텍처 정의서 (PR123-10)	○
	요구 정의 작업 (PR130)	요구 사항 정의 (PR131)	요구 사항 정의서 (PR131-10)	○
		개발 범위 확인 (PR132)	범위 비교표 (PR132-10)	○
			요구 사항 추적표 (PR132-20)	○
		요구 검증 계획 수립 (PR133)	총괄 시험 계획서 (PR133-10)	○
분석 단계 (PD100)	사용자 작업 (PD110)	사용자 이벤트 분석 (PD111)	이벤트 정의서 (PD111-10)	○
	프로세스 작업 (PD120)	기능 및 인과 분석 (PD121)	기능 분해도 (PD121-10)	○
			비즈니스 융합도 (PD121-20)	○
		시스템 시험 계획 (PD122)	시스템 시험 계획서 (PD122-10)	○
	데이터 작업 (PD130)	코드 분석 (PD131)	코드 정의서 (PD131-10)	○
설계 단계 (PD200)	사용자 작업 (PD210)	화면 보고서 설계 (PD211)	화면 설계서 (PD211-10)	○
			보고서 설계서 (PD211-20)	○
		인터페이스 설계 (PD212)	인터페이스 설계서 (PD212-10)	○
	프로세스 작업 (PD220)	기능 설계 (PD221)	프로그램 명세서 (PD221-10)	○
			프로그램 논리 설계서 (PD221-20)	○
		통합 시험 계획 (PD222)	통합 시험 계획서 (PD222-10)	○
	데이터 작업 (PD230)	데이터베이스 설계 (PD231)	논리 ERD (PD231-10)	○

표준 적용 방안 및 공통 관리

02

단계 (phase)	세그먼트 (segment)	태스크 (task)	산출물 (product)	필수 구분
설계 단계 (PD200)	데이터 작업 (PD230)	데이터베이스 설계 (PD231)	물리 ERD (PD231-20)	○
			테이블 정의서 (PD231-30)	○
		교차 설계 (PD232)	CRUD 매트릭스 (PD232-10)	○
		데이터 설계 (PD233)	데이터 구축 계획서 (PD233-10)	○
구현 단계 (PD300)	사용자 작업 (PD310)	화면 보고서 구현 (PD311)	구현 화면 (PD311-10)	○
			구현 보고서 (PD311-20)	○
	프로세스 작업 (PD320)	기능 구현 (PD321)	소스 코드 (PD321-10)	○
	데이터 작업 (PD330)	데이터베이스 구현 (PD331)	물리 DB (PD331-10)	○
	단위 시험 작업 (PD340)	단위 시험 수행 (PD341)	단위 시험 계획 결과서 (PD341-10)	○
			단위 오류 관리서 (PD341-20)	○
시험 단계 (CC100)	통합 시험 작업 (CC110)	통합 시험 수행 (CC111)	통합 시험 결과서 (CC111-10)	○
			통합 오류 관리서 (CC111-20)	○
	시스템 시험 작업 (CC120)	시스템 시험 수행 (CC121)	시스템 시험 결과서 (CC121-10)	○
			시스템 오류 관리서 (CC121-20)	○
전개 단계 (CC200)	기본 전개 작업 (CC210)	전개 수행 (CC211)	전개 계획 결과서 (CC211-10)	○
			데이터 구축 결과서 (CC211-20)	○
		매뉴얼 작성 (CC212)	사용자 매뉴얼 (CC212-10)	○
			운영자 매뉴얼 (CC212-20)	○

단계 (phase)	세그먼트 (segment)	태스크 (task)	산출물 (product)	필수 구분
전개 단계 (CC200)	기본 전개 작업 (CC210)	유지 보수 준비 (CC213)	유지 보수 계획서 (CC213-10)	○
	인도 작업 (CC220)	교육 수행 (CC221)	교육 계획 결과서 (CC221-10)	○
		지적 재산권 대응 (CC222)	지적 재산권 검토서 (CC222-10)	○
		인도 수행 (CC223)	개발 완료 보고서 (CC223-10)	○

▶ 제 4 유형 사업 표준 프로세스 필수 산출물

〈표 2-1-13〉 제 4 유형 사업 특성

유형 번호	약어	생명 주기	SW 유형	개발 주체	사업 규모	DB 사용	적용빈도
4	고응외소사	고도화	응용 SW	외주	소규모	사용	높음

〈표 2-1-14〉 제 4 유형 사업 필수 산출물

단계 (phase)	세그먼트 (segment)	태스크 (task)	산출물 (product)	필수 구분
착수 단계 (PR100)	총괄 준비 작업 (PR110)	수행 계획 수립 (PR111)	사업 수행 계획서 (PR111-10)	○
			방법론 조정 결과서 (PR111-20)	○
		개발 표준 설정 (PR112)	개발 표준 정의서 (PR112-10)	
			산출물 표준 양식 (PR112-20)	
		개발 도구 지정 (PR113)	도구 적용 계획서 (PR113-10)	
	시스템 정의 작업 (PR120)	인터뷰 수행 (PR121)	인터뷰 계획 결과서 (PR121-10)	○
		시스템 분석 (PR122)	현행 시스템 분석서 (PR122-10)	○

단계 (phase)	세그먼트 (segment)	태스크 (task)	산출물 (product)	필수 구분
착수 단계 (PR100)	시스템 정의 작업 (PR120)	아키텍처 정의 (PR123)	아키텍처 정의서 (PR123-10)	○
	요구 정의 작업 (PR130)	요구 사항 정의 (PR131)	요구 사항 정의서 (PR131-10)	○
		개발 범위 확인 (PR132)	범위 비교표 (PR132-10)	○
			요구 사항 추적표 (PR132-20)	○
		요구 검증 계획 수립 (PR133)	총괄 시험 계획서 (PR133-10)	
분석 단계 (PD100)	사용자 작업 (PD110)	사용자 이벤트 분석 (PD111)	이벤트 정의서 (PD111-10)	
	프로세스 작업 (PD120)	기능 및 인과 분석 (PD121)	기능 분해도 (PD121-10)	○
			비즈니스 융합도 (PD121-20)	
		시스템 시험 계획 (PD122)	시스템 시험 계획서 (PD122-10)	
	데이터 작업 (PD130)	코드 분석 (PD131)	코드 정의서 (PD131-10)	
설계 단계 (PD200)	사용자 작업 (PD210)	화면 보고서 설계 (PD211)	화면 설계서 (PD211-10)	○
			보고서 설계서 (PD211-20)	
		인터페이스 설계 (PD212)	인터페이스 설계서 (PD212-10)	
	프로세스 작업 (PD220)	기능 설계 (PD221)	프로그램 명세서 (PD221-10)	○
			프로그램 논리 설계서 (PD221-20)	○
		통합 시험 계획 (PD222)	통합 시험 계획서 (PD222-10)	○
	데이터 작업 (PD230)	데이터베이스 설계 (PD231)	논리 ERD (PD231-10)	○
			물리 ERD (PD231-20)	○

단계 (phase)	세그먼트 (segment)	태스크 (task)	산출물 (product)	필수 구분
설계 단계 (PD200)	데이터 작업 (PD230)	데이터베이스 설계 (PD231)	테이블 정의서 (PD231-30)	○
		교차 설계 (PD232)	CRUD 매트릭스 (PD232-10)	○
		데이터 설계 (PD233)	데이터 구축 계획서 (PD233-10)	
구현 단계 (PD300)	사용자 작업 (PD310)	화면 보고서 구현 (PD311)	구현 화면 (PD311-10)	○
			구현 보고서 (PD311-20)	○
	프로세스 작업 (PD320)	기능 구현 (PD321)	소스 코드 (PD321-10)	○
	데이터 작업 (PD330)	데이터베이스 구현 (PD331)	물리 DB (PD331-10)	○
	단위 시험 작업 (PD340)	단위 시험 수행 (PD341)	단위 시험 계획 결과서 (PD341-10)	○
			단위 오류 관리서 (PD341-20)	○
시험 단계 (CC100)	통합 시험 작업 (CC110)	통합 시험 수행 (CC111)	통합 시험 결과서 (CC111-10)	○
			통합 오류 관리서 (CC111-20)	○
	시스템 시험 작업 (CC120)	시스템 시험 수행 (CC121)	시스템 시험 결과서 (CC121-10)	
			시스템 오류 관리서 (CC121-20)	
전개 단계 (CC200)	기본 전개 작업 (CC210)	전개 수행 (CC211)	전개 계획 결과서 (CC211-10)	
			데이터 구축 결과서 (CC211-20)	○
		매뉴얼 작성 (CC212)	사용자 매뉴얼 (CC212-10)	○
			운영자 매뉴얼 (CC212-20)	
		유지 보수 준비 (CC213)	유지 보수 계획서 (CC213-10)	○

표준 적용 방안 및 공통 관리 02

단계 (phase)	세그먼트 (segment)	태스크 (task)	산출물 (product)	필수 구분
전개 단계 (CC200)	인도 작업 (CC220)	교육 수행 (CC221)	교육 계획 결과서 (CC221-10)	○
		지적 재산권 대응 (CC222)	지적 재산권 검토서 (CC222-10)	
		인도 수행 (CC223)	개발 완료 보고서 (CC223-10)	○

▶ 제 5 유형 사업 표준 프로세스 필수 산출물

〈표 2-1-15〉 제 5 유형 사업 특성

유형 번호	약어	생명 주기	SW 유형	개발 주체	사업 규모	DB 사용	적용빈도
5	고응외중사	고도화	응용 SW	외주	중규모	사용	중간

〈표 2-1-16〉 제 5 유형 사업 필수 산출물

단계 (phase)	세그먼트 (segment)	태스크 (task)	산출물 (product)	필수 구분
착수 단계 (PR100)	총괄 준비 작업 (PR110)	수행 계획 수립 (PR111)	사업 수행 계획서 (PR111-10)	○
			방법론 조정 결과서 (PR111-20)	○
		개발 표준 설정 (PR112)	개발 표준 정의서 (PR112-10)	○
			산출물 표준 양식 (PR112-20)	
		개발 도구 지정 (PR113)	도구 적용 계획서 (PR113-10)	
	시스템 정의 작업 (PR120)	인터뷰 수행 (PR121)	인터뷰 계획 결과서 (PR121-10)	○
		시스템 분석 (PR122)	현행 시스템 분석서 (PR122-10)	○
		아키텍처 정의 (PR123)	아키텍처 정의서 (PR123-10)	○

단계 (phase)	세그먼트 (segment)	태스크 (task)	산출물 (product)	필수 구분
착수 단계 (PR100)	요구 정의 작업 (PR130)	요구 사항 정의 (PR131)	요구 사항 정의서 (PR131-10)	○
		개발 범위 확인 (PR132)	범위 비교표 (PR132-10)	○
			요구 사항 추적표 (PR132-20)	○
		요구 검증 계획 수립 (PR133)	총괄 시험 계획서 (PR133-10)	○
분석 단계 (PD100)	사용자 작업 (PD110)	사용자 이벤트 분석 (PD111)	이벤트 정의서 (PD111-10)	
	프로세스 작업 (PD120)	기능 및 인과 분석 (PD121)	기능 분해도 (PD121-10)	○
			비즈니스 융합도 (PD121-20)	○
		시스템 시험 계획 (PD122)	시스템 시험 계획서 (PD122-10)	○
	데이터 작업 (PD130)	코드 분석 (PD131)	코드 정의서 (PD131-10)	○
설계 단계 (PD200)	사용자 작업 (PD210)	화면 보고서 설계 (PD211)	화면 설계서 (PD211-10)	○
			보고서 설계서 (PD211-20)	○
		인터페이스 설계 (PD212)	인터페이스 설계서 (PD212-10)	○
	프로세스 작업 (PD220)	기능 설계 (PD221)	프로그램 명세서 (PD221-10)	○
			프로그램 논리 설계서 (PD221-20)	○
		통합 시험 계획 (PD222)	통합 시험 계획서 (PD222-10)	○
	데이터 작업 (PD230)	데이터베이스 설계 (PD231)	논리 ERD (PD231-10)	○
			물리 ERD (PD231-20)	○
			테이블 정의서 (PD231-30)	○

표준 적용 방안 및 공통 관리 02

단계 (phase)	세그먼트 (segment)	태스크 (task)	산출물 (product)	필수 구분
설계 단계 (PD200)	데이터 작업 (PD230)	교차 설계 (PD232)	CRUD 매트릭스 (PD232-10)	○
		데이터 설계 (PD233)	데이터 구축 계획서 (PD233-10)	○
구현 단계 (PD300)	사용자 작업 (PD310)	화면 보고서 구현 (PD311)	구현 화면 (PD311-10)	○
			구현 보고서 (PD311-20)	○
	프로세스 작업 (PD320)	기능 구현 (PD321)	소스 코드 (PD321-10)	○
	데이터 작업 (PD330)	데이터베이스 구현 (PD331)	물리 DB (PD331-10)	○
	단위 시험 작업 (PD340)	단위 시험 수행 (PD341)	단위 시험 계획 결과서 (PD341-10)	○
			단위 오류 관리서 (PD341-20)	○
시험 단계 (CC100)	통합 시험 작업 (CC110)	통합 시험 수행 (CC111)	통합 시험 결과서 (CC111-10)	○
			통합 오류 관리서 (CC111-20)	○
	시스템 시험 작업 (CC120)	시스템 시험 수행 (CC121)	시스템 시험 결과서 (CC121-10)	○
			시스템 오류 관리서 (CC121-20)	○
전개 단계 (CC200)	기본 전개 작업 (CC210)	전개 수행 (CC211)	전개 계획 결과서 (CC211-10)	○
			데이터 구축 결과서 (CC211-20)	○
		매뉴얼 작성 (CC212)	사용자 매뉴얼 (CC212-10)	○
			운영자 매뉴얼 (CC212-20)	○
		유지 보수 준비 (CC213)	유지 보수 계획서 (CC213-10)	○
	인도 작업 (CC220)	교육 수행 (CC221)	교육 계획 결과서 (CC221-10)	○

단계 (phase)	세그먼트 (segment)	태스크 (task)	산출물 (product)	필수 구분
전개 단계 (CC200)	인도 작업 (CC220)	지적 재산권 대응 (CC222)	지적 재산권 검토서 (CC222-10)	○
		인도 수행 (CC223)	개발 완료 보고서 (CC223-10)	○

▶ 제 6 유형 사업 표준 프로세스 필수 산출물

〈표 2-1-17〉 제 6 유형 사업 특성

유형 번호	약어	생명 주기	SW 유형	개발 주체	사업 규모	DB 사용	적용빈도
6	고응외대사	고도화	응용 SW	외주	대규모	사용	낮음

〈표 2-1-18〉 제 6 유형 사업 필수 산출물

단계 (phase)	세그먼트 (segment)	태스크 (task)	산출물 (product)	필수 구분
착수 단계 (PR100)	총괄 준비 작업 (PR110)	수행 계획 수립 (PR111)	사업 수행 계획서 (PR111-10)	○
			방법론 조정 결과서 (PR111-20)	○
		개발 표준 설정 (PR112)	개발 표준 정의서 (PR112-10)	○
			산출물 표준 양식 (PR112-20)	○
		개발 도구 지정 (PR113)	도구 적용 계획서 (PR113-10)	○
	시스템 정의 작업 (PR120)	인터뷰 수행 (PR121)	인터뷰 계획 결과서 (PR121-10)	○
		시스템 분석 (PR122)	현행 시스템 분석서 (PR122-10)	○
		아키텍처 정의 (PR123)	아키텍처 정의서 (PR123-10)	○
	요구 정의 작업 (PR130)	요구 사항 정의 (PR131)	요구 사항 정의서 (PR131-10)	○

단계 (phase)	세그먼트 (segment)	태스크 (task)	산출물 (product)	필수 구분
착수 단계 (PR100)	요구 정의 작업 (PR130)	개발 범위 확인 (PR132)	범위 비교표 (PR132-10)	○
			요구 사항 추적표 (PR132-20)	○
		요구 검증 계획 수립 (PR133)	총괄 시험 계획서 (PR133-10)	○
분석 단계 (PD100)	사용자 작업 (PD110)	사용자 이벤트 분석 (PD111)	이벤트 정의서 (PD111-10)	○
	프로세스 작업 (PD120)	기능 및 인과 분석 (PD121)	기능 분해도 (PD121-10)	○
			비즈니스 융합도 (PD121-20)	○
		시스템 시험 계획 (PD122)	시스템 시험 계획서 (PD122-10)	○
	데이터 작업 (PD130)	코드 분석 (PD131)	코드 정의서 (PD131-10)	○
설계 단계 (PD200)	사용자 작업 (PD210)	화면 보고서 설계 (PD211)	화면 설계서 (PD211-10)	○
			보고서 설계서 (PD211-20)	○
		인터페이스 설계 (PD212)	인터페이스 설계서 (PD212-10)	○
	프로세스 작업 (PD220)	기능 설계 (PD221)	프로그램 명세서 (PD221-10)	○
			프로그램 논리 설계서 (PD221-20)	○
		통합 시험 계획 (PD222)	통합 시험 계획서 (PD222-10)	○
	데이터 작업 (PD230)	데이터베이스 설계 (PD231)	논리 ERD (PD231-10)	○
			물리 ERD (PD231-20)	○
			테이블 정의서 (PD231-30)	○
		교차 설계 (PD232)	CRUD 매트릭스 (PD232-10)	○

02
표준 적용 방안 및 공통 관리

단계 (phase)	세그먼트 (segment)	태스크 (task)	산출물 (product)	필수 구분
설계 단계 (PD200)	데이터 작업 (PD230)	데이터 설계 (PD233)	데이터 구축 계획서 (PD233-10)	○
구현 단계 (PD300)	사용자 작업 (PD310)	화면 보고서 구현 (PD311)	구현 화면 (PD311-10)	○
			구현 보고서 (PD311-20)	○
	프로세스 작업 (PD320)	기능 구현 (PD321)	소스 코드 (PD321-10)	○
	데이터 작업 (PD330)	데이터베이스 구현 (PD331)	물리 DB (PD331-10)	○
	단위 시험 작업 (PD340)	단위 시험 수행 (PD341)	단위 시험 계획 결과서 (PD341-10)	○
			단위 오류 관리서 (PD341-20)	○
시험 단계 (CC100)	통합 시험 작업 (CC110)	통합 시험 수행 (CC111)	통합 시험 결과서 (CC111-10)	○
			통합 오류 관리서 (CC111-20)	○
	시스템 시험 작업 (CC120)	시스템 시험 수행 (CC121)	시스템 시험 결과서 (CC121-10)	○
			시스템 오류 관리서 (CC121-20)	○
전개 단계 (CC200)	기본 전개 작업 (CC210)	전개 수행 (CC211)	전개 계획 결과서 (CC211-10)	○
			데이터 구축 결과서 (CC211-20)	○
		매뉴얼 작성 (CC212)	사용자 매뉴얼 (CC212-10)	○
			운영자 매뉴얼 (CC212-20)	○
		유지 보수 준비 (CC213)	유지 보수 계획서 (CC213-10)	○
	인도 작업 (CC220)	교육 수행 (CC221)	교육 계획 결과서 (CC221-10)	○
		지적 재산권 대응 (CC222)	지적 재산권 검토서 (CC222-10)	○

02 표준 적용 방안 및 공통 관리

단계 (phase)	세그먼트 (segment)	태스크 (task)	산출물 (product)	필수 구분
전개 단계 (CC200)	인도 작업 (CC220)	인도 수행 (CC223)	개발 완료 보고서 (CC223-10)	○

▶ 제 7 유형 사업 표준 프로세스 필수 산출물

〈표 2-1-19〉 제 7 유형 사업 특성

유형 번호	약어	생명 주기	SW 유형	개발 주체	사업 규모	DB 사용	적용빈도
7	신내자소미	신규 개발	내장 SW	자체	소규모	미사용	높음

〈표 2-1-20〉 제 7 유형 사업 필수 산출물

단계 (phase)	세그먼트 (segment)	태스크 (task)	산출물 (product)	필수 구분
착수 단계 (PR100)	총괄 준비 작업 (PR110)	수행 계획 수립 (PR111)	사업 수행 계획서 (PR111-10)	○
			방법론 조정 결과서 (PR111-20)	
		개발 표준 설정 (PR112)	개발 표준 정의서 (PR112-10)	
			산출물 표준 양식 (PR112-20)	
		개발 도구 지정 (PR113)	도구 적용 계획서 (PR113-10)	
	시스템 정의 작업 (PR120)	인터뷰 수행 (PR121)	인터뷰 계획 결과서 (PR121-10)	
		시스템 분석 (PR122)	현행 시스템 분석서 (PR122-10)	
		아키텍처 정의 (PR123)	아키텍처 정의서 (PR123-10)	
	요구 정의 작업 (PR130)	요구 사항 정의 (PR131)	요구 사항 정의서 (PR131-10)	○
		개발 범위 확인 (PR132)	범위 비교표 (PR132-10)	

단계 (phase)	세그먼트 (segment)	태스크 (task)	산출물 (product)	필수 구분
착수 단계 (PR100)	요구 정의 작업 (PR130)	개발 범위 확인 (PR132)	요구 사항 추적표 (PR132-20)	○
		요구 검증 계획 수립 (PR133)	총괄 시험 계획서 (PR133-10)	
분석 단계 (PD100)	사용자 작업 (PD110)	사용자 이벤트 분석 (PD111)	이벤트 정의서 (PD111-10)	
	프로세스 작업 (PD120)	기능 및 인과 분석 (PD121)	기능 분해도 (PD121-10)	○
			비즈니스 융합도 (PD121-20)	
		시스템 시험 계획 (PD122)	시스템 시험 계획서 (PD122-10)	
	데이터 작업 (PD130)	코드 분석 (PD131)	코드 정의서 (PD131-10)	
설계 단계 (PD200)	사용자 작업 (PD210)	화면 보고서 설계 (PD211)	화면 설계서 (PD211-10)	
			보고서 설계서 (PD211-20)	
		인터페이스 설계 (PD212)	인터페이스 설계서 (PD212-10)	
	프로세스 작업 (PD220)	기능 설계 (PD221)	프로그램 명세서 (PD221-10)	○
			프로그램 논리 설계서 (PD221-20)	○
		통합 시험 계획 (PD222)	통합 시험 계획서 (PD222-10)	
	데이터 작업 (PD230)	데이터베이스 설계 (PD231)	논리 ERD (PD231-10)	
			물리 ERD (PD231-20)	
			테이블 정의서 (PD231-30)	
		교차 설계 (PD232)	CRUD 매트릭스 (PD232-10)	
		데이터 설계 (PD233)	데이터 구축 계획서 (PD233-10)	

표준 적용 방안 및 공통 관리 02

단계 (phase)	세그먼트 (segment)	태스크 (task)	산출물 (product)	필수 구분
구현 단계 (PD300)	사용자 작업 (PD310)	화면 보고서 구현 (PD311)	구현 화면 (PD311-10)	
			구현 보고서 (PD311-20)	
	프로세스 작업 (PD320)	기능 구현 (PD321)	소스 코드 (PD321-10)	○
	데이터 작업 (PD330)	데이터베이스 구현 (PD331)	물리 DB (PD331-10)	
	단위 시험 작업 (PD340)	단위 시험 수행 (PD341)	단위 시험 계획 결과서 (PD341-10)	○
			단위 오류 관리서 (PD341-20)	○
시험 단계 (CC100)	통합 시험 작업 (CC110)	통합 시험 수행 (CC111)	통합 시험 결과서 (CC111-10)	
			통합 오류 관리서 (CC111-20)	
	시스템 시험 작업 (CC120)	시스템 시험 수행 (CC121)	시스템 시험 결과서 (CC121-10)	
			시스템 오류 관리서 (CC121-20)	
전개 단계 (CC200)	기본 전개 작업 (CC210)	전개 수행 (CC211)	전개 계획 결과서 (CC211-10)	
			데이터 구축 결과서 (CC211-20)	
		매뉴얼 작성 (CC212)	사용자 매뉴얼 (CC212-10)	○
			운영자 매뉴얼 (CC212-20)	○
		유지 보수 준비 (CC213)	유지 보수 계획서 (CC213-10)	
	인도 작업 (CC220)	교육 수행 (CC221)	교육 계획 결과서 (CC221-10)	
		지적 재산권 대응 (CC222)	지적 재산권 검토서 (CC222-10)	○
		인도 수행 (CC223)	개발 완료 보고서 (CC223-10)	○

▶ 제 8 유형 사업 표준 프로세스 필수 산출물

〈표 2-1-21〉 제 8 유형 사업 특성

유형 번호	약어	생명 주기	SW 유형	개발 주체	사업 규모	DB 사용	적용빈도
8	신내자소사	신규개발	내장 SW	자체	소규모	사용	낮음

〈표 2-1-22〉 제 8 유형 사업 필수 산출물

단계 (phase)	세그먼트 (segment)	태스크 (task)	산출물 (product)	필수 구분
착수 단계 (PR100)	총괄 준비 작업 (PR110)	수행 계획 수립 (PR111)	사업 수행 계획서 (PR111-10)	○
			방법론 조정 결과서 (PR111-20)	
		개발 표준 설정 (PR112)	개발 표준 정의서 (PR112-10)	
			산출물 표준 양식 (PR112-20)	
		개발 도구 지정 (PR113)	도구 적용 계획서 (PR113-10)	
	시스템 정의 작업 (PR120)	인터뷰 수행 (PR121)	인터뷰 계획 결과서 (PR121-10)	
		시스템 분석 (PR122)	현행 시스템 분석서 (PR122-10)	
		아키텍처 정의 (PR123)	아키텍처 정의서 (PR123-10)	
	요구 정의 작업 (PR130)	요구 사항 정의 (PR131)	요구 사항 정의서 (PR131-10)	○
		개발 범위 확인 (PR132)	범위 비교표 (PR132-10)	
			요구 사항 추적표 (PR132-20)	○
		요구 검증 계획 수립 (PR133)	총괄 시험 계획서 (PR133-10)	○
분석 단계 (PD100)	사용자 작업 (PD110)	사용자 이벤트 분석 (PD111)	이벤트 정의서 (PD111-10)	

단계 (phase)	세그먼트 (segment)	태스크 (task)	산출물 (product)	필수 구분
분석 단계 (PD100)	프로세스 작업 (PD120)	기능 및 인과 분석 (PD121)	기능 분해도 (PD121-10)	○
			비즈니스 융합도 (PD121-20)	
		시스템 시험 계획 (PD122)	시스템 시험 계획서 (PD122-10)	
	데이터 작업 (PD130)	코드 분석 (PD131)	코드 정의서 (PD131-10)	
설계 단계 (PD200)	사용자 작업 (PD210)	화면 보고서 설계 (PD211)	화면 설계서 (PD211-10)	
			보고서 설계서 (PD211-20)	
		인터페이스 설계 (PD212)	인터페이스 설계서 (PD212-10)	
	프로세스 작업 (PD220)	기능 설계 (PD221)	프로그램 명세서 (PD221-10)	○
			프로그램 논리 설계서 (PD221-20)	○
		통합 시험 계획 (PD222)	통합 시험 계획서 (PD222-10)	
	데이터 작업 (PD230)	데이터베이스 설계 (PD231)	논리 ERD (PD231-10)	○
			물리 ERD (PD231-20)	○
			테이블 정의서 (PD231-30)	○
		교차 설계 (PD232)	CRUD 매트릭스 (PD232-10)	○
		데이터 설계 (PD233)	데이터 구축 계획서 (PD233-10)	
구현 단계 (PD300)	사용자 작업 (PD310)	화면 보고서 구현 (PD311)	구현 화면 (PD311-10)	○
			구현 보고서 (PD311-20)	
	프로세스 작업 (PD320)	기능 구현 (PD321)	소스 코드 (PD321-10)	○

단계 (phase)	세그먼트 (segment)	태스크 (task)	산출물 (product)	필수 구분
구현 단계 (PD300)	데이터 작업 (PD330)	데이터베이스 구현 (PD331)	물리 DB (PD331-10)	○
	단위 시험 작업 (PD340)	단위 시험 수행 (PD341)	단위 시험 계획 결과서 (PD341-10)	○
			단위 오류 관리서 (PD341-20)	○
시험 단계 (CC100)	통합 시험 작업 (CC110)	통합 시험 수행 (CC111)	통합 시험 결과서 (CC111-10)	
			통합 오류 관리서 (CC111-20)	
	시스템 시험 작업 (CC120)	시스템 시험 수행 (CC121)	시스템 시험 결과서 (CC121-10)	
			시스템 오류 관리서 (CC121-20)	
전개 단계 (CC200)	기본 전개 작업 (CC210)	전개 수행 (CC211)	전개 계획 결과서 (CC211-10)	
			데이터 구축 결과서 (CC211-20)	○
		매뉴얼 작성 (CC212)	사용자 매뉴얼 (CC212-10)	○
			운영자 매뉴얼 (CC212-20)	○
		유지 보수 준비 (CC213)	유지 보수 계획서 (CC213-10)	
	인도 작업 (CC220)	교육 수행 (CC221)	교육 계획 결과서 (CC221-10)	
		지적 재산권 대응 (CC222)	지적 재산권 검토서 (CC222-10)	○
		인도 수행 (CC223)	개발 완료 보고서 (CC223-10)	○

표준 적용 방안 및 공통 관리

02

▶ 제 9 유형 사업 표준 프로세스 필수 산출물

〈표 2-1-23〉제 9 유형 사업 특성

유형 번호	약어	생명 주기	SW 유형	개발 주체	사업 규모	DB 사용	적용빈도
9	고내자소미	고도화	내장 SW	자체	소규모	미사용	높음

〈표 2-1-24〉제 9 유형 사업 필수 산출물

단계 (phase)	세그먼트 (segment)	태스크 (task)	산출물 (product)	필수 구분
착수 단계 (PR100)	총괄 준비 작업 (PR110)	수행 계획 수립 (PR111)	사업 수행 계획서 (PR111-10)	○
			방법론 조정 결과서 (PR111-20)	
		개발 표준 설정 (PR112)	개발 표준 정의서 (PR112-10)	
			산출물 표준 양식 (PR112-20)	
		개발 도구 지정 (PR113)	도구 적용 계획서 (PR113-10)	
	시스템 정의 작업 (PR120)	인터뷰 수행 (PR121)	인터뷰 계획 결과서 (PR121-10)	○
		시스템 분석 (PR122)	현행 시스템 분석서 (PR122-10)	○
		아키텍처 정의 (PR123)	아키텍처 정의서 (PR123-10)	
	요구 정의 작업 (PR130)	요구 사항 정의 (PR131)	요구 사항 정의서 (PR131-10)	○
		개발 범위 확인 (PR132)	범위 비교표 (PR132-10)	
			요구 사항 추적표 (PR132-20)	○
		요구 검증 계획 수립 (PR133)	총괄 시험 계획서 (PR133-10)	
분석 단계 (PD100)	사용자 작업 (PD110)	사용자 이벤트 분석 (PD111)	이벤트 정의서 (PD111-10)	

단계 (phase)	세그먼트 (segment)	태스크 (task)	산출물 (product)	필수 구분
분석 단계 (PD100)	프로세스 작업 (PD120)	기능 및 인과 분석 (PD121)	기능 분해도 (PD121-10)	○
			비즈니스 융합도 (PD121-20)	
		시스템 시험 계획 (PD122)	시스템 시험 계획서 (PD122-10)	
	데이터 작업 (PD130)	코드 분석 (PD131)	코드 정의서 (PD131-10)	
설계 단계 (PD200)	사용자 작업 (PD210)	화면 보고서 설계 (PD211)	화면 설계서 (PD211-10)	
			보고서 설계서 (PD211-20)	
		인터페이스 설계 (PD212)	인터페이스 설계서 (PD212-10)	
	프로세스 작업 (PD220)	기능 설계 (PD221)	프로그램 명세서 (PD221-10)	○
			프로그램 논리 설계서 (PD221-20)	○
		통합 시험 계획 (PD222)	통합 시험 계획서 (PD222-10)	
	데이터 작업 (PD230)	데이터베이스 설계 (PD231)	논리 ERD (PD231-10)	
			물리 ERD (PD231-20)	
			테이블 정의서 (PD231-30)	
		교차 설계 (PD232)	CRUD 매트릭스 (PD232-10)	
		데이터 설계 (PD233)	데이터 구축 계획서 (PD233-10)	
구현 단계 (PD300)	사용자 작업 (PD310)	화면 보고서 구현 (PD311)	구현 화면 (PD311-10)	
			구현 보고서 (PD311-20)	
	프로세스 작업 (PD320)	기능 구현 (PD321)	소스 코드 (PD321-10)	○

표준 적용 방안 및 공통 관리

02

단계 (phase)	세그먼트 (segment)	태스크 (task)	산출물 (product)	필수 구분
구현 단계 (PD300)	데이터 작업 (PD330)	데이터베이스 구현 (PD331)	물리 DB (PD331-10)	
	단위 시험 작업 (PD340)	단위 시험 수행 (PD341)	단위 시험 계획 결과서 (PD341-10)	○
			단위 오류 관리서 (PD341-20)	○
시험 단계 (CC100)	통합 시험 작업 (CC110)	통합 시험 수행 (CC111)	통합 시험 결과서 (CC111-10)	
			통합 오류 관리서 (CC111-20)	
	시스템 시험 작업 (CC120)	시스템 시험 수행 (CC121)	시스템 시험 결과서 (CC121-10)	
			시스템 오류 관리서 (CC121-20)	
전개 단계 (CC200)	기본 전개 작업 (CC210)	전개 수행 (CC211)	전개 계획 결과서 (CC211-10)	
			데이터 구축 결과서 (CC211-20)	
		매뉴얼 작성 (CC212)	사용자 매뉴얼 (CC212-10)	○
			운영자 매뉴얼 (CC212-20)	○
		유지 보수 준비 (CC213)	유지 보수 계획서 (CC213-10)	
	인도 작업 (CC220)	교육 수행 (CC221)	교육 계획 결과서 (CC221-10)	
		지적 재산권 대응 (CC222)	지적 재산권 검토서 (CC222-10)	○
		인도 수행 (CC223)	개발 완료 보고서 (CC223-10)	○

▶ 제 10 유형 사업 표준 프로세스 필수 산출물

〈표 2-1-25〉 제 10 유형 사업 특성

유형 번호	약어	생명 주기	SW 유형	개발 주체	사업 규모	DB 사용	적용빈도
10	고내자소사	고도화	내장 SW	자체	소규모	사용	낮음

〈표 2-1-26〉 제 10 유형 사업 필수 산출물

단계 (phase)	세그먼트 (segment)	태스크 (task)	산출물 (product)	필수 구분
착수 단계 (PR100)	총괄 준비 작업 (PR110)	수행 계획 수립 (PR111)	사업 수행 계획서 (PR111-10)	○
			방법론 조정 결과서 (PR111-20)	
		개발 표준 설정 (PR112)	개발 표준 정의서 (PR112-10)	
			산출물 표준 양식 (PR112-20)	
		개발 도구 지정 (PR113)	도구 적용 계획서 (PR113-10)	
	시스템 정의 작업 (PR120)	인터뷰 수행 (PR121)	인터뷰 계획 결과서 (PR121-10)	○
		시스템 분석 (PR122)	현행 시스템 분석서 (PR122-10)	○
		아키텍처 정의 (PR123)	아키텍처 정의서 (PR123-10)	
	요구 정의 작업 (PR130)	요구 사항 정의 (PR131)	요구 사항 정의서 (PR131-10)	○
		개발 범위 확인 (PR132)	범위 비교표 (PR132-10)	
			요구 사항 추적표 (PR132-20)	○
		요구 검증 계획 수립 (PR133)	총괄 시험 계획서 (PR133-10)	○
분석 단계 (PD100)	사용자 작업 (PD110)	사용자 이벤트 분석 (PD111)	이벤트 정의서 (PD111-10)	

단계 (phase)	세그먼트 (segment)	태스크 (task)	산출물 (product)	필수 구분
분석 단계 (PD100)	프로세스 작업 (PD120)	기능 및 인과 분석 (PD121)	기능 분해도 (PD121-10)	○
			비즈니스 융합도 (PD121-20)	
		시스템 시험 계획 (PD122)	시스템 시험 계획서 (PD122-10)	
	데이터 작업 (PD130)	코드 분석 (PD131)	코드 정의서 (PD131-10)	
설계 단계 (PD200)	사용자 작업 (PD210)	화면 보고서 설계 (PD211)	화면 설계서 (PD211-10)	
			보고서 설계서 (PD211-20)	
		인터페이스 설계 (PD212)	인터페이스 설계서 (PD212-10)	
	프로세스 작업 (PD220)	기능 설계 (PD221)	프로그램 명세서 (PD221-10)	○
			프로그램 논리 설계서 (PD221-20)	○
		통합 시험 계획 (PD222)	통합 시험 계획서 (PD222-10)	
	데이터 작업 (PD230)	데이터베이스 설계 (PD231)	논리 ERD (PD231-10)	○
			물리 ERD (PD231-20)	○
			테이블 정의서 (PD231-30)	○
		교차 설계 (PD232)	CRUD 매트릭스 (PD232-10)	○
		데이터 설계 (PD233)	데이터 구축 계획서 (PD233-10)	○
구현 단계 (PD300)	사용자 작업 (PD310)	화면 보고서 구현 (PD311)	구현 화면 (PD311-10)	○
			구현 보고서 (PD311-20)	
	프로세스 작업 (PD320)	기능 구현 (PD321)	소스 코드 (PD321-10)	○

단계 (phase)	세그먼트 (segment)	태스크 (task)	산출물 (product)	필수 구분
구현 단계 (PD300)	데이터 작업 (PD330)	데이터베이스 구현 (PD331)	물리 DB (PD331-10)	○
	단위 시험 작업 (PD340)	단위 시험 수행 (PD341)	단위 시험 계획 결과서 (PD341-10)	○
			단위 오류 관리서 (PD341-20)	○
시험 단계 (CC100)	통합 시험 작업 (CC110)	통합 시험 수행 (CC111)	통합 시험 결과서 (CC111-10)	
			통합 오류 관리서 (CC111-20)	
	시스템 시험 작업 (CC120)	시스템 시험 수행 (CC121)	시스템 시험 결과서 (CC121-10)	
			시스템 오류 관리서 (CC121-20)	
전개 단계 (CC200)	기본 전개 작업 (CC210)	전개 수행 (CC211)	전개 계획 결과서 (CC211-10)	
			데이터 구축 결과서 (CC211-20)	○
		매뉴얼 작성 (CC212)	사용자 매뉴얼 (CC212-10)	○
			운영자 매뉴얼 (CC212-20)	○
		유지 보수 준비 (CC213)	유지 보수 계획서 (CC213-10)	
	인도 작업 (CC220)	교육 수행 (CC221)	교육 계획 결과서 (CC221-10)	
		지적 재산권 대응 (CC222)	지적 재산권 검토서 (CC222-10)	○
		인도 수행 (CC223)	개발 완료 보고서 (CC223-10)	○

2.1.3 K-Method의 태스크별 상세 산출물 용도

    K-Method의 준비(PR), 병렬 개발(PD), 종료(CC)의 3구간이 포함하고 있는 6단계, 17세그먼트, 32태스크를 수행해나가는 과정에서 생성하는 산출물의 용도를 설명하면 〈표 2-1-27〉과 같다.

〈표 2-1-27〉 K-Method의 32개 태스크별 상세 산출물 용도

태스크	산출물	세부 용도
수행 계획 수립	사업 수행 계획서	사업을 수행하기 위한 총괄적 계획을 기술하는데 사용한다.
	방법론 조정 결과서	수행 사업에 맞춰서 적용 방법론을 테일러링한 결과를 기술하는데 사용한다.
개발 표준 설정	개발 표준 정의서	개발에 적용되는 제반 표준을 정의하는데 사용한다.
	산출물 표준 양식	사용하는 산출물의 표준 양식으로 사용한다.
개발 도구 지정	도구 적용 계획서	개발 과정에 적용할 제반 자동화 도구의 적용 계획을 기술하는데 사용한다.
인터뷰 수행	인터뷰 계획 결과서	개발 사업과 연관이 있는 당사자 인터뷰 계획 및 결과를 기술하는데 사용한다.
시스템 분석	현행 시스템 분석서	현행 업무, 현행 기술 환경, 현행 시스템 등을 분석한 결과를 기술하는데 사용한다.
아키텍처 정의	아키텍처 정의서	구축할 아키텍처를 정의하는데 사용한다.
요구 사항 정의	요구 사항 정의서	요구 사항을 세밀하게 정의하고 검사 기준을 설정하는데 사용한다.
개발 범위 확인	범위 비교표	요구 사항의 범위를 초기 확정하기 위해 사업 착수 구간에서 초기 요구 사항의 변화 과정을 매핑하는데 사용한다.
	요구 사항 추적표	사업 진행 과정에서 요구 사항의 변화 사항을 추적하여 표로 만드는데 사용한다.
요구 검증 계획 수립	총괄 시험 계획서	사업 전반에 걸친 총괄적인 시험의 계획을 기술하는데 사용한다.

태스크	산출물	세부 용도
사용자 이벤트 분석	이벤트 정의서	사용자의 이벤트에 대한 자극 반응을 정의하여 기술하는데 사용한다.
기능 및 인과 분석	기능 분해도	사업의 전체적인 기능을 세분화하여 분해한 내역을 기술하는데 사용한다.
	비즈니스 융합도	정보와 사물을 융합한 형태의 업무를 가치 흐름의 관점에서 작도하는데 사용한다.
시스템 시험 계획	시스템 시험 계획서	비기능 요구 사항 시험을 위한 계획을 기술하는데 사용한다.
코드 분석	코드 정의서	구축하는 시스템에 사용하는 데이터 코드를 정의하는데 사용한다.
화면 보고서 설계	화면 설계서	사용자 인터페이스 화면을 상세하게 설계하는데 사용한다.(화면 목록 포함)
	보고서 설계서	시스템이 출력하고자 하는 보고서를 설계하는데 사용한다.(보고서 목록 포함)
인터페이스 설계	인터페이스 설계서	내·외부 인터페이스의 상세 내역을 설계하는데 사용한다.
기능 설계	프로그램 명세서	개발하는 프로그램의 명세를 설계하는데 사용한다.(프로그램 목록 포함)
	프로그램 논리 설계서	소스 코드와 1:1로 대응하는 논리적 프로그램 설계 내역을 기술하는데 사용한다.
통합 시험 계획	통합 시험 계획서	기능 및 인터페이스에 대한 통합적인 시험을 위한 계획을 기술하는데 사용한다.
데이터베이스 설계	논리 ERD	데이터베이스 논리 설계 내역을 도면으로 이해하는데 사용한다.
	물리 ERD	데이터베이스 물리 설계 내역을 도면으로 이해하는데 사용한다.
	테이블 정의서	물리 데이터베이스로 구현할 테이블 상세 내역을 정의하는데 사용한다.
교차 설계	CRUD 매트릭스	프로그램과 테이블간의 매핑 내역을 CRUD 형태로 상세히 기술하는데 사용한다.
데이터 설계	데이터 구축 계획서	초기 데이터 구축 및 전환 데이터 이행을 위한 계획을 기술하는데 사용한다.

태스크	산출물	세부 용도
화면 보고서 구현	구현 화면	물리적으로 구현한 화면이다.
	구현 보고서	물리적으로 출력한 보고서이다.
기능 구현	소스 코드	프로그램 소스 코드이다.
데이터베이스 구현	물리 DB	물리적으로 구현한 데이터베이스이다.
단위 시험 수행	단위 시험 계획 결과서	단위 기능에 대한 시험을 위한 계획 및 결과를 기술하는데 사용한다. (부분적인 통합 시험 결과 포함)
	단위 오류 관리서	단위 시험 과정에서 발생한 오류 및 조치 내역을 기술하는데 사용한다.
통합 시험 수행	통합 시험 결과서	기능 및 인터페이스에 대한 통합적인 시험의 수행 결과를 기술하는데 사용한다.
	통합 오류 관리서	통합 시험 과정에서 발생한 오류 및 조치 내역을 기술하는데 사용한다.
시스템 시험 수행	시스템 시험 결과서	비기능 요구 사항 시험을 통한 결과를 기술하는데 사용한다.
	시스템 오류 관리서	시스템 시험 과정에서 발생한 오류 및 조치 내역을 기술하는데 사용한다.
전개 수행	전개 계획 결과서	시험을 완료한 결과물을 인도하기 위해 필요한 기본적인 전개 작업의 계획 및 결과를 기술하는데 사용한다.
	데이터 구축 결과서	초기 데이터 구축 및 전환 데이터 이행을 통한 결과를 기술하는데 사용한다.
매뉴얼 작성	사용자 매뉴얼	사용자를 위한 가이드 내역을 기술한 매뉴얼 역할을 하는데 사용한다.
	운영자 매뉴얼	운영자를 위한 가이드 내역을 기술한 매뉴얼 역할을 하는데 사용한다.
유지 보수 준비	유지 보수 계획서	향후 운영 과정에서의 유지 보수에의 대응 계획을 기술하는데 사용한다.

02
표준 적용 방안 및 공통 관리

태스크	산출물	세부 용도
교육 수행	교육 계획 결과서	교육의 실시 계획 및 결과를 기술하는데 사용한다.
지적 재산권 대응	지적 재산권 검토서	운영 과정에서 발생할 가능성이 있는 지적 재산권 문제에 대한 대응 검토 내역을 기술하는데 사용한다.
인도 수행	개발 완료 보고서	개발 사업의 전반에 걸친 총괄적인 진행 사항들을 최종적으로 보고하기 위한 내역을 기술하는데 사용한다.

표준 적용 방안 및 공통 관리

02

2.2 산출물 공통 표준 및 관리 방안

표준 프로세스 수행 시에 생성하여 관리하는 산출물의 공통 표준과 관리 방안에 대해 기술하겠다.

본 서에서 제시하는 산출물 공통 표준은 반드시 지켜야 하는 원칙은 아니지만, 일관성 있는 산출물 작성과 관리를 위해 권고한다.

2.2.1 산출물 공통 표준

모든 산출물의 작성은 마이크로소프트사의 'MS 오피스' 또는 한글과컴퓨터사의 '한컴 오피스'중에서 택일하여 적용한다. MS 오피스나 한컴 오피스 내에서도 기본적으로는 '워드 프로세서(MS워드 또는 아래아한글)'를 기본 산출물 작성 도구로 사용하는 것으로 한다. 다만, 작성 문서의 성격에 따라 '워드 프로세서(MS워드 또는 아래아한글)'가 부적합할 경우 '스프레드 쉬트(엑셀 또는 한셀)' 또는 '프레젠테이션 도구(파워포인트 또는 한쇼)'등의 다른 도구를 사용하여 작성할 수 있다. 이 경우 문서 형태(예, 머리글, 바닥글 등)나 구성이 프로그램 특성상 다소 상이할 수 있다. 글자 표기 시 영문 용어는 이에 대응하는 한글 용어로 통일하여 기록하고 일치하는 한글 용어가 없거나 한글 용어로 표현할 때 의미상 왜곡 가능성이 있을 경우에는 영문으로 표기한다.

관련 용어는 '약어표'를 작성하여 참조할 수 있도록 한다. 영문으로 표기 시 소문자로 표기하고, 영문 약어는 대문자로 표기한다.

본 서에서는 MS 오피스를 기본 문서 작성 도구로 하여 다음과 같이 사용한다.

〈표 2-2-1〉 산출물 작성 도구 예시(MS 오피스 기준)

문서 형태	기본 도구	버전	비고
관리 문서 산출물 공문서	MS Word MS PowerPoint MS Excel	현재 최신 버전	기본 표준 – 워드
일정 관리	MS Project MS Excel	현재 최신 버전	

문서는 겉 표지, 속 표지, 개정 이력, 목차(본문, 표, 그림), 본문, 부록의 형태로 구성하며 작성 문서의 성격과 작성의 용이성을 고려하여 구성 요소들을 별도의 파일로 저장하여 관리할 수 있다.

문서는 일반적으로 〈표2-2-2〉에서 제시하는 바와 같은 순서로 구성한다.

〈표 2-2-2〉 문서 목차 예시

구분		쪽 번호	내 용
겉 표지		없음	고객사 로고, 프로젝트 명, 문서 명, 문서 번호, 버전, 날짜, 작성 부서, 사업 수행 업체 로고 등
속 표지		없음	프로젝트 명, 문서 명, 문서 번호, 버전, 날짜, 작성자 등
개정 이력		i	문서의 최종 버전 변경 이력을 마지막 줄에 첨가
목차	본문	i	본문 목차를 기술. 목차 명, 쪽 번호, 부록이 있는 경우 부록의 목차도 포함하여 기술
	표	i	표 목차를 기술. 표제 명, 쪽 번호
	그림	i	그림 목차를 기술. 그림 명, 쪽 번호
본문		1	본문 작성
부록		1	부록 작성

▶ 개정 이력

(그림 2-2-1) 개정 이력 작성 예시

개 정 이 력

No	버전	변경일	변경 사유	변경 내용	작성자	승인자

1) 버전 : 초안은 0.1으로 표시 하고, 검토된 이후 승인을 득한 이후에는 1.0부터 시작하여 정수 단위로 변경 관리함.
　　　변경 발생 시, 소수점 아래 번호로 관리하고, 목차 내용이 바뀔 정도의 큰 변경이 발생하면 상위 정수로 변경함.
　　　(예) V1.2 : 2번 수정됨, 목차 내용이 변경되면 V2.0 이 됨.
2) 변경 사유 : 변경 내용이 이전 문서에 대해 추가/수정/삭제/검토/승인 인지 선택 기입
3) 변경 내용 : 변경 내용을 자세히 기록(변경된 위치, 즉 페이지 번호와 변경 내용을 기술한다.)

∨ 버　　전 : 문서의 작성 버전을 기재

∨ 변 경 일 : 문서의 변경 일자를 기재

∨ 변경 사유 : 문서의 변경 사유를 기재

∨ 변경 내용 : 문서의 변경된 부분을 기재

∨ 작 성 자 : 문서 작성자 기재

∨ 승 인 자 : 승인자 기재

▶ 본문 목차

워드의 '색인 및 목차' 기능을 사용하여 목차를 생성한다. 목차에는 장·절명과 해당 장·절의 쪽 번호를 나타낸다. 목차에는 부록 목차까지 포함하도록 한다.

표준/절차/지침서와 같은 문서의 경우에는 목차를 본문과 같이 나타내어 목차 선택 시 본문의 해당 위치로 이동할 수 있도록 작성한다. 해당 문서의 쪽 번호를 목차에 나타내기 어려운 경우에는 목차를 별도의 파일로 작성하거나 쪽 번호 표시를 생략할 수도 있다.

엑셀 문서 형식을 사용할 경우에도 본 지침에서 제시하는 형식으로 목차를 작성하여 사용한다.

(그림 2-2-2) 본문 목차 작성 예시

▶ 머리글 및 바닥글

 아래의 형태를 표준 양식으로 사용하여 작성한다. 필요 시에 사업 특성에 따라 변경하여 머리글 및 바닥글을 기술한다.

(그림 2-2-3) 머릿글 및 바닥글 작성 예시

- 단계 명[코드] -		문서 명[코드]
[발주처 명]	-페이지-	회사로고

∨ 머 리 글 : 단계 명, 문서 명을 기재
∨ 바 닥 글 : 발주처 명, 페이지, 회사로고를 기재
∨ 참조사항 : 모든 문서는 표지, 개정 이력 및 목차, 본문의 3구역으로 나누어진다.
　　　　　　표지는 머리말/바닥글이 없고 개정 이력 및 목차, 본문은 머리말/바닥글이
　　　　　　있다. 그러나 개정이력 및 목차와 본문은 구역이 서로 다르기 때문에
　　　　　　머리말/바닥글을 다르게 설정할 수 있다. 동일한 머리말/바닥글일 경우에도
　　　　　　2번 작성해야 한다.

▶ 문서 설정

 모든 문서에 공통적으로 적용할 수 있는 쪽 여백 설정(위쪽, 아래쪽, 왼쪽, 오른쪽 등), 레이아웃(머릿글, 바닥글)을 설정한다. 서식 파일을 만들어 사용할 것을 권고한다.
 공통적으로 서식 파일을 작성하여 사용한다면, 각 문서의 형태에 따라 프로젝트 표준 서식 파일을 정의하여 사용하도록 한다.
 만약, 프로젝트 표준 양식 문서를 사용한다면, 표준 서식 파일을 기 적용하고 있으므로 이를 활용하도록 한다. 문서 작성 도중 새로운 서식이 필요한 경우에는 품질 담당자에게 서식 추가를 요청하여 서식 파일에 반영할 것을 권고한다.
 기본적인 중요 서식을 예로 들면 다음과 같다.

〈표 2-2-3〉 중요 서식 예시

서식 유형	사용 기준	서식 내용
표준	바탕체, 11, 보통	문서의 기본 글자체 및 크기
제목 1	바탕체, 12, 굵게	목차 1단계의 기본 글자체 및 크기

서식 유형	사용 기준	서식 내용
제목 2	바탕체, 12, 보통	목차 2단계의 기본 글자체 및 크기
제목 3	바탕체, 12, 보통	목차 3단계의 기본 글자체 및 크기
제목 4	바탕체, 11, 보통	목차 4단계의 기본 글자체 및 크기
별첨	바탕체, 11, 보통	별첨의 기본 글자체 및 크기
표	바탕체, 10, 중간 정렬	표 사용시의 기본 글자체 및 크기
그림	바탕체, 10, 중간 정렬	그림 사용시의 기본 글자체 및 크기

▶ **표 설정**

표의 형태로 표현하는 자료를 작성할 때, MS워드를 기준으로 캡션 기능을 사용하면 장 번호를 자동으로 포함시킬 수 있다.

기본적으로 표의 정보는 3~4단계로 표현하고, 표의 제목을 설정한다. 필요 시에는 단계 수는 늘려주는 것이 가능하다.

(그림 2-2-4) 표 설정 예시

구분 1	구분 2	구분 3

〈표-1-1-1〉 표 기본 서식 예제

표의 헤더(table header)는 다음 페이지로 넘어가도 동일하게 보여줄 수 있도록 설정한다. MS워드의 경우, 표를 선택한 후 메뉴의 '표' -〉 '표 등록정보' -〉 '행' 옵션을 설정한다.

표의 음영은 한가지 색으로 정하여(ex. 옅은 회색) 설정한다. MS워드의 경우, 표를 선택한 후 메뉴의 '디자인' -〉 '음영' 을 선택하고 음영을 설정한다.

표의 셀은 텍스트와 표의 선이 붙어 보이지 않도록 셀에 여백을 설정한다. MS워드의 경우, 표를 선택한 후 오른쪽 마우스를 클릭하여 '표속성' -〉 '옵션'을 선택하고 기본 셀 여백을 설정한다.

▶ 그림 설정

차트(chart), 그림(picture), 그래프(graph) 등의 형태로 표현하는 자료를 작성할 때, MS워드를 사용하는 경우 캡션(caption) 기능을 사용하면 장 번호를 자동으로 포함시킬 수 있다.

(그림 2-2-5) 그림 설정 예시

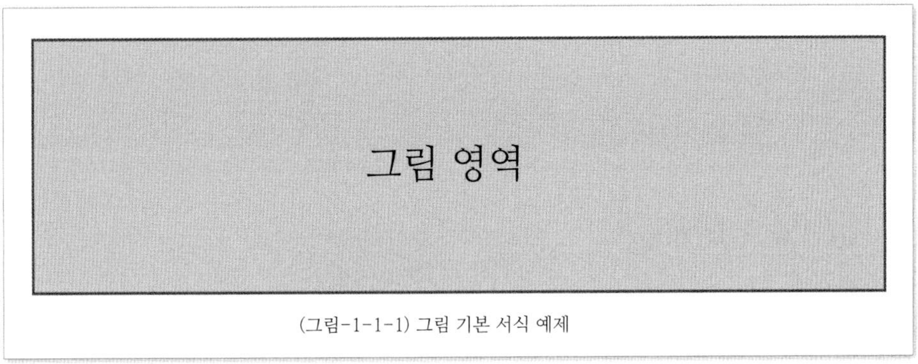

그림 영역

(그림-1-1-1) 그림 기본 서식 예제

▶ 영문 사용

문서 내의 모든 용어는 가능한 한글로 표기하도록 한다. 영문 용어의 표기는 가급적 피하도록 한다. 추가로 영문 표기가 필요할 경우에는 다음과 같이 기술한다.

 ∨ 모든 영문자는 소문자로 작성한다.

 ∨ 본문 또는 용어 정의 등에서 약자를 정의하고자 할 때에는 각 단어의 첫 글자를 대문자로 쓸 수 있다.

   예) 소프트웨어 형상 관리(Software Configuration Management: SCM)

 ∨ software, hardware등과 같은 외래어는 "소프트웨어", "하드웨어"와 같이 적고, 한글만 적어서 이해하기 어려운 경우만 괄호 속에 영문을 적는다.

   예) 기준선(baseline)

 ∨ 프로그래밍 용어와 같이 특별한 의미를 가지고 있어서 한글로 표현할 경우 혼란을 초래할 수 있는 경우에는 영문은 그대로 사용한다.

   예) function, if, else, …

▶ 문단의 시작

문단의 시작은 표준 서식 유형을 사용한다. 새로운 문단을 시작할 때에는 반드시 한 줄을 띄운다.

▶ 날짜 표현

작성 일 등 날짜를 표현할 때에는, 2017.04.14 와 같이 ".".으로 년, 월, 일을 구분한다. 월과 일은 "0"을 포함하여 두 자리로 구성한다.

▶ 용지 및 제본

문서 제본 시 용지 크기는 A4 용지를 기준으로 한다. 단계별 산출물은 바인더 처리를 원칙으로 한다.

완본 문서(사업 완료 시)일 경우에는 양면 인쇄 후 제본을 원칙으로 한다. 단, 경우에 따라 다른 용지 및 단면을 허용할 수 있다.

2.2.2 산출물 관리 및 보안

▶ 산출물 관리

모든 산출물은 자신의 PC에서 생성자가 관리하는 것을 원칙으로 한다. 파일 서버에는 공정 작업별 산출물의 최종본만을 업로드(upload)한다. 또한 파일 서버의 모든 산출물은 정기적으로 백업해야 한다.

파일 서버에 올리는 파일 중 중요한 것은 암호화하거나 비밀 번호를 설정하여 압축 보관한다. 파일 서버에 올린 파일에 수정이 필요할 경우에는 작성자가 자신의 PC에서 먼저 수정하여 확인 후, 업데이트(update)를 하는 방법을 사용해야 한다. 어떠한 경우에도 서버에 직접 접근하여 작업하는 것은 금해야 한다.

▶ 문서 보안

사업의 문서 중 보안이 필요한 것들은 작성자 또는 보안 관리자가 철저히 관리하고 필요 없어질 경우 반드시 폐기 조치해야 한다.

외주 개발의 경우, 대상 사업의 주관 기관 및 사업자의 보안 지침에 따라 철저하게 문서를 관리한다.

주관기관의 보안 정책을 확인하여 중요 정보를 포함하는 파일은 반드시 주관기관의 보안 규정에 따라 문서 보안을 준수해야 한다.

자체 개발의 경우, 회사 내부의 보안 규정에 따른다. 특히 보안 및 문서의 효율적인 관리를 위하여 개인 PC에서의 스크린 패스워드, PC 패스워드, 네트워크 어드레스 등은 대표자가 전체를 관리하는 것을 원칙으로 한다. 다만, 필요에 의해 대표자의 위임에 따라 부분적인 관리자를 둘 수 있다.

제 3 장

[PR100] 착수 단계 표준

3. [PR100] 착수 단계 표준

단계		세그먼트		태스크		산출물		비고
PR100	착수 단계	PR110	총괄 준비 작업	PR111	수행 계획 수립	PR111-10	사업 수행 계획서	3.1참조
						PR111-20	방법론 조정 결과서	3.2참조
				PR112	개발 표준 설정	PR112-10	개발 표준 정의서	3.3참조
						PR112-20	산출물 표준 양식	3.4참조
				PR113	개발 도구 지정	PR113-10	도구 적용 계획서	3.5참조
		PR120	시스템 정의 작업	PR121	인터뷰 수행	PR121-10	인터뷰 계획 결과서	3.6참조
				PR122	시스템 분석	PR122-10	현행 시스템 분석서	3.7참조
				PR123	아키텍처 정의	PR123-10	아키텍처 정의서	3.8참조
		PR130	요구 정의 작업	PR131	요구 사항 정의	PR131-10	요구 사항 정의서	3.9참조
				PR132	개발 범위 확인	PR132-10	범위 비교표	3.10참조
						PR132-20	요구 사항 추적표	3.11참조
				PR133	요구 검증 계획 수립	PR133-10	총괄 시험 계획서	3.12참조

[PR100] 착수 단계 표준

03

3.1 [PR111-10] 사업 수행 계획서

세그먼트		태스크		산출물	
PR110	총괄 준비 작업	PR111	수행 계획 수립	PR111-10	사업 수행 계획서

3.1.1 사업 수행 계획서 개요

▶ 정의

　사업 수행 계획서는 사업에 대한 대상, 범위, 일정, 조직 등 사업 완수를 위한 전체 계획 및 방안을 수립하는 문서이다.

　사업 수행 계획서는 주로 외주 개발을 행할 때, 제안을 거쳐 계약이 이루어진 후 용역 업체가 작성한다. 하지만, 자체 개발일 경우에도 보다 명확한 계획을 가지고 효율적으로 진행할 수 있도록 사업 수행 계획서를 작성하는 것이 바람직하다.

▶ 목적

　외주 개발의 경우, 성공적으로 사업을 완수할 수 있도록 사용자의 요구 사항을 포함한 사업 계획을 확정하고 발주자와 사업자간 수립한 수행 계획을 공유하는 것이 주요 목적이다.

　자체 개발일 경우, 내부 개발자간은 물론 개발을 주도하는 장과 팀원간의 계획을 공유함으로써 개발을 보다 생산적으로 진행하는 것을 목적으로 한다.

▶ 고려 사항

　외주 개발의 경우, 사업 수행 계획서는 반드시 발주자의 승인을 얻은 후에 확정해야 한다. 이때, 발주자와 사업자는 제안요청서(RFP: Request For Proposal)에서 요청한 내용, 제안서에서 제안한 내용, 기술 협상을 통해 조정한 내용, 기타 사업 수행과 관련한 내용 등을 사업 수행 계획서를 작성하는 과정에서 협의하여야 하고, 그렇게 협의한 내용들이 적절하게 반영되었는지를 확인하여야 한다. 이러한 확인 작업이 적정하게 이루어지지 못할 경우 사업의 진행에 부분적으로 부정적인 영향을 줄 가능성이 높아지므로 꼭 유의하여 확인 작업을 수행할 필요가 있다.

　자체 개발의 경우, 내부 자체 검토를 통해 결재 라인을 밟아 승인을 얻은 후 확정하면 된다. 이 경우에도, 해당 사업이 추구하는 바에 대한 내부 협의를 충분히 거쳐야 한다. 다만, 자체 개발의 경우에는 어느 정도 유연성을 확보할 수 있는 여지가 있다. 그렇기 때문에, 필요에 따라 부분적인 계획을 확정한 상태에서 시작하는 것을 허용한다.

3.1.2 사업 수행 계획서 적용 대상 사업 및 작성 도구

▶ 사업구분

ISP 구축 사업	EA 수립 사업	시스템 개발 사업	DB 구축 사업	운영 및 유지 보수 사업	비고
○	○	○	○	○	

▶ 작성 도구

MS 오피스			한컴 오피스			기타
워드	엑셀	파워포인트	한글	한셀	한쇼	
○			○			

3.1.3 사업 수행 계획서 관련 산출물

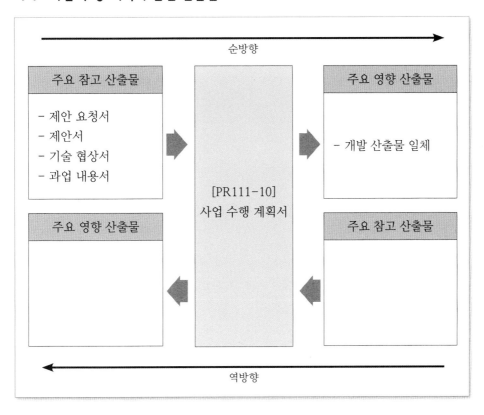

101

3.1.4 사업 수행 계획서 표준 서식

▶ 표준 목차

1. 사업 명

2. 사업 기간

3. 사업 목적
 3.1 사업 배경 및 필요성
 3.2 사업 목표
 3.3 추진 전략

4. 사업 구분 및 범위
 4.1 사업 구분
 4.2 사업 범위
  4.2.1 OO 프로그램 개발
  4.2.2 △△ 콘텐츠 예제 개발
  4.2.3 기타

5. 사업 수행 방안
 5.1 SW 개발 방법론
  5.1.1 K-Method 개요
  5.1.2 K-Method 특징
  5.1.3 K-Method 프레임워크
  5.1.4 K-Method 전체 구성도
 5.2 OO 프로그램 개발 방안
 5.3 △△ 콘텐츠 구축 방안
 5.4 시험 방안
  5.4.1 단위 시험
  5.4.2 통합 시험
  5.4.3 시스템 시험

6. 개발 및 운영 환경
 6.1 하드웨어 및 네트워크 구성도
 6.2 소프트웨어 구성도
 6.3 개발 환경 구성

7. 사업 수행 체계
 7.1 사업 수행 조직
 7.2 업무 분장

8. 사업 추진 절차

```
9. 사업 일정
 9.1 사업 수행 일정
 9.2 참여 인력

10. 산출물 작성 및 자동화 도구 적용 계획
 10.1 산출물 작성 계획
 10.2 자동화 도구 적용 계획

11. 사업 관리 계획
 11.1 보고 계획
 11.2 품질 보증 계획
  11.2.1 품질 보증 조직
  11.2.2 품질 보증 조직의 업무 분장
  11.2.3 품질 보증 활동 및 개선 절차
  11.2.4 품질 보증 관리 대상
 11.3 보안 대책
 11.4 유지 보수 계획
  11.4.1 유지 보수 절차
  11.4.2 장애 처리 절차
  11.4.3 유지 보수 및 장애 처리 대상
 11.5 교육 계획
 11.6 형상 관리 방안
  11.6.1 형상 관리 목적
  11.6.2 적용 범위
  11.6.3 형상 관리 절차
 11.7 변경 관리 방안
  11.7.1 변경 관리 목적
  11.7.2 변경 관리 대상
  11.7.3 변경 관리 절차
```

3.1.5 사업 수행 계획서 주요 항목 설명

▶ 표준 목차

목차 구분		항목 설명
대분류	소분류	
1. 사업 명		사업의 명칭을 기술한다.
2. 사업 기간		사업 수행 기간을 년도, 월, 일까지 작성한다. 사업 종료 이후 안정화(하자 보수) 기간을 명시하는 것이 바람직하다.

목차 구분		항목 설명
대분류	**소분류**	
3. 사업 목적	3.1 사업 배경 및 필요성	대상 사업의 이해를 높이기 위하여 추진 배경 및 필요성을 기술한다.
	3.2 사업 목표	사업의 최종 목표와 세부 목표를 기술한다. 만일 연차별 진행 사업이라면, 연도별로 사업의 목표를 제시한다.
	3.3 추진 전략	성공적인 사업 완료를 위한 추진 전략을 기술한다.
4. 사업 구분 및 범위	4.1 사업 구분	사업의 유형 구분을 기술한다.
	4.2 사업 범위	사업 범위에 대해 항목으로 나눠 기술한다.
5. 사업 수행 방안	5.1 SW 개발 방법론	K-Method의 개요, 특징, 프레임워크, 전체 구성도 등 주요 내역을 기술한다.
	5.2 OO 프로그램 개발 방안	프로그램의 개발 방안을 기술한다.
	5.3 △△ 콘텐츠 구축 방안	콘텐츠 구축이 있을 경우, 해당 콘텐츠 구축 방안을 기술한다.
	5.4 시험 방안	단위 시험, 통합 시험, 시스템 시험 등의 시험 방안을 기술한다.
6. 개발 및 운영 환경	6.1 하드웨어 및 네트워크 구성도	사업과 연관이 있는 하드웨어 및 네트워크 구성을 그림으로 제시한다.
	6.2 소프트웨어 구성도	시스템에 탑재하여 운영하는 소프트웨어 구성과 아키텍처를 그림으로 제시한다.
	6.3 개발 환경 구성	개발 언어, 개발 장비 등 프로그램을 개발하기 위한 환경, 설정 등의 구성 내용을 기술한다.
7. 사업 수행 체계	7.1 사업 수행 조직	사업 수행 조직 구성도를 제시한다.
	7.2 업무 분장	사업 수행 조직의 업무 분장을 하고, 각 구성원의 책임 및 역할 등을 기술한다.
8. 사업 추진 절차		사업 추진 절차를 상세하게 기술한다.

목차 구분		항목 설명
대분류	소분류	
9. 사업 일정	9.1 사업 수행 일정	사업 수행 일정을 프로젝트 단계별로 상세하게 제시한다.
	9.2 참여 인력	참여하는 인력의 이름, 역할, 투입율, MM 등을 기술한다.
10. 산출물 작성 및 자동화 도구 적용 계획	10.1 산출물 작성 계획	산출물을 작성하기 위한 방안을 기술한다.
	10.2 자동화 도구 적용 계획	자동화 도구를 적용하기 위한 방안을 기술한다.
11. 사업 관리 계획	11.1 보고 계획	일간, 주간, 월간, 위험 등에 대한 보고 계획을 상세하게 기술한다.
	11.2 품질 보증 계획	품질 보증 조직, 품질 보증 조직의 업무 분장, 품질 보증 활동 및 개선 절차, 품질 보증 관리 대상 등을 기술한다.
	11.3 보안 대책	관리적, 물리적, 기술적 보안 대책에 대해 상세하게 기술한다. 만일 주관 기관에 보안 지침이 있다면, 해당 지침에 준하여 대응 방안을 작성한다.
	11.4 유지 보수 계획	유지 보수 절차, 장애 처리 절차, 유지 보수 및 장애 처리 대상 등을 기술한다.
	11.5 교육 계획	사용자, 운영자, 개발자, 이해 관계자 등에 대한 교육 계획을 수립하고 제시한다.
	11.6 형상 관리 방안	형상 관리 목적, 적용 범위, 형상 관리 절차 등을 기술한다.
	11.7 변경 관리 방안	변경 관리 목적, 변경 관리 대상, 변경 관리 절차 등을 기술한다.

[PR100] 착수 단계 표준

03

3.1.6 사업 수행 계획서 주요 ID 체계

해당 사항 없음.

3.2 [PR111-20] 방법론 조정 결과서

세그먼트		태스크		산출물	
PR110	총괄 준비 작업	PR111	수행 계획 수립	**PR111-20**	**방법론 조정 결과서**

3.2.1 방법론 조정 결과서 개요

▶ 정의

방법론 조정 결과서는 사업의 생명 주기, SW 유형, 개발 주체, 사업 규모, DB 사용 구분 등을 고려하여 K-Method의 프로세스, 산출물 등을 조정하는 문서이다.

방법론 조정 결과서는 주로 외주 개발을 행할 때, 사업 수행 계획서에 방법론을 조정한 내역을 미리 반영하고, 그 근거를 방법론 조정 결과서에 남기는 식으로 진행한다.

▶ 목적

K-Method를 프로젝트 특성에 맞춰 프로세스 및 산출물을 조정하여 특화시키는 것을 목적으로 한다.

자체 개발일 경우에도 안정적인 프로세스의 수행과 일관성 있는 작업의 진행을 위해 방법론 조정을 하는 것이 필요하다.

▶ 고려 사항

반드시 프로젝트 초기에 방법론 조정 작업을 완료하여야 한다.

방법론의 세부적인 조정에 있어서는 기본적으로 아래의 세가지를 고려하여 대응하는 것이 중요하다.

첫째, 방법론의 조정은 사업 관리 방법론과 개발 방법론을 구분하여 테일러링 하는 것을 원칙으로 한다.

둘째, 방법론의 조정에 있어서 조정 결과만 나타내서는 안된다. 반드시 조정 전과 조정 후를 대비하는 형태의 매핑표로 만들어야 한다.

셋째, 방법론의 조정 결과에 따른 철저한 적용을 동반해야 한다.

특히, 방법론의 조정 결과로 확립한 프로세스 및 산출물을 반드시 WBS(Work Breakdown Structure)에 반영하여, 프로세스 단계별 작업의 진척 상황 관리가 방법론의 조정 결과와 정확하게 일치하도록 대응하는 것이 중요하다.

3.2.2 방법론 조정 결과서 적용 대상 사업 및 작성 도구

▶ 사업구분

ISP 구축 사업	EA 수립 사업	시스템 개발 사업	DB 구축 사업	운영 및 유지 보수 사업	비고
○	○	○	○	○	

▶ 작성 도구

MS 오피스			한컴 오피스			기타
워드	엑셀	파워포인트	한글	한셀	한쇼	
○	○		○	○		

3.2.3 방법론 조정 결과서 관련 산출물

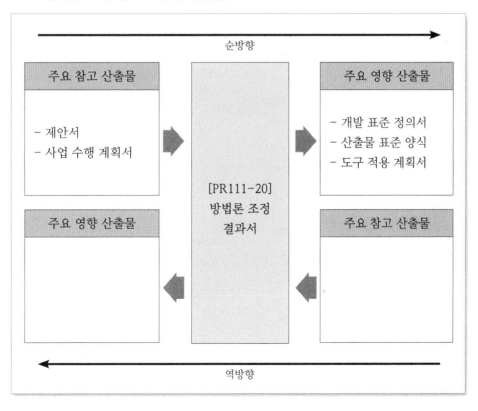

3.2.4 방법론 조정 결과서 표준 서식

▶ 방법론 조정 결과

K-Method 조정 전					필수 여부	적용 여부	K-Method 조정 후			조정 사유
단계	세그먼트	태스크	산출물	산출물 관리 번호			태스크	산출물	산출물 관리 번호	
착수 단계	총괄 준비 작업	수행 계획 수립	사업 수행 계획서	PR111-10						
			방법론 조정 결과서	PR111-20						
		개발 표준 설정	개발 표준 정의서	PR112-10						
			산출물 표준 양식	PR112-20						
		개발 도구 지정	도구적용 계획서	PR113-10						
	시스템 정의 작업	인터뷰 수행	인터뷰 계획 결과서	PR121-10						
		시스템 분석	현행 시스템 분석서	PR122-10						
		아키텍처 정의	아키텍처 정의서	PR123-10						
	요구 정의 작업	요구 사항 정의	요구 사항 정의서	PR131-10						
		개발 범위 확인	범위 비교표	PR132-10						
			요구 사항 추적표	PR132-20						
		요구 검증 계획 수립	총괄 시험 계획서	PR133-10						
분석 단계	사용자 작업	사용자 이벤트 분석	이벤트 정의서	PD111-10						
	프로세스 작업	기능 및 인과 분석	기능 분해도	PD121-10						
			비즈니스 융합도	PD121-20						

K-Method 조정 전					필수 여부	적용 여부	K-Method 조정 후			조정 사유
단계	세그먼트	태스크	산출물	산출물 관리 번호			태스크	산출물	산출물 관리 번호	
분석 단계	프로세스 작업	시스템 시험 계획	시스템 시험 계획서	PD122-10						
	데이터 작업	코드 분석	코드 정의서	PD131-10						
설계 단계	사용자 작업	화면 보고서 설계	화면 설계서	PD211-10						
			보고서 설계서	PD211-20						
		인터 페이스 설계	인터페이스 설계서	PD212-10						
	프로세스 작업	기능 설계	프로그램 명세서	PD221-10						
			프로그램 논리 설계서	PD221-20						
		통합 시험 계획	통합 시험 계획서	PD222-10						
	데이터 작업	데이터 베이스 설계	논리 ERD	PD231-10						
			물리 ERD	PD231-20						
			테이블 정의서	PD231-30						
		교차 설계	CRUD 매트릭스	PD232-10						
		데이터 설계	데이터 구축 계획서	PD233-10						
구현 단계	사용자 작업	화면 보고서 구현	구현 화면	PD311-10						
			구현 보고서	PD311-20						
	프로세스 작업	기능 구현	소스 코드	PD321-10						

[PR100] 착수 단계 표준   03

단계	세그먼트	태스크	산출물	산출물 관리 번호	필수 여부	적용 여부	태스크	산출물	산출물 관리 번호	조정 사유
구현 단계	데이터 작업	데이터 베이스 구현	물리 DB	PD331-10						
	단위 시험 작업	단위 시험 수행	단위 시험 계획 결과서	PD341-10						
			단위 오류 관리서	PD341-20						
시험 단계	통합 시험 작업	통합 시험 수행	통합 시험 결과서	CC111-10						
			통합 오류 관리서	CC111-20						
	시스템 시험 작업	시스템 시험 수행	시스템 시험 결과서	CC121-10						
			시스템 오류 관리서	CC121-20						
전개 단계	기본 전개 작업	전개 수행	전개 계획 결과서	CC211-10						
			데이터 구축 결과서	CC211-20						
		매뉴얼 작성	사용자 매뉴얼	CC212-10						
			운영자 매뉴얼	CC212-20						
		유지 보수 준비	유지 보수 계획서	CC213-10						
	인도 작업	교육 수행	교육 계획 계획서	CC221-10						
		지적 재산권 대응	지적 재산권 검토서	CC222-10						
		인도 수행	개발 완료 보고서	CC223-10						

03 [PR100] 착수 단계 표준

3.2.5 방법론 조정 결과서 주요 항목 설명

▶ 방법론 조정결과

작성 항목명		항목 설명	작성 구분 (필수/선택)
K-Method 조정 전	단계	K-Method SW 개발 프로세스 상의 단계 명을 기술한다.	필수
	세그먼트	K-Method SW 개발 프로세스 상의 세그먼트 명을 기술한다.	필수
	태스크	K-Method SW 개발 프로세스 상의 태스크 명을 기술한다.	필수
	산출물	해당 태스크가 생성하는 산출물 명을 기술한다.	필수
	산출물 관리 번호	해당 태스크가 생성하는 산출물 관리 번호를 기술한다.	필수
필수 여부		생명 주기, 소프트웨어 유형, 개발 주체, 사업 규모, 데이터베이스 사용 등 프로젝트의 특성에 따른 유형별 필수 산출물을 표시한다. (본 서 2.1.2 표준 프로세스별 필수 산출물 참고)	필수
적용 여부		해당 태스크와 산출물을 본 사업에 적용할지 여부를 기술한다.	필수
K-Method 조정 후	태스크	특이 사항이 없을 경우 '좌동'으로 표시하고, 조정이 필요한 경우 태스크를 변경하여 기술한다.	필수
	산출물	특이 사항이 없을 경우 '좌동'으로 표시하고, 조정이 필요한 경우 산출물을 변경하여 기술한다.	필수
	산출물 관리 번호	특이 사항이 없을 경우 '좌동'으로 표시하고, 조정이 필요한 경우 산출물 관리 번호를 변경하여 기술한다.	선택
조정 사유		프로세스나 산출물을 조정하거나, 산출물 양식을 변경한 경우 해당 사유를 기술한다.	필수

3.2.6 방법론 조정 결과서 주요 ID 체계

해당 사항 없음.

3.3 [PR112-10] 개발 표준 정의서

세그먼트		태스크		산출물	
PR110	총괄 준비 작업	PR112	개발 표준 설정	PR112-10	개발 표준 정의서

3.3.1 개발 표준 정의서 개요

▶ 정의

개발 표준 정의서는 주석, 변수 명명 규칙, 메시지 처리 등 SW 개발 시에 지켜야 하는 표준을 정의한 문서이다.

외주 개발의 경우 다수의 인력이 협업을 해야 하는데, 서로 다른 형태의 작업 결과물을 낼 수 있다. 이를 방지하기 위해 개발 표준을 정의하여 적용한다.

▶ 목적

표준화를 기반으로 하는 체계적인 프로그램 개발을 통하여 SW의 개발 생산성, 유지 보수성 등의 제반 품질을 균일하게 확보하는 것을 목적으로 한다.

외주 개발의 경우에는 물론 자체 개발일 경우에도 여러 사람이 작업을 할 경우, 동일한 형태와 품질의 작업 결과를 얻기 위해 연관 표준을 작성하여 대응하도록 해야 한다.

▶ 고려 사항

개발 인력에 대한 지속적인 개발 표준 교육이 필요하다. 추가로 투입하는 인력도 반드시 교육을 수행해야 한다. 또한 개발 표준 준수 여부에 대한 정기적인 점검을 기반으로 개발 소스의 표준화 품질 확보 노력을 지속적으로 기울일 필요가 있다.

여기서 이런 의문이 생길 수 있다. 'K-Method에서 교육은 종료 단계에서 이루어지도록 절차가 만들어져 있는데 언제 개발 표준 교육을 시킬 것인가?'라는 의문이다. 하지만 K-Method 내에 들어 있는 교육은 주로 사용자와 운영자를 위한 교육만 포함하고 있다. 그 이유는 개발자에 대한 교육은 수시로 이루어져야 하기 때문이다.

예를 들어 생각해 보자. 설계 단계에 새로운 개발자가 투입되었을 경우, 또 새로운 교육 절차를 만들어야 할까? 그렇지 않을 것이다. 개발팀 내부에서의 교육은 K-Method의 프로세스에 관계 없이 수시로 필요에 따라 실시해야 한다. 그러한 상시 교육 체계를 통해 안정적으로 개발자가 작업을 할 수 있도록 해야 한다.

3.3.2 개발 표준 정의서 적용 대상 사업 및 작성 도구

▶ 사업구분

ISP 구축 사업	EA 수립 사업	시스템 개발 사업	DB 구축 사업	운영 및 유지 보수 사업	비고
		○		○	

▶ 작성 도구

MS 오피스			한컴 오피스			기타
워드	엑셀	파워포인트	한글	한셀	한쇼	
○			○			

3.3.3 개발 표준 정의서 관련 산출물

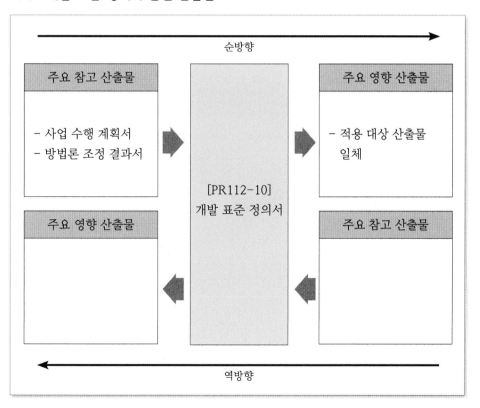

3.3.4 개발 표준 정의서 표준 서식

▶ 표준 목차

1. 개요
   1.1 표준의 목적
   1.2 표준의 필요성
   1.3 표준의 대상
   1.4 표준의 적용 예외

2. 명명 규칙
   2.1 명명 표기 유형
   2.2 구분별 명명 규칙

3. 모델링 방법
   3.1 모델링 대상 범위
   3.2 모델링 적용 표준
   3.3 세부 모델링 방법

4. 코딩 규칙
   4.1 코딩 규칙 대상 언어
   4.2 코딩 순서
   4.3 세부 코딩 규칙

5. 도구별 표준 적용 가이드
   5.1 표준 적용 대상 도구
   5.2 도구 유형
   5.3 도구별 세부 적용 표준

3.3.5 개발 표준 정의서 주요 항목 설명

▶ 표준 목차

목차 구분		항목 설명
대분류	소분류	
1. 개요	1.1 표준의 목적	본 사업에 적용하는 개발 표준 정의의 목적을 기술한다.
	1.2 표준의 필요성	표준을 적용해야 할 필요성을 기술한다.

목차 구분		항목 설명
대분류	소분류	
1. 개요	1.3 표준의 대상	개발 표준의 적용 대상을 기술한다.
	1.4 표준의 적용 예외	표준 적용 상의 예외 사항에 대해 기술한다.
2. 명명 규칙	2.1 명명 표기 유형	명명 규칙 표기 상의 유형을 기술한다.
	2.2 구분별 명명 규칙	세부 구분별 명명 규칙을 기술한다.
3. 모델링 방법	3.1 모델링 대상 범위	공정 단계별 모델링 대상의 범위를 기술한다.
	3.2 모델링 적용 표준	모델링에 적용하는 표준을 기술한다.
	3.3 세부 모델링 방법	세부 모델링 방법을 기술한다.
4. 코딩 규칙	4.1 코딩 규칙 대상 언어	코딩 규칙 적용 대상 언어를 기술한다.
	4.2 코딩 순서	코딩 순서를 기술한다.
	4.3 세부 코딩 규칙	세부적인 코딩 규칙을 기술한다.
5. 도구별 표준 적용 가이드	5.1 표준 적용 대상 도구	표준 적용 대상 도구를 기술한다.
	5.2 도구 유형	본 사업에 적용하는 도구의 유형을 기술한다.
	5.3 도구별 세부 적용 표준	도구별 세부적인 적용 표준을 기술한다.

3.3.6 개발 표준 정의서 주요 ID 체계

해당 사항 없음.

3.4 [PR112-20] 산출물 표준 양식

세그먼트		태스크		산출물	
PR110	총괄 준비 작업	PR112	개발 표준 설정	**PR112-20**	**산출물 표준 양식**

3.4.1 산출물 표준 양식 개요

▶ 정의

산출물 표준 양식은 K-Method 프로세스 수행에 따라 생성하는 다양한 산출물의 표준을 정의한 문서이다.

산출물 표준 양식은 외주 개발, 자체 개발에 관계 없이 소프트웨어의 신규 개발, 고도화, 운영 등의 사업을 진행할 때 표준화된 서식을 사용하기 위한 탬플릿이다.

▶ 목적

K-Method의 제반 프로세스를 진행하면서 생성하는 산출물을 서로 다른 개발자가 작업하더라도 표준에 의거하여 모두 같은 형식으로 작성할 수 있도록 하는 것을 목적으로 한다.

외주 개발이던 자체 개발이던 상관 없이 모든 작업자가 동일한 산출물 표준 양식을 사용함으로써, 언제 작업 결과를 통합하더라도 쉽게 통합이 이루어질 수 있도록 하는 것을 목적으로 한다.

▶ 고려 사항

산출물을 생성하는 소프트웨어 개발 인력에 대한 교육이 필요하다. 또한 사업 진행 과정에서 산출물 표준 양식을 변경할 경우, 변경 부분에 대한 설명을 부록 형태로 반영하여 첨부하고, 이전에 작성한 산출물도 소급하여 변경 적용하는 것이 바람직하다.

소프트웨어 개발 인력의 산출물 표준 양식 교육에 있어 유의해야 할 사항을 세가지로 정리하면 다음과 같다.

첫째, 산출물 표준 양식의 교육은 반드시 방법론 테일러링을 완료한 결과를 가지고 해야 효율적으로 수행할 수 있다.

둘째, 교육은 이론 20%, 실습 80%의 비율로 실제 표준 작성법에 중점을 두는 것이 중요하다.

셋째, 표준 양식 교육 결과는 실제 개발 기간 중에 반드시 실질적으로 적용하도록 관리할 필요가 있다.

03
[PR100] 착수 단계 표준

3.4.2 산출물 표준 양식 적용 대상 사업 및 작성 도구

▶ 사업구분

ISP 구축 사업	EA 수립 사업	시스템 개발 사업	DB 구축 사업	운영 및 유지 보수 사업	비고
○	○	○	○	○	

▶ 작성 도구

MS 오피스			한컴 오피스			기타
워드	엑셀	파워포인트	한글	한셀	한쇼	
○			○			

3.4.3 산출물 표준 양식 관련 산출물

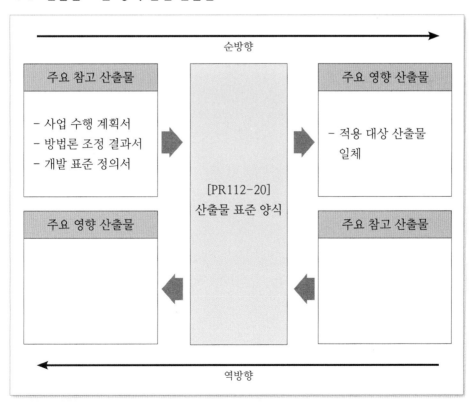

117

3.4.4 산출물 표준 양식 표준 서식

▶ 표준 목차

1. 총칙
 1.1 목적
 1.2 적용 범위
 1.3 문서 작성 시 고려사항

2. 산출물 작성 지침
 2.1 문서 구성
 2.1.1 개정 이력
 2.1.2 목차
 2.1.3 본문 및 별첨
 2.2 산출물 설정
 2.2.1 서식 설정
 2.2.2 산출물 일반 설정
 2.3 산출물 작성
 2.3.1 항목 번호 및 본문
 2.3.2 표
 2.3.3 글머리표
 2.3.4 그림
 2.3.5 영문의 사용
 2.3.6 날짜의 표현

3. 문서 작성 지침
 3.1 문서 작성
 3.2 용지 및 제본
 3.3 문서 저장 및 인도
 3.4 문서 작성 도구

4. 산출물 관리
 4.1 용어 정의
 4.2 역할과 책임
 4.3 산출물 관리 절차

5. 작성 대상 산출물
 5.1 작성 대상 산출물 개요
 5.2 단계별 작성 산출물

별첨1. 표준 서식
 • 워드 표준 문서-가로/세로
 • 엑셀 표준 문서-가로/세로

3.4.5 산출물 표준 양식 주요 항목 설명

▶ 표준 목차

목차 구분		항목 설명
대분류	소분류	
1. 총칙	1.1 목적	K-Method 적용 시에 작성하는 산출물 표준 양식 작성의 목적을 기술한다.
	1.2 적용 범위	표준 산출물의 적용 범위를 기술한다.
	1.3 문서 작성 시 고려 사항	사업의 특성에 따른 산출물 작성 시 고려 사항을 기술한다.
2. 산출물 작성 지침	2.1 산출물 구성	'개정 이력'의 경우 산출물의 개정 이력 작성 지침을 정하여 기술한다. '목차'의 경우 산출물의 목차 작성 지침을 정하여 기술한다. '본문 및 별첨'의 경우 본문 및 별첨 작성 지침을 정하여 기술한다.
	2.2 산출물 설정	'서식 설정'의 경우 산출물의 서식 유형별 폰트의 종류, 크기, 스타일 등 서식 유형을 정하여 기술한다. '산출물 일반 설정'의 경우 쪽의 여백(위쪽, 아래쪽, 왼쪽, 오른쪽 등), 레이아웃(머리글, 바닥글) 설정 기준 및 방법을 정하여 기술한다.
	2.3 산출물 작성	'항목 번호 및 본문'의 경우 항목 번호 및 본문 작성 지침을 정하여 기술한다. '표' 의 경우 표의 캡션, 헤더 설정, 음영 등 표 작성 기준을 정하여 기술한다. '글머리표'의 경우 글머리표 표기 기준을 정하여 기술한다. '그림'의 경우 그림 정보를 나타내는 기본 서식을 정하여 기술한다. '영문의 사용'의 경우 영문 표기 기준을 정하여 기술한다. '날짜의 표현'의 경우 날짜 표기 기준을 정하여 기술한다.

표준

[PR100] 착수 단계

03

목차 구분		항목 설명
대분류	소분류	
3. 문서 작성 지침	3.1 문서 작성	문서의 작성 방법에 대해 기술한다.
	3.2 용지 및 제본	용지 크기, 제본 방법 등의 기준을 정하여 기술한다.
	3.3 문서 저장 및 인도	문서 저장 및 인도 기준을 정하여 기술한다.
	3.4 문서 작성 도구	문서 유형별로 문서 작성 도구를 정하여 기술한다.
4. 산출물 관리	4.1 용어 정의	산출물 관리와 관련한 용어를 정의한다.
	4.2 역할과 책임	산출물 관리와 관련하여 담당자의 역할과 책임을 명시한다.
	4.3 산출물 관리 절차	산출물 관리 절차 흐름을 도식화하여 나타낸다.
5. 작성 대상 산출물	5.1 작성 대상 산출물 개요	작성 대상인 산출물의 개요를 기술한다.
	5.2 단계별 작성 산출물	개발 공정 단계별로 작성해야 할 산출물에 대해 기술한다.
별첨. 표준 서식		산출물의 표준 서식을 별첨한다.

3.4.6 산출물 표준 양식 주요 ID 체계

해당 사항 없음.

3.5 [PR113-10] 도구 적용 계획서

세그먼트		태스크		산출물	
PR110	총괄 준비 작업	PR113	개발 도구 지정	PR113-10	도구 적용 계획서

3.5.1 도구 적용 계획서 개요

▶ 정의

　도구 적용 계획서는 K-Method 프로세스별로 적용 가능한 도구의 사용 계획을 수립하는 문서이다.

　외주 개발 또는 자체 개발을 수행함에 있어 품질 점검, 테스트, 자동화 개발, 모델링 등 제반 도구를 사용하기 위한 계획을 기술한 문서이다.

▶ 목적

　K-Method의 프로세스를 수행하는 과정에서 작업의 효율성 또는 품질을 향상시키기 위해 필요한 도구를 적용하기 위한 계획을 작성하는 것을 목적으로 한다.

　외주 개발일 경우에는 주관 기관의 요구에 부응하기 위해 도구의 총정리를 통한 계획을 마련함으로써 비용 대비 효과를 제고하기 위한 목적이 중심이 된다.

　자체 개발일 경우에는 효율적인 개발과 개발 품질 제고를 위해 적용해야 할 도구의 총정리를 통해 사전에 준비하는 것이 목적이다.

▶ 고려 사항

　특정 태스크에 적용하는 도구가 2개 이상일 경우에는 해당 태스크를 위아래로 반복하여 기술하지 말고, 사용하는 도구의 갯수만큼 빈 줄을 추가하여 도구 명 및 관련 내역을 기술한다.

　또한, 예상 결과의 형태가 보고서인지, 표 형태인지, 단순히 결과 치만 나오는지 등과 같이 예상 결과의 형태를 구분하여 기술하는 것이 중요하다.

　사용 도구는 어떤 특정 분야에 한정하지 말고, 해당 개발 사업에 적용하는 것을 모두 기술하는 것이 바람직하다. 그 이유는 도구의 적용 계획을 명확하게 마련하면 필요할 때에 필요한 도구를 적시적소에 맞춤형으로 사용하는 것이 용이해지기 때문이다.

　주로 기술하는 도구로는 사업 관리 도구, 품질 보증 활동 도구, 모델링 도구, 소프트웨어 가시화 개발 도구, 테스팅 도구, 집단 지성 도구 등 다양한 종류가 있을 수 있다. 개발팀의 사정을 고려하여 선정한다.

3.5.2 도구 적용 계획서 적용 대상 사업 및 작성 도구

▶ 사업구분

ISP 구축 사업	EA 수립 사업	시스템 개발 사업	DB 구축 사업	운영 및 유지 보수 사업	비고
	○	○		○	

▶ 작성 도구

MS 오피스			한컴 오피스			기타
워드	엑셀	파워포인트	한글	한셀	한쇼	
○	○		○	○		

3.5.3 도구 적용 계획서 관련 산출물

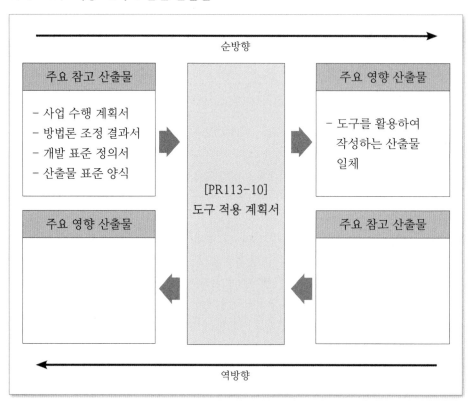

3.5.4 도구 적용 계획서 표준 서식

▶ 도구 적용 계획

단계	세그먼트	태스크	도구명	제조사/사양	가격	사용 목적	예상 결과	비고

3.5.5 도구 적용 계획서 주요 항목 설명

▶ 도구 적용 계획

작성 항목명	항목 설명	작성 구분 (필수/선택)
단계	K-Method SW 개발 프로세스의 단계는 도구의 사용 여부에 관계 없이 모두 기술한다.	필수
세그먼트	K-Method SW 개발 프로세스의 세그먼트는 도구의 사용 여부에 관계 없이 모두 기술한다.	필수
태스크	K-Method SW 개발 프로세스의 태스크는 도구의 사용 여부에 관계 없이 모두 기술한다.	필수
도구명	도구를 적용하고자 하는 프로세스에만 도구 명을 기술한다.	필수
제조사/사양	적용하고자 하는 도구의 제조사 및 사양을 기술한다.	필수
가격	적용하고자 하는 도구의 가격을 기술한다.	선택
사용 목적	해당 도구의 사용 목적을 명확히 기술한다.	필수
예상 결과	해당 도구의 사용 후 예상하는 결과 내역을 기술한다.	필수
비고	도구 적용과 연관이 있는 기타 특기 사항을 기술한다	선택

3.5.6 도구 적용 계획서 주요 ID 체계

해당 사항 없음.

3.6 [PR121-10] 인터뷰 계획 결과서

세그먼트		태스크		산출물	
PR120	시스템 정의 작업	PR121	인터뷰 수행	**PR121-10**	**인터뷰 계획 결과서**

3.6.1 인터뷰 계획 결과서 개요

▶ 정의

인터뷰 계획 결과서는 인터뷰 대상, 일정 등 사업과 연관이 있는 이해 관계자와의 인터뷰를 위한 계획을 수립하고, 그 결과를 작성하는 문서이다.

인터뷰 계획과 결과를 분리하지 않고 묶은 이유는 자유도를 높이기 위한 것이다. 그렇게 해야, 형식과 절차에 얽매여 인터뷰 효율성을 저하시키는 것을 막을 수 있기 때문이다.

▶ 목적

효율적인 인터뷰 진행을 통해 상호 의견 교환을 원활하게 하고 결과를 안정적으로 관리하는 것을 목적으로 한다.

인터뷰를 통해 사업 진행 상의 범위, 위험, 기술, 품질, 협조 사항 등 사업의 성공에 도움을 줄 수 있는 제반 요소들을 식별해내는 것을 목적으로 한다.

▶ 고려 사항

인터뷰 결과에 의하여 신규 요구 사항이 발생하거나 기존의 요구 사항을 변경해야 하는 경우가 있을 수 있으므로 가급적 상세하게 정리하고 철저하게 관리해야 한다.

중요한 이슈나 요구 사항 등은 항상 요약하여 식별이 용이하도록 나타내 주는 것이 중요하다.

특히, 사업의 초기에는 아래의 세가지 점을 고려하여 인터뷰 계획 결과서를 작성하면 크게 도움을 받을 수 있다.

첫째, 사용자 요구 사항의 방향을 명확히 이해하려는 목적을 가지고 접근한다.

둘째, 충분한 브레인 스토밍(brain storming)을 위해 아이디어는 가급적 엉뚱한 것이라도 간과하지 말고 수렴한다.

셋째, 인터뷰를 통해 수렴한 요구 사항 중 본 사업 기간 내에 달성할 수 없거나, 사업비의 범위내에서 실현하기 어려울 경우에는 수용이 곤란한 사유를 기술해 둘 필요가 있다.

3.6.2 인터뷰 계획 결과서 적용 대상 사업 및 작성 도구

▶ 사업구분

ISP 구축 사업	EA 수립 사업	시스템 개발 사업	DB 구축 사업	운영 및 유지 보수 사업	비고
○	○	○	○	○	

▶ 작성 도구

MS 오피스			한컴 오피스			기타
워드	엑셀	파워포인트	한글	한셀	한쇼	
○			○			

3.6.3 인터뷰 계획 결과서 관련 산출물

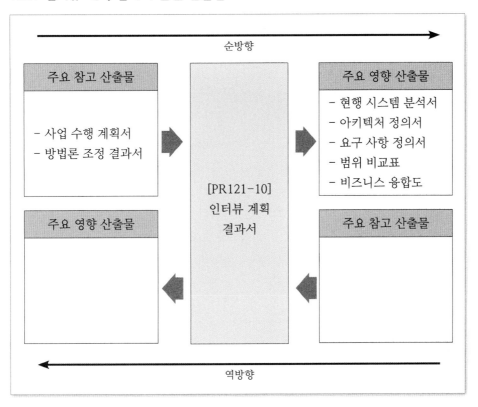

3.6.4 인터뷰 계획 결과서 표준 서식

▶ 인터뷰 계획

1. 인터뷰 기간
     20xx. . . ~ 20xx. . .

2. 인터뷰 대상

No	소속	부서	성명	담당 업무

3. 주요 내용

구분	요구 사항 ID	주요 내용

3. 기타

▶ 인터뷰 결과

구분		요구 사항 ID		일시	
인터뷰 대상		진행자		장소	
인터뷰 내용					
Q					
A					
Q					
A					

3.6.5 인터뷰 계획 결과서 주요 항목 설명

▶ 인터뷰 계획

목차 구분	항목 설명
1. 인터뷰 기간	인터뷰 수행 기간을 기술한다.
2. 인터뷰 대상	인터뷰 대상자의 소속, 부서, 이름, 담당 업무를 기술한다.
3. 주요 내용	나누어지는 시스템 또는 서브시스템, 제안 요청서에 있는 요구 사항 별로 인터뷰를 수행하는 요구 사항 ID, 인터뷰 주요 내용 등을 기술한다.
3. 기타	기타 필요한 사항을 기술한다.

▶ 인터뷰 결과

작성 항목명		항목 설명	작성 구분 (필수/선택)
구분		시스템, 업무 등 구분을 정의하고 기술한다.	필수
요구 사항 ID		사용자의 요구 사항을 식별하기 위해 숫자나 문자 등으로 구성한 요구 사항 ID를 기술한다.	필수
일시		인터뷰 일자, 시간을 기술한다.	필수
인터뷰 대상		인터뷰 대상자를 기술한다.	필수
진행자		인터뷰 진행자를 기술한다.	필수
장소		인터뷰 수행 장소를 기술한다.	필수
인터뷰 내용	Q	인터뷰 과정의 '질의' 내용을 기술한다.	필수
	A	인터뷰 과정의 '답변' 내용을 기술한다.	필수

3.6.6 인터뷰 계획 결과서 주요 ID 체계

해당 사항 없음.

3.7 [PR122-10] 현행 시스템 분석서

세그먼트		태스크		산출물	
PR120	시스템 정의 작업	PR122	시스템 분석	PR122-10	현행 시스템 분석서

3.7.1 현행 시스템 분석서 개요

▶ 정의

  현행 시스템 분석서는 현재 운영하고 있는 내·외부 시스템에 대한 HW, SW, NW 구성을 포함하여 업무 흐름, 고려 사항 등의 현황을 분석한 문서이다.

  이미 구축한 소프트웨어의 고도화 사업에서 현행 시스템 분석은 꼭 수행해야 할 프로세스이다. 이를 통해, 현황을 정확히 이해하여 고도화를 진행할 수 있기 때문이다.

▶ 목적

  현재 운영하는 내·외부 시스템 분석을 통하여 문제점을 발견하고 개선 방안을 총괄적으로 강구하여 고품질 및 고성과의 새로운 시스템을 구축하기 위함이 목적이다.

  고도화 사업에서 특히 현행 시스템 분석을 행하는 목적은 현행 시스템 분석을 통하여 고도화하고자 하는 목표와의 갭(gap)을 명확히 하는데 있다. 이를 통해, 목표(目標)와 현상(現狀) 사이에서 해결해야 할 과제를 명확하게 인식하고 문제를 해결해 나가야 할 달성 수단을 맞춤형으로 강구해낼 수 있기 때문이다.

▶ 고려 사항

  현행 시스템의 부분적인 분석도 포함할 수 있지만, 통합적인 관점에서의 전체적인 현황 분석이 중요하다. 현행 시스템 분석에 있어서 핵심적으로 고려해야 할 사항을 세 가지로 압축하면 다음과 같다.

  첫째, DB가 있는 시스템에서는 현행 DB의 분석이 아주 중요하다. DB를 통해 업무의 구조적인 형성 상황을 파악할 수 있기 때문이다.

  둘째, 현행 시스템 분석 시에는 업무 프로세스와 데이터와의 연관 관계를 파악해가며 수행하는 것이 필요하다. 이를 위해 정보통신단체표준(TTAK.KO-11.0217)인 비즈니스 융합 프로세스 지침에 의거한 비즈니스 융합도(BCD: Business Convergence Process)를 적극적으로 활용할 필요가 있다.

  셋째, 현행 시스템 분석 결과는 가급적 핵심 성공 요인(CSF: Critical Success Factor)으로 연결 짓는 것이 바람직하다.

3.7.2 현행 시스템 분석서 적용 대상 사업 및 작성 도구

▶ 사업구분

ISP 구축 사업	EA 수립 사업	시스템 개발 사업	DB 구축 사업	운영 및 유지 보수 사업	비고
○	○	○	○	○	

▶ 작성 도구

MS 오피스			한컴 오피스			기타
워드	엑셀	파워포인트	한글	한셀	한쇼	
○			○			

3.7.3 현행 시스템 분석서 관련 산출물

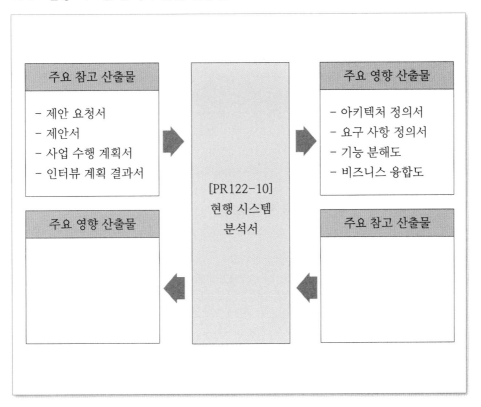

3.7.4 현행 시스템 분석서 표준 서식

▶ 표준 목차

1. 현행 시스템 분석 개요
　　1.1 목적
　　1.2 현행 시스템 개관

2. 현행 시스템 아키텍처
　　2.1 현행 시스템 아키텍처 구성도
　　2.2 SW 구성
　　2.3 HW 구성
　　2.4 NW 구성

3. 현행 시스템 업무 분석
　　3.1 전체 업무 구성도
　　3.2 00 업무 구성 및 절차 설명
　　3.3 xx 업무 구성 및 절차 설명

4. 현행 시스템 데이터 분석
　　4.1 현행 시스템 DB 구성
　　4.2 데이터 사전 정의
　　4.3 데이터 전환 대상 분석
　　4.4 데이터 구현 범위 정의

5. 내·외부 연계 분석
　　5.1 내·외부 연계 구성도
　　5.2 내·외부 연계 상세 정보

6. 개선 방안
　　6.1 현행 시스템 문제점
　　6.2 현행 시스템 개선 방안

3.7.5 현행 시스템 분석서 주요 항목 설명

▶ 표준 목차

목차 구분		항목 설명
대분류	소분류	
1. 현행 시스템 분석 개요	1.1 목적	현행 시스템 분석의 목적을 기술한다.
	1.2 현행 시스템 개관	현행 시스템의 업무, 기능 등의 전반적인 내용을 기술한다.

목차 구분		항목 설명
대분류	소분류	
2. 현행 시스템 아키텍처	2.1 현행 시스템 아키텍처 구성도	현행 시스템의 아키텍처 전체 구성도를 도식화하여 기술한다.
	2.2 SW 구성	현행 시스템의 SW 구성도를 기술한다.
	2.3 HW 구성	현행 시스템의 HW 구성도를 기술한다.
	2.4 NW 구성	현행 시스템의 NW 구성도를 기술한다.
3. 현행 시스템 업무 분석	3.1 전체 업무 구성도	현행 시스템에서 운영하는 전체 업무의 구성을 도식화하여 기술한다.
	3.2 OO 업무 구성 및 절차 설명	현행 세부 업무(OO업무)의 상세한 구성, 절차 등을 기술한다.
	3.3 xx 업무 구성 및 절차 설명	현행 세부 업무(xx업무)의 상세한 구성, 절차 등을 기술한다.
4. 현행 시스템 데이터 분석	4.1 현행 시스템 DB 구성	현행 시스템의 DB 구성도를 기술한다.
	4.2 데이터 사전 정의	현행 시스템에서 사용하고 있는 데이터를 사전 형식으로 정의한다.
	4.3 데이터 전환 대상 분석	현행 시스템에서 신규 시스템으로 전환해야 하는 데이터를 선정하여 분석한 내용을 기술한다.
	4.4 데이터 구현 범위 정의	신규 시스템에 구현해야 하는 데이터 범위를 정의한다.
5. 내·외부 연계 분석	5.1 내·외부 연계 구성도	현행 시스템의 내·외부 연계 구성을 도식화하여 기술한다.
	5.2 내·외부 연계 상세 정보	연계 정보, 방식, 주기 등 내·외부 연계의 상세 정보를 기술한다.
6. 개선 방안	6.1 현행 시스템 문제점	현행 시스템에서 발생하는 문제점을 도출하여 기술한다.
	6.2 현행 시스템 개선 방안	현행 시스템의 문제점에 대한 개선 및 우회 방안을 마련하여 기술한다.

3.7.6 현행 시스템 분석서 주요 ID 체계

해당 사항 없음.

3.8 [PR123-10] 아키텍처 정의서

세그먼트		태스크		산출물	
PR120	시스템 정의 작업	PR123	아키텍처 정의	**PR123-10**	**아키텍처 정의서**

3.8.1 아키텍처 정의서 개요

▶ 정의

아키텍처 정의서는 현행 시스템 분석 정보, 정보시스템 환경, 요구 사항 등의 정보를 새롭게 구축하는 시스템에 반영하여 HW, SW 구성은 물론 연계에 이르기까지 전체적인 구조를 정의하는 문서이다.

아키텍처 정의서는 새로 구축하거나 고도화하는 소프트웨어를 아키텍처 차원에서 파악할 수 있도록 하는 문서이다.

▶ 목적

아키텍처 정의서의 주요 목적을 세 가지로 정리하면 다음과 같다.

첫 번째는 사용자와 시스템 분석가의 긴밀한 협의를 근거로 구축 정보시스템을 구체화하는 것이다.

두 번째는 개발 기간, 개발 방식, 요구 사항, 필요 기능 등 구축 시스템을 정확하게 정의함으로써 정보 시스템 구축 시에 방향성을 입체적인 시각에서 명확하게 확립하는 것이다.

세 번째는 새롭게 개발하는 시스템에 대한 HW, SW, NW 등의 상세 구성 정의를 바탕으로 구축함으로써 시스템의 확장성, 보안성, 내구성을 확보하는 것이다.

▶ 고려 사항

아키텍처 정의서 작성 시에는 기존 시스템이나 구축 대상 업무의 문제점이 새로 구축하는 정보 시스템에 영향을 미치지 않도록 주의해야 한다. 또한 정의한 시스템 구축을 위하여 필요한 비용, 자원을 분석하여 정해진 기간 내에 성공적인 정보 시스템 구축이 가능하도록 기반을 마련해야 한다.

사용자가 요구하는 성능 수준과 제시하는 문제점을 사전에 인지하고 대응함으로써 사업의 위험 요소를 최소화하고 효과를 극대화해야 한다.

그리고 범정부 EA 메타 모델을 적용해야 하는 사업의 경우에는 해당 지침을 참고하여 빠뜨린 부분이 없는지 확인해야 한다.

3.8.2 아키텍처 정의서 적용 대상 사업 및 작성 도구

▶ 사업구분

ISP 구축 사업	EA 수립 사업	시스템 개발 사업	DB 구축 사업	운영 및 유지 보수 사업	비고
	○	○		○	

▶ 작성 도구

MS 오피스			한컴 오피스			기타
워드	엑셀	파워포인트	한글	한셀	한쇼	
○			○			

3.8.3 아키텍처 정의서 관련 산출물

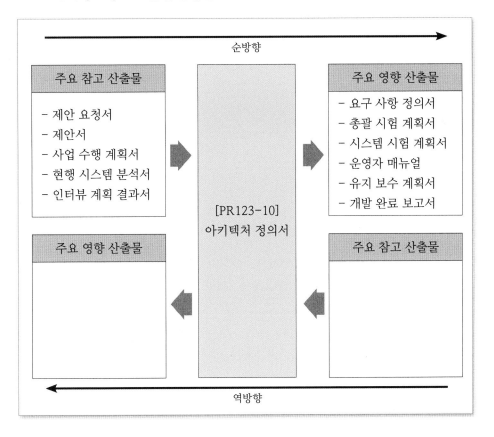

133

3.8.4 아키텍처 정의서 표준 서식

▶ 표준 목차

1. 개요
   1.1 목적
   1.2 적용 범위

2. 시스템 아키텍처 요구 사항 및 구현 방안
   2.1 시스템 아키텍처 요구 사항
   2.2 구현 방안

3. 시스템 아키텍처 구성
   3.1 현행 시스템 아키텍처
    3.1.1 현행 시스템 개요
    3.1.2 현행 시스템 구성도
   3.2 목표 시스템 아키텍처
    3.2.1 목표 시스템 개요
    3.2.2 목표 시스템 구성도

4. 시스템 아키텍처 구성 요소(SW, HW, NW)
   4.1 SW
    4.1.1 SW 개요 및 구성도
    4.1.2 SW 상세 내역
   4.2 HW
    4.2.1 HW 개요 및 구성도
    4.2.2 HW 상세 내역
   4.3 NW
    4.3.1 NW 개요 및 구성도
    4.3.2 NW 상세 내역

5. 시스템 보안
   5.1 시스템 보안 개요 및 구성도
   5.2 시스템 보안 상세 내역

6. 제약 사항

단, '범정부 EA 메타 모델'을 적용하는 경우에는 그에 따름.

3.8.5 아키텍처 정의서 주요 항목 설명

▶ 표준 목차

목차 구분		항목 설명
대분류	소분류	
1. 개요	1.1 목적	시스템 아키텍처 정의에 대한 목적을 기술한다.
	1.2 적용 범위	시스템 아키텍처의 적용 범위를 기술한다.
2. 시스템 아키텍처 요구 사항 및 구현방안	2.1 시스템 아키텍처 요구 사항	사용자가 요구한 시스템 아키텍처 관련 비기능 요구 사항을 기술한다.
	2.2 구현 방안	목표 시스템 아키텍처를 구현하기 위한 상세 방안을 기술한다.
3. 시스템 아키텍처 구성	3.1 현행 시스템 아키텍처	'현행 시스템 개요'의 경우 현행 시스템 구성의 개략적인 내용을 기술한다. '현행 시스템 구성도'의 경우 현행 시스템의 구성을 도식화하여 기술한다.
	3.2 목표 시스템 아키텍처	'목표 시스템 개요'의 경우 신규 시스템에 대한 목표 시스템 구성의 개략적인 내용을 기술한다. '목표 시스템 구성도'의 경우 신규 시스템에 대한 목표 시스템 전체 구성을 도식화하여 기술한다.
4. 시스템 아키텍처 구성 요소 (SW, HW NW)	4.1 SW	'SW 개요 및 구성도'의 경우 신규 도입 및 재활용 SW의 기본 내용과 구성도를 기술한다. 'SW 상세 내역'의 경우 신규 도입 및 재활용 SW의 상세 내용과 SW 아키텍처 구조를 기술한다.
	4.2 HW	'HW 개요 및 구성도'의 경우 신규 시스템의 HW 구성도를 기술한다. 'HW 상세 내역'의 경우 신규 시스템에 포함되는 모든 HW의 상세 구성 내용을 기술한다.
	4.3 NW	'NW 개요 및 구성도'의 경우 신규 시스템의 NW 장비에 대한 구성과 기본 정보를 기술한다. 'NW 상세 내역'의 경우 신규 시스템의 NW 장비에 대한 상세 구성 내용을 기술한다.

목차 구분		항목 설명
대분류	소분류	
5. 시스템 보안	5.1 시스템 보안 개요 및 구성도	신규 시스템과 구축 과정의 보안성을 확보하기 위한 물리적, 기술적, 관리적 보안 준수 내용과 전체 구성을 제시한다.
	5.2 시스템 보안 상세 내역	시스템 보안과 관련이 있는 사항을 상세하게 내역별로 기술한다.
6. 제약 사항		목표 시스템 아키텍처를 구축하는데 장애가 되는 위험 요소나 제약 사항을 기술한다.

3.8.6 아키텍처 정의서 주요 ID 체계

해당 사항 없음.

3.9 [PR131-10] 요구 사항 정의서

세그먼트		태스크		산출물	
PR130	요구 정의 작업	PR131	요구 사항 정의	PR131-10	요구 사항 정의서

3.9.1 요구 사항 정의서 개요

▶ 정의

요구 사항 정의서는 사용자의 기능, 비기능 요구 사항을 취합하여 정의하는 문서이다.

기능 요구 사항은 프로그램 기능으로 구현하는 요구 사항을 의미한다. 비기능 요구 사항은 성능, 보안, 표준 등 기능 요구 사항을 제외한 모든 요구 사항을 의미한다.

▶ 목적

요구 사항 정의서를 작성하는 목적은 제안 요청서, 제안서, 기술 협상서, 과업 내용서, 사업 수행 계획서 등의 공식적인 문서와 회의록 등에서 파악한 사용자의 기능 및 비기능 요구 사항을 모두 도출하여 명확하게 정의하는 것이다.

사용자의 요구 사항을 모두 충족하여야 사업을 성공적으로 완수할 수 있다. 따라서, 요구 사항 정의서는 최종적으로 사용자의 요구 사항을 반영하여 소프트웨어 개발을 완료하였는지 여부를 확인할 수 있다 이처럼, 사업의 성공 여부를 판별하는 매우 중요한 문서로서의 목적을 가지고 있다.

▶ 고려 사항

사업 초기에는 사용자의 요구 사항을 다양한 방법으로 도출시켜 최대한 정확하게 찾아내는 것이 중요하다. 이들 요구 사항을 분류(classification)하고 정제(refinement)하여 각 요구 사항의 상세화 수준을 나눠 정의할 필요가 있다. 이를 기반으로 사용자 요구 사항의 추적 및 관리를 용이하게 할 수 있다.

사업 수행 과정에서 사용자의 요구 사항이 변화할 경우가 있다. 이런 경우에는 반드시 주관 기관의 검토와 승인 과정 등의 변경 절차를 준수하여 변경 사항을 적용해야 한다. 만일 주관 기관과의 협의를 통해 요구 사항을 삭제하더라도 요구 사항 정의서에서 해당 요구 사항을 삭제해서는 안 된다. 이 경우에는 삭제한 내역을 명시하고, 사유를 기술함으로써, 향후 근거를 파악할 수 있도록 해야 한다.

사용자 요구 사항의 정의가 상호 애매모호하게 이루어지면, 사업의 커다란 위험 요소로 작용할 수 있다. 따라서 사업 초기에 명확하게 정의하고 합의해야 한다.

3.9.2 요구 사항 정의서 적용 대상 사업 및 작성 도구

▶ 사업구분

ISP 구축 사업	EA 수립 사업	시스템 개발 사업	DB 구축 사업	운영 및 유지 보수 사업	비고
○	○	○	○	○	

▶ 작성 도구

MS 오피스			한컴 오피스			기타
워드	엑셀	파워포인트	한글	한셀	한쇼	
○	○		○	○		

3.9.3 요구 사항 정의서 관련 산출물

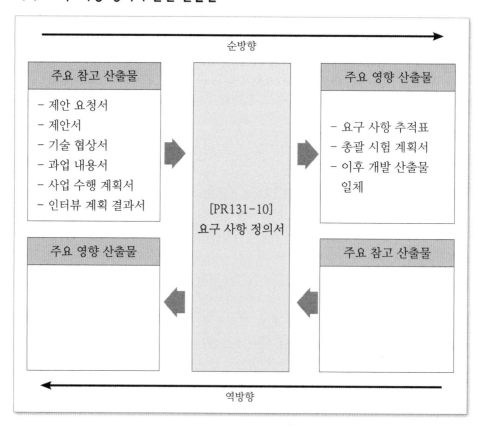

3.9.4 요구 사항 정의서 표준 서식

▶ 요구 사항 목록

NO	요구 사항 구분 (기능/비기능)	요구 사항 ID	요구 사항 명	비고

▶ 요구 사항 정의

요구 사항 구분	근거 ID	요구 사항 ID	요구 사항 명	요구 사항 내용	우선 순위	수용 여부	비고

▶ 검사 기준

요구 사항 ID	요구 사항 명	검사 방법	예상 결과	판정 기준

139

3.9.5 요구 사항 정의서 주요 항목 설명

▶ 요구 사항 목록

작성 항목명	항목 설명	작성 구분 (필수/선택)
NO	일련 번호를 작성한다.	필수
요구 사항 구분 (기능/비기능)	사용자가 제시한 요구 사항을 기능 및 비기능으로 구분하여 기술한다. 기능 및 비기능 요구 사항의 개념은 아래의 정의를 참조한다. [기능 요구 사항] SW 시스템이 제공하는 프로그램 중심의 기능과 연관이 있는 요구 사항이다. 특정 입력에 대한 반응이나, 특정 상황에서의 동작 등이 해당된다. [비기능 요구 사항] 기능 요구 사항 이외의 모든 요구 사항이다. 주로 성능, 보안, 품질, 표준 등의 요구 사항은 모두 비기능 요구 사항이다.	필수
요구 사항 ID	사용자의 요구 사항을 식별하기 위해 숫자나 문자 등으로 구성한 요구 사항 ID를 기술한다.	필수
요구 사항 명	기능 및 비기능 요구 사항 내용을 짧게 요약한 이름을 기술한다.	필수
비고	요구 사항 정의와 연관이 있는 기타 특기 사항을 기술한다.	선택

▶ 요구 사항 정의

작성 항목명	항목 설명	작성 구분 (필수/선택)
요구 사항 구분	사용자가 제시한 요구 사항을 기능 및 비기능으로 구분하여 기술한다.	필수
근거 ID	정의한 요구 사항에 대한 근거 ID를 기술한다. '근거 ID' 항목은 범위 비교표의 항목과 정합성을 유지해야 한다.	필수

작성 항목명	항목 설명	작성 구분 (필수/선택)
요구 사항 ID	사용자의 요구 사항을 식별하기 위해 숫자나 문자 등으로 구성한 요구 사항 ID를 기술한다.	필수
요구 사항 명	기능 및 비기능 요구 사항 내용을 짧게 요약한 이름을 기술한다.	필수
요구 사항 내용	사용자의 기능 및 비기능 요구 사항이 포함하고 있는 내용을 이해하기 쉽고 자세하게 기술한다.	필수
우선 순위	요구 사항의 우선 순위를 상, 중, 하로 구분하여 제시한다.	선택
수용 여부	사용자의 요구 사항 수용 여부를 기술한다. 만일 수용 여부 항목이 없을 경우, 기술한 요구 사항을 전부 수용한 것으로 간주한다.	선택
비고	요구 사항 정의와 연관이 있는 기타 특기 사항을 기술한다.	선택

▶ 검사 기준

작성 항목명	항목 설명	작성 구분 (필수/선택)
요구 사항 ID	사용자의 요구 사항을 식별하기 위해 숫자나 문자 등으로 구성한 요구 사항 ID를 기술한다.	필수
요구 사항 명	기능 및 비기능 요구 사항 내용을 짧게 요약한 이름을 기술한다.	필수
검사 방법	요구 사항의 이행 여부를 명확하게 확인할 수 있는 검사 방법을 구체적으로 기술한다.	필수
예상 결과	요구 사항을 성공적으로 수행했을 때 확인할 수 있는 예상 결과를 명확하게 기술한다.	필수
판정 기준	요구 사항을 성공적으로 수행했는지 여부를 명확하게 판정할 수 있는 기준을 제시한다.	필수

[PR100] 착수 단계 표준

03

3.9.6 요구 사항 정의서 주요 ID 체계

요구 사항 정의서에서 사용하는 근거 ID, 요구 사항 ID에 대한 ID 체계 예시는 아래와 같다. 사업의 특성에 맞추어 ID 체계를 변경하거나 새롭게 정의할 수 있다.

▶ 근거 ID 체계 정의 예시

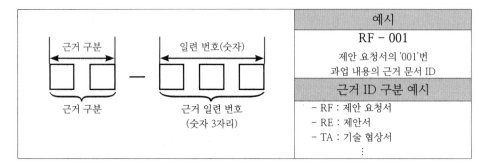

▶ 요구 사항 ID 체계 정의 예시

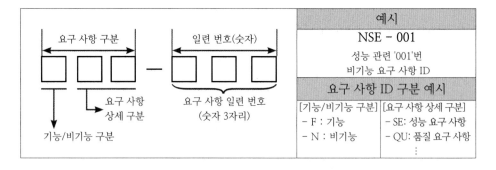

[PR100] 착수 단계 표준　03

3.10 [PR132-10] 범위 비교표

세그먼트		태스크		산출물	
PR130	요구 정의 작업	PR132	개발 범위 확인	PR132-10	범위 비교표

3.10.1 범위 비교표 개요

▶ 정의

범위 비교표는 제안 요청서로부터 제안서, 기술 협상서, 과업 내용서, 사업 수행 계획서, 요구 사항 정의서에 이르기까지의 사용자 요구 사항의 설정 과정을 비교 확인하는 문서이다.

▶ 목적

범위 비교표를 작성하는 목적은 제안 요청서, 제안서, 기술 협상서, 과업 내용서, 사업 수행 계획서, 요구 사항 정의서 등에서 과업 범위를 누락함이 없이 명시하고 있는지 비교 확인하는 것이다. 또한, 범위 비교표를 통하여 과업의 누락 여부를 주관 기관과 용역 업체 간에 상호 확인하여 안정적으로 사업을 추진할 수 있도록 하는 것을 목적으로 한다.

여기서 주관 기관은 사업을 주관하는 기관을 의미하며, 경우에 따라 발주 기관이 주관 기관을 하거나 별도로 사업을 전담하는 전담 기관이 역할을 대신할 수도 있다.

▶ 고려 사항

과업 범위는 사업 추진계획 수립과 통제를 위한 기본적인 것이다. 제안 요청서, 제안서에서 제시한 과업의 범위를 사업 수행 계획서에서 누락하거나 변경하거나 주관 기관과 사업자간에 명확하게 합의하지 않은 과업 범위를 포함할 경우 사업의 진행, 일정, 검수 등에 부정적 영향을 미칠 수 있다.

따라서 사업의 초기에 계약 관련 문서와 대비하여 사업 수행 계획서에서 과업 범위를 누락한 사항이 있는지, 과업 범위의 변경 내역을 포함하여 과업 범위 전체에 걸쳐 합의가 이루어졌는지 확인하는 것이 중요하다.

범위 비교표의 각 비교 항목에서 실제 작업이 이루어지지 않은 항목은 비워두고 작성한다. 예를 들어, 기술 협상이 실제적으로 이루어지지 않았거나, 과업 내용서(과업 지시서 또는 과업 내역서라고도 함)의 작성이 이루어지지 않을 경우에는 이를 비워두고 작성한다. 다만, 이들 항목을 작성하지 않더라도 서식에서는 해당 열의 제목을 그대로 둬서, 서식의 표준 일관성을 유지해 주는 것을 원칙으로 한다.

[PR100] 착수 단계 표준 03

3.10.2 범위 비교표 적용 대상 사업 및 작성 도구

▶ 사업구분

ISP 구축 사업	EA 수립 사업	시스템 개발 사업	DB 구축 사업	운영 및 유지 보수 사업	비고
○	○	○	○	○	

▶ 작성 도구

MS 오피스			한컴 오피스			기타
워드	엑셀	파워포인트	한글	한셀	한쇼	
○	○		○	○		

3.10.3 범위 비교표 관련 산출물

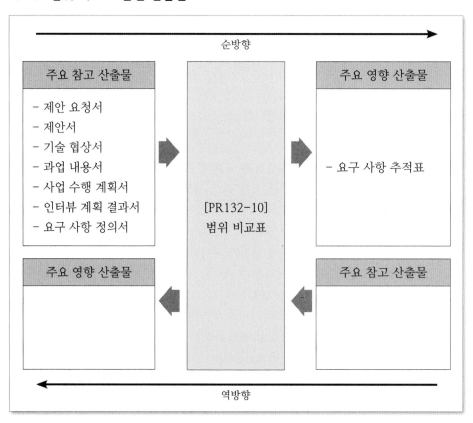

3.10.4 범위 비교표 표준 서식

▶ 범위 비교표

N O	제안 요청서 (RFP)	제안서	기술 협상서	과업 내용서	사업 수행 계획서	요구 사항 정의서	요구 사항 구분	요구 사항 ID	요구 사항 명	비 고

〈근거 구분〉
　- 제안 요청서(RFP) : 제안 요청서 상에서 설정한 범위
　- 제안서 : 제안서 상에서 설정한 범위
　- 기술 협상서 : 기술 협상 시에 설정한 범위
　- 과업 내용서(과업 지시서, 과업 내역서) : 계약 시에 설정한 범위
　- 사업 수행 계획서 : 사업 수행 계획 수립 시에 설정한 범위
　- 요구 사항 정의서 : 최초 요구 사항을 정의한 문서

3.10.5 범위 비교표 주요 항목 설명

▶ 범위 비교표

작성 항목명	항목 설명	작성 구분 (필수/선택)
NO	일련 번호를 작성한다.	필수
제안 요청서(RFP)	RFP(Request For Proposal)라고도 한다. 발주 기관이 제안을 받기 위해 작성하는 제안 요청서의 해당 페이지를 요구 사항별로 기입한다.	필수
제안서	용역 업체가 사업을 수주하기 위해 제안 내용을 작성하는 제안서의 해당 페이지를 요구 사항별로 기입한다.	필수
기술 협상서	제안 경쟁 결과 우선 협상 대상으로 선정한 용역 업체를 대상으로 발주 기관이 협상하며 작성하는 기술 협상서의 해당 페이지를 요구 사항별로 기입한다.	선택
과업 내용서	발주 기관 또는 주관 기관이 필요에 따라 계약 시에 작성하여 제시하는 과업 내용서의 해당 페이지를 요구 사항별로 기입한다.	선택

작성 항목명	항목 설명	작성 구분 (필수/선택)
사업 수행 계획서	계약을 완료한 후 본격적인 사업 수행을 위해 용역 업체가 작성하거나, 자체 개발일 경우에는 자체 개발 조직이 작성하는 사업 수행 계획서의 해당 페이지를 요구 사항별로 기입한다.	필수
요구 사항 정의서	사업 수행을 통해 완수해야 할 요구 사항을 기능과 비기능으로 나눠 작성하는 요구 사항 정의서의 해당 페이지를 요구 사항별로 기입한다.	필수
요구 사항 구분	각 요구 사항별 구분(기능, 비기능)을 기술한다.	선택
요구 사항 ID	제안 요청서, 제안서, 기술 협상서 등 근거 문서에서 제시한 사용자의 요구 사항을 식별하기 위해 숫자나 문자 등으로 구성한 요구 사항 ID를 기술한다.	필수
요구 사항 명	제안 요청서, 제안서, 기술 협상서 등 근거 문서에서 제시한 사용자 요구 사항을 짧게 요약한 이름을 기술한다.	선택
비고	범위 비교와 관련이 있는 특기 사항을 기술한다.	선택

3.10.6 범위 비교표 주요 ID 체계

　　범위 비교표에서 사용하는 요구 사항 ID에 대한 ID 체계 예시는 아래와 같다. 사업의 특성에 맞추어 ID 체계를 변경하거나 새롭게 정의할 수 있다.

▶ 요구 사항 ID 체계 정의 예시

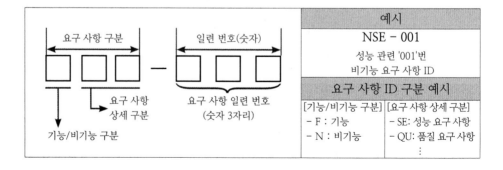

3.11 [PR132-20] 요구 사항 추적표

세그먼트		태스크		산출물	
PR130	요구 정의 작업	PR132	개발 범위 확인	PR132-20	요구 사항 추적표

3.11.1 요구 사항 추적표 개요

▶ 정의

요구 사항 추적표는 공정 단계별 매핑을 통해 사용자 요구 사항이 정확하게 구현되고 있는지 추적하는 문서이다.

요구 사항 추적표는 요구 정의를 한 시점부터 시험 단계까지를 매핑하여 단계별로 추적하는 문서이다

▶ 목적

사용자의 기능 및 비기능 요구 사항이 K-Method의 개발 단계별로 정확하게 구축되고 있는지 추적하여 확인하는 것을 목적으로 한다.

특히, 최초의 요구 사항이 차례로 공정 단계를 거치면서 어떻게 단계적 정제화(stepwise refinement)되어가는가를 세부적으로 추적하는 것을 목적으로 한다.

▶ 고려 사항

요구 사항 추적표를 작성할 때 고려해야 할 사항을 세 가지로 요약하면 다음과 같다.

첫째, 요구 사항 추적표는 요구 사항 정의서로부터 공정 단계별로 추적하는 것을 원칙으로 한다. 구체적으로는 범위 비교표의 맨 오른쪽 끝 단으로부터 추적을 시작하는 것이 중요하다.

둘째, 요구 사항 추적표를 작성할 때는 반드시 기능 요구 사항과 비기능 요구 사항을 분리하여 추적해야 한다. 그 이유는 기능 요구 사항은 단계적 정제화를 동반하기 때문에 각 공정 단계별로 일일이 추적하는 것이 필요하기 때문이다. 반면에 보안, 품질 등 비기능 요구 사항의 경우에는 대부분 적용 또는 충족 여부만 추적 확인하거나 일부 변경이 발생했을 경우에만 추적하면 되기 때문이다.

셋째, 기능 요구 사항 추적표와 비기능 요구 사항 추적표를 다른 양식으로 작성해야 한다. 또한, 비기능 요구 사항 추적표에는 반드시 비기능 요구 사항의 적용 내역을 알 수 있도록 관련 증빙 자료를 포함하는 것이 중요하다.

이러한 추적은 각 단계별로 품질 보증 활동을 수행할 때 검증 확인을 동반해야 한다.

3.11.2 요구 사항 추적표 적용 대상 사업 및 작성 도구

▶ 사업구분

ISP 구축 사업	EA 수립 사업	시스템 개발 사업	DB 구축 사업	운영 및 유지 보수 사업	비고
○	○	○	○	○	

▶ 작성 도구

MS 오피스			한컴 오피스			기타
워드	엑셀	파워포인트	한글	한셀	한쇼	
○	○		○	○		

3.11.3 요구 사항 추적표 관련 산출물

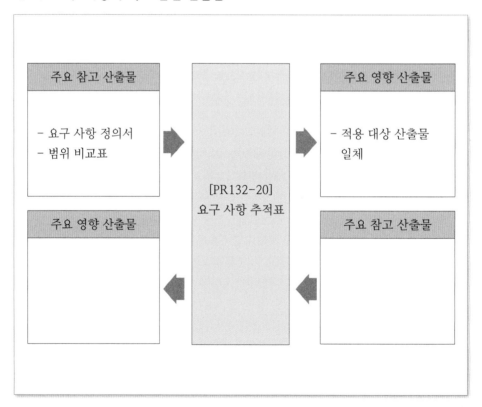

3.11.4 요구 사항 추적표 표준 서식

▶ 기능 요구 사항

NO	요구 사항 ID	요구 사항 명	분석 단계	설계 단계		구현 단계	시험 단계	비고
			기능 ID	화면 ID	프로그램 ID	단위시험 ID	통합시험 ID	

▶ 비기능 요구 사항

NO	요구 사항 ID	요구 사항 명	작업 내용	관련증빙 자료	완료 구분	상세 내용

3.11.5 요구 사항 추적표 주요 항목 설명

▶ 기능 요구 사항

작성 항목명		항목 설명	작성 구분 (필수/선택)
NO		일련 번호를 작성한다.	필수
요구 사항 ID		사용자의 기능 요구 사항을 식별하는 숫자나 문자 등으로 구성한 식별 체계를 기술한다.	필수
요구 사항 명		기능 요구 사항 내용을 짧게 요약한 이름을 기술한다.	필수
분석 단계	기능 ID	해당 기능 요구 사항을 구현하는 기능 단위를 식별하는 숫자나 문자 등 식별 체계를 기술한다.	필수
설계 단계	화면 ID	해당 기능 요구 사항을 구현하는 개발 화면을 식별하는 숫자나 문자 등으로 구성한 식별 체계를 기술한다.	필수
	프로그램 ID	해당 기능 요구 사항을 구현하는 프로그램을 식별하는 숫자나 문자 등으로 구성한 식별 체계를 기술한다.	필수
구현 단계	단위 시험 ID	해당 기능 요구 사항으로 구현한 기능의 단위 시험을 위한 숫자나 문자 등으로 구성한 식별 체계를 기술한다.	필수
시험 단계	통합 시험 ID	해당 기능 요구 사항으로 구현한 기능의 통합 시험을 위한 숫자나 문자 등으로 구성한 식별 체계를 기술한다.	필수
비고		요구 사항 추적과 관련이 있는 특기 사항을 기술한다.	선택

▶ 비기능 요구 사항

작성 항목명	항목 설명	작성 구분 (필수/선택)
NO	일련 번호를 작성한다.	필수
요구 사항 ID	사용자의 비기능 요구 사항을 식별하는 숫자나 문자 등으로 구성한 식별 체계를 기술한다.	필수
요구 사항 명	성능, 보안 등 비기능 요구 사항 내용을 짧게 요약한 이름을 기술한다.	필수
작업 내용	사용자의 비기능 요구 사항을 실현하기 위한 작업 계획, 절차, 내용 등을 기술한다.	필수
관련증빙 자료	비기능 요구 사항의 시스템 반영 여부 확인을 위한 근거 및 증빙 자료를 기술한다.	필수
완료 구분	요구 사항을 '완료'하였는지 아직 '진행중'인지 구분하여 입력한다.	선택
상세 내용	사용자의 비기능 요구 사항에 대한 상세한 내용을 기술한다.	선택

3.11.6 요구 사항 추적표 주요 ID 체계

　요구 사항 추적표에서 사용하는 요구 사항 ID, 기능 ID, 화면 ID, 프로그램 ID, 단위 시험 ID, 통합 시험 ID에 대한 ID 체계 예시는 아래와 같다. 사업의 특성에 맞추어 ID 체계를 변경하거나 새롭게 정의할 수 있다.

▶ 요구 사항 ID 체계 정의 예시

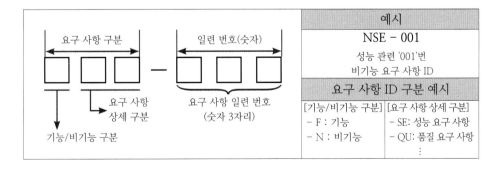

▶ 기능 ID 체계 정의 예시

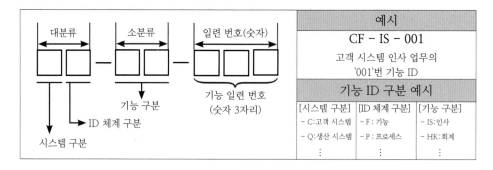

▶ 화면 ID 체계 정의 예시

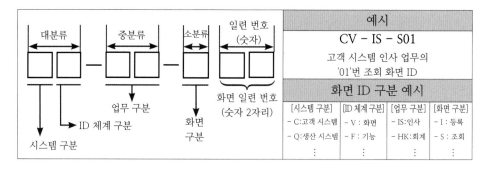

▶ 프로그램 ID 체계 정의 예시

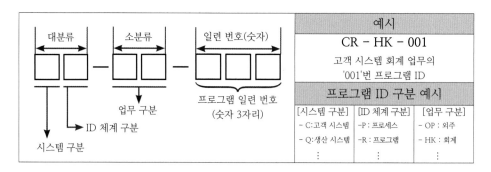

03
[PR100] 착수 단계 표준

▶ 단위 시험 ID 체계 정의 예시

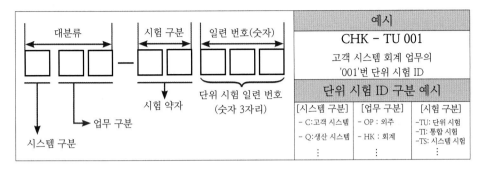

▶ 통합 시험 ID 체계 정의 예시

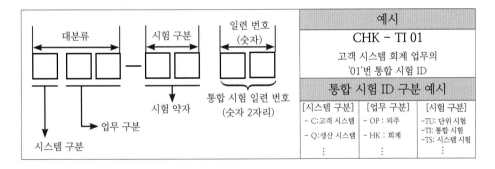

3.12 [PR133-10] 총괄 시험 계획서

세그먼트		태스크		산출물	
PR130	요구 정의 작업	PR133	요구 검증 계획 수립	**PR133-10**	**총괄 시험 계획서**

3.12.1 총괄 시험 계획서 개요

▶ **정의**

　총괄 시험 계획서는 개발 SW 시스템에 대한 단위, 통합, 시스템 시험 등 모든 시험 활동에 대한 통합적인 계획을 수립하는 문서이다.

　통상적으로 총괄 시험 계획서는 구체적인 목적별 시험 계획서를 작성하기 전에 전체적인 차원에서 개략적인 시험 계획을 큰 틀에서 만들어 보는 것이다.

▶ **목적**

　사업 수행 결과물에 대한 단계별 시험을 실시하기 위하여 필요한 시험 방법, 소요 자원, 일정 등 총괄적인 시험 계획을 수립하여, 전체적인 시험 활동의 목표와 방향을 제시하는 것이 목적이다.

　사업의 일정을 고려하여 단위, 통합, 시스템 등 시험 계획을 조율하여 시험 일정의 중복이나, 시험의 중단을 방지하는데 목적이 있다.

▶ **고려 사항**

　총괄 시험 계획 수립 시에 고려해야 할 사항들을 크게 세 가지로 정리하면 다음과 같다.

　첫째, 총괄 시험 계획에는 단위 시험, 통합 시험, 시스템 시험 계획을 모두 포함하는 것이 바람직하다. 그 이유는 전체적인 시각의 개략적인 시험 내역을 큰 틀에서 파악할 수 있도록 하기 위함이다.

　둘째, 단위 시험 일정은 일반 V모델과는 달리 병렬 개발 구간에 속하므로 직렬형으로 진행할 때만 기술한다.

　셋째, 통합 시험은 단위 프로그램 개발을 완료하여야 가능하므로 프로그램 개발 완료 일정을 확인하여 통합 시험 일정을 정해야 한다. 또한 A, B, C 프로그램을 순차적으로 테스트해야 할 경우, A, B, C 프로그램의 개발을 모두 완료한 시점 이후로 통합 시험 일정을 수립해야 한다.

03
[PR100] 착수 단계 표준

3.12.2 총괄 시험 계획서 적용 대상 사업 및 작성 도구

▶ 사업구분

ISP 구축 사업	EA 수립 사업	시스템 개발 사업	DB 구축 사업	운영 및 유지 보수 사업	비고
	○	○	○	○	

▶ 작성 도구

MS 오피스			한컴 오피스			기타
워드	엑셀	파워포인트	한글	한셀	한쇼	
○			○			

3.12.3 총괄 시험 계획서 관련 산출물

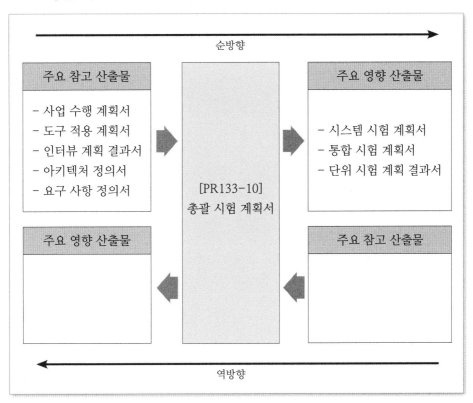

3.12.4 총괄 시험 계획서 표준 서식

▶ 표준 목차

1. 총괄시험 개요
1.1 목적
1.2 시험 환경
1.2.1 하드웨어 및 네트워크 구성
1.2.2 소프트웨어 구성
1.2.3 가정 및 제약 사항
1.3 시험 조직 및 역할
1.3.1 시험 조직도
1.3.2 시험 조직별 역할 및 책임

2. 시험 전략 및 목표
2.1 시험 유형
2.1.1 시스템 기능 검증
2.1.2 사용자 인터페이스 시험
2.1.3 데이터 무결성 검증
2.1.4 성능 및 스트레스 시험
2.2 시험 케이스 도출 전략
2.3 단계별 시험 수행 전략
2.4 시험 목표 및 시험 데이터 구축
2.4.1 시험 목표
2.4.2 시험 데이터 구축

3. 시험 대상 및 범위
3.1 시험 대상 시스템
3.2 시험 범위

4. 단계별 시험 실행 계획
4.1 단위 시험
4.1.1 단위 시험 전략
4.1.2 단위 시험 절차 및 방법
4.1.3 주요 점검 사항 및 점검 도구
4.1.4 진척 관리 및 완료 기준
4.2 통합 시험
4.2.1 통합 시험 전략
4.2.2 통합 시험 절차 및 방법
4.2.3 주요 점검 사항 및 점검 도구
4.2.4 진척 관리 및 완료 기준
4.3 시스템 시험
4.3.1 시스템 시험 전략
4.3.2 시스템 시험 절차 및 방법

4.3.3 시스템 시험 점검 항목
4.3.4 주요 점검 사항 및 도구
4.3.5 진척 관리 및 완료 기준

5. 총괄 시험 계획
5.1 총괄 시험 절차
5.2 단계별 시험 일정

6. 시험 관리 활동
6.1 결함 관리
6.1.1 결함 관리 절차
6.1.2 결함 개선 방법
6.2 위험 및 이슈 관리
6.3 시험 산출물 관리

3.12.5 총괄 시험 계획서 주요 항목 설명

▶ 표준 목차

목차 구분		항목 설명
대분류	소분류	
1. 총괄시험 개요	1.1 목적	총괄 시험 계획의 목적을 기술한다.
	1.2 시험 환경	하드웨어 및 네트워크 구성, 소프트웨어 구성, 가정 및 제약 사항 등의 내용을 기술한다.
	1.3 시험 조직 및 역할	시험 조직도, 시험 조직별 역할 및 책임 등의 내용을 기술한다.
2. 시험 전략 및 목표	2.1 시험 유형	시스템 기능 검증, 사용자 인터페이스 시험, 데이터 무결성 검증, 성능 및 스트레스 시험 등의 내용을 기술한다.
	2.2 시험 케이스 도출 전략	시험 케이스 도출을 위한 제반 전략을 구체적으로 기술한다.
	2.3 단계별 시험 수행 전략	단계별 시험 수행을 위한 구체적인 수행 전략을 기술한다
	2.4 시험 목표 및 시험 데이터 구축	시험 목표, 시험 데이터 구축 등의 내용을 기술한다.

[PR100] 착수 단계 표준

03

목차 구분		항목 설명
대분류	소분류	
3. 시험 대상 및 범위	3.1 시험 대상 시스템	시험 대상으로 정한 시스템을 구체적으로 기술한다.
	3.2 시험 범위	시험 범위를 구체적으로 기술한다.
4. 단계별 시험 실행 계획	4.1 단위 시험	단위 시험 전략, 단위 시험 절차 및 방법, 주요 점검 사항 및 점검 도구, 진척 관리 및 완료 기준 등을 구체적으로 기술한다.
	4.2 통합 시험	통합 시험 전략, 통합 시험 절차 및 방법, 주요 점검 사항 및 점검 도구, 진척 관리 및 완료 기준 등을 구체적으로 기술한다.
	4.3 시스템 시험	시스템 시험 전략, 시스템 시험 절차 및 방법, 시스템 시험 점검 항목, 주요 점검 사항 및 도구, 진척 관리 및 완료 기준 등을 구체적으로 기술한다.
5. 총괄 시험 계획	5.1 총괄 시험 절차	총괄적인 시험 절차를 구체적으로 기술한다.
	5.2 단계별 시험 일정	단위 시험, 통합 시험, 시스템 시험의 단계별 시험 일정을 구체적으로 기술한다.
6. 시험 관리 활동	6.1 결함 관리	결함 관리 절차와 결함 개선 방법을 구체적으로 기술한다.
	6.2 위험 및 이슈 관리	시험 과정에서 예상할 수 있는 위험 및 이슈 사항의 관리 방안을 구체적으로 기술한다.
	6.3 시험 산출물 관리	시험 산출물 관리 방안을 구체적으로 기술한다.

03
[PR100] 착수 단계 표준

3.12.6 총괄 시험 계획서 주요 ID 체계

총괄 시험 계획서에서 사용하는 요구 사항 ID, 단위 시험 ID, 통합 시험 ID, 시스템 시험 ID에 대한 ID 체계 예시는 아래와 같다. 사업의 특성에 맞추어 ID 체계를 변경하거나 새롭게 정의할 수 있다.

▶ 요구 사항 ID 체계 정의 예시

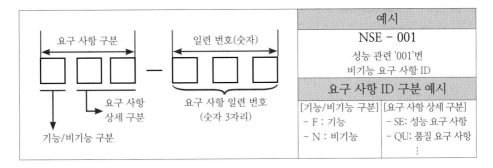

▶ 단위 시험 ID 체계 정의 예시

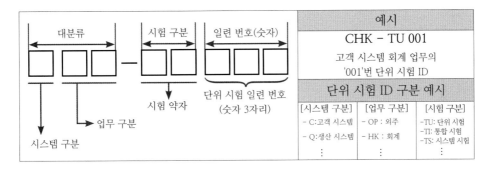

▶ 통합 시험 ID 체계 정의 예시

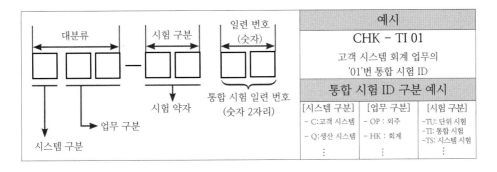

▶ 시스템 시험 ID 체계 정의 예시

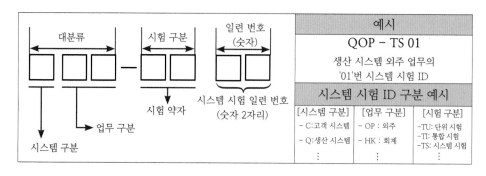

제 4 장

[PD100] 분석 단계 표준

4. [PD100] 분석 단계 표준

단계		세그먼트		작업		산출물		비고
PD100	분석 단계	PD110	사용자 작업	PD111	사용자 이벤트 분석	PD111-10	이벤트 정의서	4.1참조
		PD120	프로세스 작업	PD121	기능 및 인과 분석	PD121-10	기능 분해도	4.2참조
						PD121-20	비즈니스 융합도	4.3참조
				PD122	시스템 시험 계획	PD122-10	시스템 시험 계획서	4.4참조
		PD130	데이터 작업	PD131	코드 분석	PD131-10	코드 정의서	4.5참조

4.1 [PD111-10] 이벤트 정의서

세그먼트		태스크		산출물	
PD110	사용자 작업	PD111	사용자이벤트 분석	PD111-10	이벤트 정의서

4.1.1 이벤트 정의서 개요

▶ **정의**

이벤트 정의서는 시스템으로 구축하는 업무에서 발생하는 이벤트를 정의하는 문서이다. 이벤트 정의서는 기본적으로 외부로부터 어떤 자극이 왔을 때 소프트웨어 시스템이 어떠한 반응을 일으키는가를 기술하는 문서이다.

▶ **목적**

이벤트 정의서는 면담 및 기 구축 시스템 분석을 통하여 새로 구축해야 하는 정보 시스템의 이벤트를 모두 명세화하는데 목적이 있다.

이벤트는 엔티티를 반응하게 하는 모든 활동을 말하며, 발생하는 이벤트의 종류에 따라 반응 프로세스 및 데이터가 달라진다. 이처럼 이벤트 정의서의 목적은 주로 사용자가 주는 자극에 대한 시스템의 반응 형태를 기술하는데 있다.

▶ **고려 사항**

이벤트 정의 시에 이벤트를 적절히 도출하지 못하거나 정의가 불충분한 경우 응용 시스템에 대한 사용자 인터페이스와 응용 시스템간의 연계가 용이해지지 않을 수 있다. 따라서, 이벤트의 정의 표현은 외부 환경 및 시간 흐름을 상호 연관지어 고려한 연계성의 관점에서 이루어져야 한다.

병렬 개발 구간의 분석 단계에서의 업무 연관성은 사용자(이벤트), 프로세스, 데이터의 세 가지 모델과 세 모델(사용자, 프로세스, 데이터) 사이의 상호 작용을 통해 포착할 수 있다.

세 모델(사용자, 프로세스, 데이터)의 상호 작용을 이해하기 위해 사용자(이벤트) 모델에 속하는 이벤트는 자극을 줄 때 반응을 일으키는 시스템의 외부 사건이나 행위로 확인할 수 있어야 한다.

또한, 이벤트 정의서를 작성할 때는 현행 비즈니스 융합 프로세스 중에서 개선 프로세스에서 발생하는 이벤트를 빠짐없이 정의해야 한다.

4.1.2 이벤트 정의서 적용 대상 사업 및 작성 도구

▶ 사업구분

ISP 구축 사업	EA 수립 사업	시스템 개발 사업	DB 구축 사업	운영 및 유지 보수 사업	비고
		○		○	

▶ 작성 도구

MS 오피스			한컴 오피스			기타
워드	엑셀	파워포인트	한글	한셀	한쇼	
○	○		○	○		

4.1.3 이벤트 정의서 관련 산출물

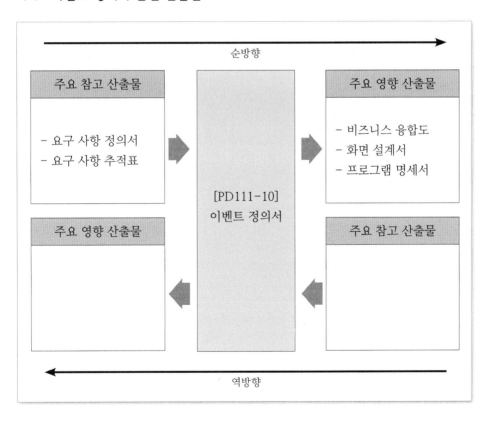

165

4.1.4 이벤트 정의서 표준 서식

▶ 이벤트 목록

NO	이벤트 ID	이벤트 명	비고

▶ 이벤트 정의

시스템 명						서브 시스템 명				
업무	이벤트 유형	이벤트 ID	이벤트 명	이벤트 설명	반응 ID	반응 설명	빈도	발생시점	비고

〈유형 설명〉
　- 외부 : 외부 조직, 사람, 시스템 등의 요인으로 발생하는 이벤트
　- 내부 : 내부 조직, 내부 운영 시스템 등의 요인으로 발생하는 이벤트
　- 시간 : 특정 시점에 주기적으로 발생하는 이벤트

※유형은 사업의 특성에 맞추어 추가 및 변경이 가능함.

4.1.5 이벤트 정의서 주요 항목 설명

▶ 이벤트 목록

작성 항목명	항목 설명	작성 구분 (필수/선택)
NO	일련 번호를 작성한다.	필수
이벤트 ID	이벤트를 숫자나 문자 등으로 구성한 식별 체계를 기술한다.	필수
이벤트 명	이벤트의 성격에 맞도록 부여한 명칭을 기술한다.	선택
비고	이벤트와 관련이 있는 특기 사항을 기술한다.	선택

▶ 이벤트 정의

작성 항목명	항목 설명	작성 구분 (필수/선택)
시스템 명	이벤트가 발생하는 시스템의 이름을 기술한다.	필수
서브 시스템 명	서브 시스템이 있는 경우 구분하여 기술한다.	선택
업무	이벤트와 관련이 있는 업무가 있을 경우 기술한다.	선택
이벤트 유형	내부에서 발생하는 이벤트인지, 외부에서 발생하는 이벤트인지, 특정 시점에 주기적으로 발생하는 이벤트인지 등을 구분하여 기술한다.	필수
이벤트 ID	이벤트를 숫자나 문자 등으로 구성한 식별 체계를 기술한다.	필수
이벤트 명	이벤트의 성격에 맞도록 부여한 명칭을 기술한다.	선택
이벤트 설명	이벤트의 내역을 구체적으로 설명한다.	필수
반응 ID	이벤트가 주어질 경우 이에 대한 반응을 숫자나 문자 등으로 구성한 식별 체계를 기술한다.	필수
반응 설명	이벤트에 따른 반응 내역을 구체적으로 기술한다.	필수

표준 분석 [PD100] 04

작성 항목명	항목 설명	작성 구분 (필수/선택)
빈도	이벤트가 발생하는 빈도(ex. 10회[주])를 기술한다.	필수
발생 시점	이벤트가 발생하는 시점(ex. 구매 요청서 제출 등)을 기술한다.	필수
비고	이벤트와 관련이 있는 특기 사항을 기술한다.	선택

4.1.6 이벤트 정의서 주요 ID 체계

이벤트 정의서에서 사용하는 이벤트 ID, 반응 ID에 대한 ID 체계 예시는 아래와 같다. 사업의 특성에 맞추어 ID 체계를 변경하거나 새롭게 정의할 수 있다.

▶ 이벤트 ID 체계 정의 예시

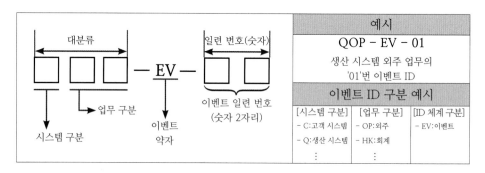

▶ 반응 ID 체계 정의 예시

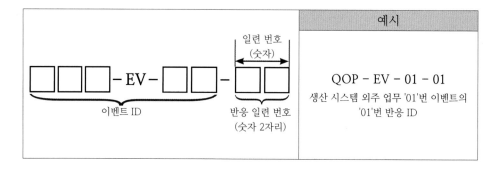

4.2 [PD121-10] 기능 분해도

세그먼트		태스크		산출물	
PD120	프로세스 작업	PD121	기능 및 인과 분석	**PD121-10**	**기능 분해도**

4.2.1 기능 분해도 개요

▶ **정의**

기능 분해도는 시스템으로 구축하는 업무 기능을 도식화하여 정의하는 문서이다.

기능 분해도의 기본은 단계적 정제화(stepwise refinement)이다. 여기에는 추상화(abstraction)와 구체화(specialization)의 관계를 포함한다. 기능 분해를 통해 추상적이었던 요구 사항을 세분화하는 것이 가능해진다.

▶ **목적**

업무 프로세스가 포함하고 있는 많은 기능을 작게 나누어 프로그램으로 쉽게 구현할 수 있게 하는 것이 목적이다.

예를 들어, '등교 한다'라는 큰 기능을 '아침에 일어난다', '등교 준비를 한다', '집을 나선다', '교통편으로 이동한다', '학교에 도착한다' 등과 같이 5개의 작은 기능으로 나눴다고 하자. 이것이 바로 기능 분해이다. 이처럼, 기능 분해는 큰 기능을 작게 나눠서 보다 통제하기 쉽고 구현하기 쉽도록 하는 것을 목적으로 한다.

▶ **고려 사항**

기능 분해도를 작성할 때 고려해야 할 사항을 크게 세 가지로 정리하면 다음과 같다.

첫째, 기능을 너무 작게 나누면, 프로그램 개수가 너무 많아져 관리 상의 어려움이 증대한다. 또한, 너무 크게 나누면 프로그램이 너무 복잡해진다. 따라서, 기능을 분할할 때는 가용 자원이나 관리 수준을 고려하여 적절한 분할 수준을 결정 할 필요가 있다.

둘째, 기능 분해의 결과는 기능 요구 사항을 구현하고 검증하기 가장 용이한 형태로 세분화할 수 있어야 한다.

셋째, 기능 분해도는 트리 구조를 옆으로 누인 형태의 목파생 구조로 나타낼 수 있다. 목파생 구조는 자동화 도구인 새틀(SETL: Software Engineering TooL)로 쉽게 표현할 수 있다. 그리고, 이것을 설계와 구현까지 연계시킬 수 있다.

기능 분해를 적절한 수준으로 잘하면 유지 보수하기 좋은 프로그램을 만들 수 있다.

4.2.2 기능 분해도 적용 대상 사업 및 작성 도구

▶ 사업구분

ISP 구축 사업	EA 수립 사업	시스템 개발 사업	DB 구축 사업	운영 및 유지 보수 사업	비고
	○	○		○	

▶ 작성 도구

MS 오피스			한컴 오피스			기타
워드	엑셀	파워포인트	한글	한셀	한쇼	
○		○	○		○	

4.2.3 기능 분해도 관련 산출물

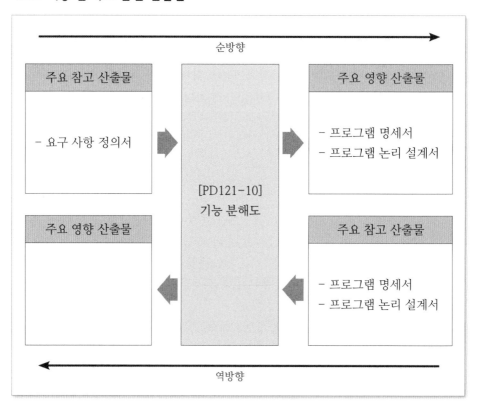

[PD100] 분석 단계 표준
04

4.2.4 기능 분해도 표준 서식

▶ 기능 목록

NO	요구 사항 ID	기능 ID	기능 명	비고

▶ 기능 분해

1) OOO 시스템

대분류	중분류	소분류	기능 ID	기능 명	레벨

※ 기능 분류나 레벨은 대상 사업에 따라 달라질 수 있음.

[PD100] 분석 단계 표준

04

4.2.5 기능 분해도 주요 항목 설명

▶ 기능 목록

작성 항목명	항목 설명	작성 구분 (필수/선택)
NO	일련 번호를 작성한다.	선택
요구 사항 ID	사용자의 요구 사항을 식별하는 숫자나 문자 등으로 구성한 식별 체계를 기술한다. 요구 사항 ID는 요구 사항 정의서, 요구 사항 추적표 등과 ID의 정합성을 확보하여야 한다.	필수
기능 ID	기능에 대한 숫자나 문자 등으로 구성한 식별 체계를 기술한다.	필수
기능 명	기능의 내용을 짧게 요약하여 명칭을 기술한다. 기능의 명칭은 가장 하위 중심으로 기술한다.	필수
비고	기능 분해와 관련이 있는 특기 사항을 기술한다.	선택

▶ 기능 분해

작성 항목명	항목 설명	작성 구분 (필수/선택)
대분류	기능 분류 중 대분류를 기술한다.	필수
중분류	기능 분류 중 중분류를 기술한다.	필수
소분류	기능 분류 중 소분류를 기술한다. 일반적으로 대중소 3분류이나 경우에 따라 5개 단계까지는 분류할 수 있다. 그 이상은 권고하지 않는다.	선택
기능 ID	기능에 대한 숫자나 문자 등으로 구성한 식별 체계를 기술한다.	필수
기능 명	기능의 내용을 짧게 요약하여 명칭을 기술한다. 기능의 명칭은 가장 하위 중심으로 기술한다.	선택
레벨	기능의 수준을 기술한다.	선택

4.2.6 기능 분해도 주요 ID 체계

기능 분해도에서 사용하는 요구 사항 ID, 기능 ID에 대한 ID 체계 예시는 아래와 같다. 사업의 특성에 맞추어 ID 체계를 변경하거나 새롭게 정의할 수 있다.

▶ 요구 사항 ID 체계 정의 예시

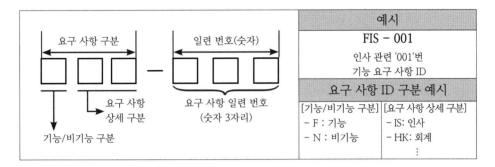

▶ 기능 ID 체계 정의 예시

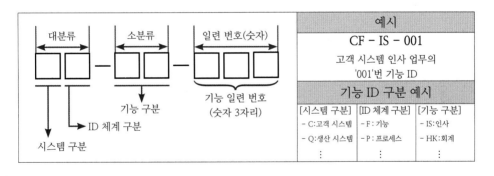

[PD100] 분석 단계 표준

04

4.3 [PD121-20] 비즈니스 융합도

세그먼트		태스크		산출물	
PD120	프로세스 작업	PD121	기능 및 인과 분석	**PD121-20**	**비즈니스 융합도**

4.3.1 비즈니스 융합도 개요

▶ 정의

비즈니스 융합도는 현재 수행하고 있는 모든 비즈니스 프로세스와 사물을 융합한 형태의 흐름 및 절차를 세부적으로 도식화한 것이다.

기존의 비즈니스 프로세스도(BPD: Business Process Diagram)가 주로 정보 중심의 업무 흐름을 나타낸데 비해, 비즈니스 융합도는 정보와 사물을 모두 표현해준다.

▶ 목적

K-Method에 의거하여 비즈니스 프로세스의 진행 과정에서 정보와 사물의 융합까지 고려한 형태의 업무 흐름을 표시하는 것을 목적으로 한다.

정보의 경우에는 전자 정보, 문서 정보, 화면 정보 등의 다양한 정보를 구분하는 등 아주 세세한 부분까지 표현해주고, 사물의 경우에는 큰 틀에서 사물의 가치 흐름을 표현해주는 것을 목적으로 한다.

▶ 고려 사항

비즈니스 융합도(BCD: Business Convergence Diagram)의 표기는 TTA 정보통신단체 표준 TTAK.KO.11.0217의 비즈니스 융합 프로세스 표기 지침(Guidelines for Representing the Business Convergence Process)을 적용한다.

비즈니스 융합도를 작성할 때는 반드시 현업 담당자 인터뷰를 통해 확인해야 한다. 또한, 현행 시스템 분석서 내의 BCD내역과 비교해 가면서 작성하는 것이 중요하다.

통상적으로는 비즈니스 융합도만 가지고 모든 업무를 표현할 수 있다. 다만, 비즈니스 융합을 해나가는 과정에 사물 자체의 내부 조작이나 조립 방법 등과 같은 미세 공정의 표현이 필요할 경우에는 작업 융합도(WCD: Work Convergence Diagram)라는 작업 공정에 특화시킨 표기법을 부가하여 표현해준다. 이렇게 비즈니스 융합도(BCD)와 작업 융합도(WCD)를 상호 보완적으로 사용할 수 있다.

4.3.2 비즈니스 융합도 적용 대상 사업 및 작성 도구

▶ 사업구분

ISP 구축 사업	EA 수립 사업	시스템 개발 사업	DB 구축 사업	운영 및 유지 보수 사업	비고
○		○	○	○	

▶ 작성 도구

MS 오피스			한컴 오피스			기타
워드	엑셀	파워포인트	한글	한셀	한쇼	
		○			○	

4.3.3 비즈니스 융합도 관련 산출물

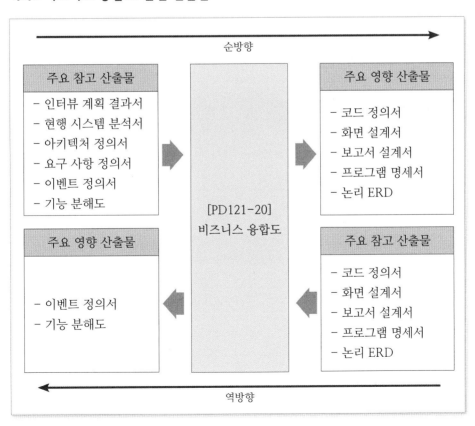

4.3.4 비즈니스 융합도 표준 서식

▶ 비즈니스 융합도

XX BCD			작성자	
비즈니스 융합 ID		OOOOO(업무 명)	버 전	
최초 작성 일			개정 일	
수행 주체 1				
수행 주체 2				
수행 주체 n				

순서	수행 주체	업무 프로세스 상세 내역	비고

4.3.5 비즈니스 융합도 주요 항목 설명

▶ 비즈니스 융합도

작성 항목명	항목 설명	작성 구분 (필수/선택)
XX BCD	비즈니스의 대분류를 기술한다.	필수
비즈니스 융합 ID	비즈니스 융합에 대한 숫자나 문자 등으로 구성한 식별 체계를 기술한다.	필수
최초 작성 일	최초 작성 일을 기술한다.	필수
OOOOO(업무 명)	비즈니스 대분류가 포함하고 있는 업무 명을 기술한다.	필수
작성자	비즈니스 융합도의 최종 작성자를 기술한다.	필수
버전	비즈니스 융합도 최종 문서 버전을 기술한다.	필수
개정 일	비즈니스 융합도 최종 문서 개정 일을 기술한다.	필수
수행 주체 n	비즈니스 수행 주체별로 프로세스, 정보, 사물 등의 흐름을 BCD 표기 방법에 의거하여 도식화 한다.	필수
순서	업무 프로세스 설명을 위한 일련 번호를 부여한다.	필수
수행 주체	업무 프로세스 설명에 해당되는 수행 주체를 작성한다.	필수
업무 프로세스 상세 내역	비즈니스 수행 주체별로 업무 프로세스 상세 내역을 기술한다.	필수
비고	관련 문서 등 기타 참고 내용을 기술한다.	선택

[PD100] 분석 단계 표준 04

4.3.6 비즈니스 융합도 주요 ID 체계

비즈니스 융합도에서 사용하는 비즈니스 융합 ID에 대한 ID 체계 예시는 아래와 같다. 사업의 특성에 맞추어 ID 체계를 변경하거나 새롭게 정의할 수 있다.

▶ 비즈니스 융합 ID 체계 정의 예시

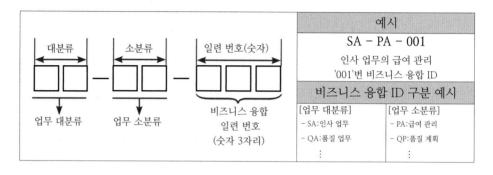

4.4 [PD122-10] 시스템 시험 계획서

세그먼트		태스크		산출물	
PD110	프로세스 작업	PD122	시스템 시험 계획	PD122-10	시스템 시험 계획서

4.4.1 시스템 시험 계획서 개요

▶ 정의

시스템 시험 계획서는 보안, 성능 등 비기능 요구 사항의 반영 여부를 확인하기 위한 계획 수립 문서이다.

비기능 요구 사항은 다양한 형태로 나타난다. 프로그램 기능으로 나타나는 이외의 모든 것을 비기능 요구 사항으로 취급할 수 있다.

▶ 목적

시스템 시험은 신규 애플리케이션 프로그램들과 HW, SW, NW를 포함하는 전체 시스템을 대상으로 스트레스(stress), 성능, 보안 등의 비기능 요인을 시험한다.

시스템 시험 계획서는 시스템 시험을 위한 일정, 범위, 유형, 방법, 품질 기준 등을 사전에 정의하여 시스템 시험 활동을 효과적으로 수행할 수 있도록 계획하는 것을 목적으로 한다. 시스템 시험 계획은 비기능 요건을 시험하는 것이지만, 그 중에서 비중이 큰 성능 시험과 시스템간의 연계 시험을 주요 목적으로 하는 경우가 많다.

▶ 고려 사항

시스템 시험 계획서를 작성할 때 고려해야 할 사항을 다섯 가지로 정리하면 다음과 같다.

첫째, 시스템 시험 계획서는 전체 시스템의 안정성과 보안성을 포함한 비기능 요건을 검증할 수 있도록 시스템 시험 유형을 적정하게 포함해야 한다.

둘째, 성능 시험의 경우 계획 수립 시 적정한 성능 목표치를 명기해야 한다.

셋째, 성능 시험은 성능을 검증할 수 있도록 선정한 성능 시험 항목을 계획 수립 시 포함해야 한다.

넷째, 시스템간 연계 시험은 연계 당사자와의 충분한 협의를 꼭 해야 한다.

다섯째, 시스템 시험은 보안, 접근성 및 표준, 성능 등 전체 유형의 시험을 수행하는 것이 바람직하다. 하지만, 시스템 및 업무 특성에 따라 성능과 보안에 관련이 있는 비기능 요구 사항을 반영하여 일부 시험으로 제한하여 선별적으로 실시할 수도 있다.

4.4.2 시스템 시험 계획서 적용 대상 사업 및 작성 도구

▶ 사업구분

ISP 구축 사업	EA 수립 사업	시스템 개발 사업	DB 구축 사업	운영 및 유지 보수 사업	비고
	○	○		○	

▶ 작성 도구

MS 오피스			한컴 오피스			기타
워드	엑셀	파워포인트	한글	한셀	한쇼	
○			○			

4.4.3 시스템 시험 계획서 관련 산출물

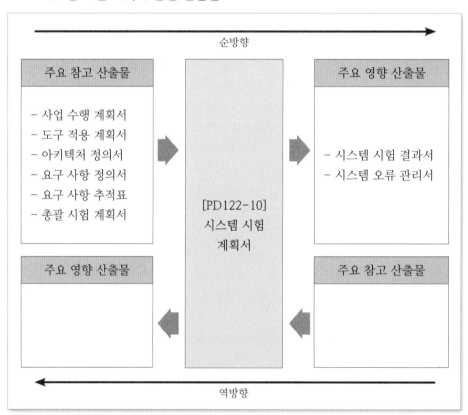

순방향

주요 참고 산출물

- 사업 수행 계획서
- 도구 적용 계획서
- 아키텍처 정의서
- 요구 사항 정의서
- 요구 사항 추적표
- 총괄 시험 계획서

[PD122-10]
시스템 시험
계획서

주요 영향 산출물

- 시스템 시험 결과서
- 시스템 오류 관리서

주요 영향 산출물

주요 참고 산출물

역방향

4.4.4 시스템 시험 계획서 표준 서식

▶ 표준 목차

1. 시스템 시험 개요
   1.1 목적
   1.2 시스템 구성
   1.3 시험 조직 및 역할

2. 시스템 시험 환경 및 대상
   2.1 시험 환경
   2.2 시스템 시험 대상
   2.3 시험 범위(비기능 요구 사항 중심)

3. 시스템 시험 전략
   3.1 시험 절차
   3.2 시험 방법
   3.3 자동화 도구
   3.4 평가 방법 및 통과 기준

4. 시스템 시험 일정

5. 관련 사항
   5.1 관련 문서
   5.2 제약 사항
   5.3 참고 사항

4.4.5 시스템 시험 계획서 주요 항목 설명

▶ 표준 목차

목차 구분		항목 설명
대분류	소분류	
1. 시스템 시험 개요	1.1 목적	시스템 시험의 목적을 기술한다. 시스템 시험은 보안, 성능 등 사용자의 비기능 요구 사항을 대상으로 요구 조건을 충족하는지 시험한다.
	1.2 시스템 구성	시스템 시험을 위한 HW, SW, NW 구성을 기술한다. 성능에 중점을 두는 경우라면 시스템 구성을 좀 더 상세하게 기술한다.

목차 구분		항목 설명
대분류	소분류	
1. 시스템 시험 개요	1.3 시험 조직 및 역할	시스템 시험을 위한 조직 구성과 책임 및 역할 등을 기술한다.
2. 시스템 시험 환경 및 대상	2.1 시험 환경	시스템 시험을 위한 HW, NW, SW 등 구성 환경을 기술한다.
	2.2 시스템 시험 대상	대상 시스템 및 시스템 시험 대상 업무 등을 기술한다.
	2.3 시험 범위 (비기능 요구 사항 중심)	시스템 시험 대상별로 구분하여 시험의 범위를 설정하여 기술한다. 성능에 중점을 두는 경우라면 성능 시험 대상 프로그램을 범위로 볼 수 있다.
3. 시스템 시험 전략	3.1 시험 절차	성능, 보안, 접근성 등 사용자의 비기능 요구 사항에 준하여 시스템 시험 절차를 수립하여 기술한다.
	3.2 시험 방법	성능, 보안, 접근성 등 사용자의 요구 조건을 충족하기 위한 시스템 시험 방법에 대하여 기술한다.
	3.3 자동화 도구	시스템 시험에서 사용하는 성능, 보안 등 자동화 도구에 대하여 기술한다.
	3.4 평가 방법 및 통과 기준	시스템 시험 평가를 위한 방법과 제시된 시스템 시험 평가 방법으로 시스템 시험을 수행했을 경우 통과 기준에 대하여 기술한다.
4. 시스템 시험 일정		시스템 및 업무별로 시스템 시험 일정 계획을 수립하고 기술한다.
5. 관련 사항	5.1 관련 문서	시스템 시험을 수행하기 위한 관련 문서의 종류, 작성 방법 등을 기술한다.
	5.2 제약 사항	시스템(HW, SW, NW) 및 업무 등과 관련이 있는 제약 사항을 기술한다.
	5.3 참고 사항	시스템 시험과 관련된 제약 사항, 특이 사항 등을 입력한다

4.4.6 시스템 시험 계획서 주요 ID 체계

시스템 시험 계획서에서 사용하는 시스템 시험 ID에 대한 ID 체계 예시는 아래와 같다.
사업의 특성에 맞추어 ID 체계를 변경하거나 새롭게 정의할 수 있다.

▶ 시스템 시험 ID 체계 정의 예시

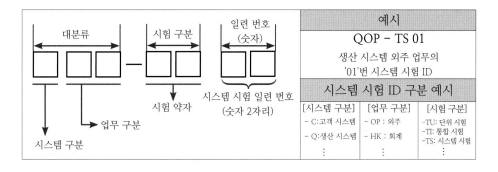

4.5 [PD131-10] 코드 정의서

세그먼트		태스크		산출물	
PD130	데이터 작업	PD131	코드 분석	**PD131-10**	**코드 정의서**

4.5.1 코드 정의서 개요

▶ 정의

코드 정의서는 업무에 공통적으로 사용하는 공통 코드를 주로 도출하여 정의하는 문서이다. 하지만, 일반 코드라 할지라도 필요한 것은 정의하여 반영한다.

▶ 목적

코드 정의서는 반복적으로 사용하는 데이터를 코드화하여 효율적으로 데이터를 처리하는 것이 목적이다.

사용할 데이터 코드를 명확히 정의하지 않으면, 데이터의 일관성 유지가 어려워지고 코딩의 효율성도 떨어진다. 코드는 사용자와 밀접한 연관이 있다. 따라서, 업무 담당자와 긴밀한 협의 후 코드를 작성하고 승인을 거쳐야 한다.

▶ 고려 사항

코드 작성 시 표준을 적용하지 않으면 코드에 대한 가독성이 저하한다. 따라서, 분석 단계에서 코드 작성의 표준 지침을 만들고 지침에 따라 코드 명, 코드 데이터 타입, 코드 자릿수 부여의 일관성을 고려하여 코드를 정의하는 것이 중요하다.

코드의 데이터 타입 표준을 정할 때 문자형의 경우, 가변형의 varchar(varchar2) 또는 고정형의 char 중에서 결정하는데 각각의 데이터 타입마다 장단점이 있다.

예를 들면 varchar(varchar2)를 사용할 경우에는 코드의 실제 초기 값이 차지하는 자릿수가 적어 검색 시에 처리 성능 향상에 유리하다. 하지만 코드 값을 입력할 때 스페이스 값을 잘못 입력하면 오류를 발견하기 어려워진다. 그러므로 유의해서 작성해야 한다.

char를 사용할 경우에는 코드의 실제 초기 값이 코드의 자리 수를 모두 차지하여, 검색 시에 처리 성능에는 불리하다. 하지만 코드 값을 잘못 입력함으로 인한 오류 발견 상의 어려움은 발생하지 않는다.

정의한 코드를 SW 시스템에 일단 적용하고 나면, 이후 코드를 변경하거나 삭제하는 것이 어려워진다. 따라서 코드를 처음 정의할 때 최대한 주의를 기울일 필요가 있다.

4.5.2 코드 정의서 적용 대상 사업 및 작성 도구

▶ 사업구분

ISP 구축 사업	EA 수립 사업	시스템 개발 사업	DB 구축 사업	운영 및 유지 보수 사업	비고
		○	○	○	

▶ 작성 도구

MS 오피스			한컴 오피스			기타
워드	엑셀	파워포인트	한글	한셀	한쇼	
○	○		○	○		

4.5.3 코드 정의서 관련 산출물

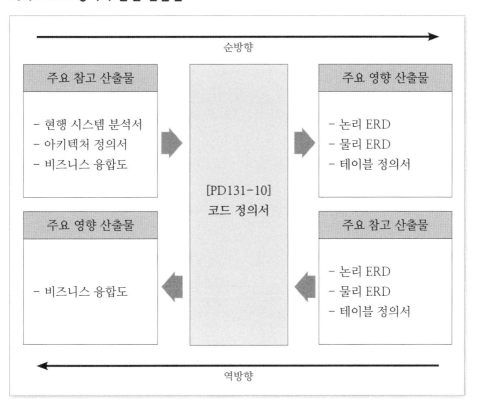

4.5.4 코드 정의서 표준 서식

▶ 코드 정의 목록

NO	시스템 명	단위 업무 명	코드 논리 명	코드 ID	코드 정의	비고

▶ 코드 정의

시스템 명				단위 업무 명				
코드 논리 명	코드 ID	데이터 형	자릿수	코드 값	코드 정의	코드 설명	동의어	비고

▶ 코드 부여 규칙

1. 코드 체계

2. 부여 규칙

3. 관리 방법

4. 처리 권한

▶ 코드 매핑 정의

시스템 명				단위 업무 명			
코드 논리 명	AS-IS 코드			TO-BE 코드			비고
	코드 ID	코드 값	코드 설명	코드 ID	코드 값	코드 설명	

4.5.5 코드 정의서 주요 항목 설명

▶ 코드 정의 목록

작성 항목명	항목 설명	작성 구분 (필수/선택)
NO	일련 번호를 작성한다.	필수
시스템 명	업무 기능 대상 시스템의 이름을 기술한다.	필수
단위 업무 명	단위 업무 명을 기술한다.	선택
코드 논리 명	해당 코드를 논리적으로 식별 가능하도록 명칭을 입력한다. 보통 논리 명은 테이블 설계 시에 논리 코드로 사용된다.	필수
코드 ID	해당 코드를 물리적으로 식별 가능하도록 명칭을 입력한다. 코드 ID는 테이블의 컬럼 물리 명칭으로 사용된다.	선택
코드 정의	코드에 대한 설명을 입력한다. (예 : [색상 코드] 'R:레드, B:블랙' 　　색상 코드를 위와 같이 정의하고 있을 경우 　　레드, 블랙 값이 코드 정의 내용이다.)	필수
비고	코드 정의와 관련이 있는 특기 사항을 기술한다.	선택

▶ 코드 정의

작성 항목명	항목 설명	작성 구분 (필수/선택)
시스템 명	업무 기능 대상 시스템의 이름을 기술한다.	필수
단위 업무 명	단위 업무 명을 기술한다.	선택
코드 논리 명	해당 코드를 논리적으로 식별 가능하도록 명칭을 입력한다. 보통 논리 명은 테이블 설계 시에 논리 코드로 사용된다.	필수

[PD100] 분석 단계 표준　04

작성 항목명	항목 설명	작성 구분 (필수/선택)
코드 ID	해당 코드를 물리적으로 식별 가능하도록 명칭을 입력한다. 코드 ID는 테이블의 컬럼 물리 명칭으로 사용된다.	필수
데이터 형	코드를 구성하는 컬럼의 데이터 형(정수형, 문자형 등)을 입력한다.	필수
자릿수	컬럼의 길이를 입력한다.	필수
코드 값	실제 사용하는 코드의 값을 입력한다. (예 : [색상 코드] 'R:레드, B:블랙' 색상 코드를 위와 같이 정의하고 있을 경우 R, B 값이 코드 값이다.	필수
코드 정의	코드에 대한 설명을 입력한다. (예 : [색상 코드] 'R:레드, B:블랙' 색상 코드를 위와 같이 정의하고 있을 경우 레드, 블랙 값이 코드 정의 내용이다.)	필수
코드 설명	코드에 대한 내용을 이해하기 쉽게 요약하여 기술한다.	필수
동의어	이음 동의어(의미는 같으나 명칭이 다른 것)가 있을 경우 이를 기술한다. 다만, 동음 이의어(의미는 다르나 명칭이 같은 것)는 어떠한 경우에도 허용하지 않는다.	필수

▶ 코드 부여 규칙

작성 항목명	항목 설명	작성 구분 (필수/선택)
1. 코드 체계	코드의 자릿수를 포함한 체계를 기술한다.	필수
2. 부여 규칙	코드를 부여하기 위해 정한 규칙을 기술한다.	필수
3. 관리 방법	코드를 관리하기 위한 방법을 구체적으로 기술한다.	선택
4. 처리 권한	코드를 처리하기 위한 권한을 기술한다.	선택

▶ **코드 매핑 정의**

작성 항목명		항목 설명	작성 구분 (필수/선택)
시스템 명		업무 기능 대상 시스템의 이름을 기술한다.	필수
단위 업무 명		단위 업무 명을 기술한다.	선택
코드 논리 명		해당 코드를 논리적으로 식별 가능하도록 명칭을 입력한다. 보통 논리 명은 테이블 설계 시에 논리 코드로 사용한다.	필수
AS-IS 코드	코드 ID	기존 코드 ID를 기술한다. 코드 ID는 해당 코드를 물리적으로 식별하는 요소이다. 코드 ID는 테이블의 컬럼 물리 명으로 사용된다.	선택
	코드 값	기존 코드 값을 기술한다.	선택
	코드 설명	기존 코드 설명을 기술한다.	선택
TO-BE 코드	코드 ID	개선 코드 ID를 기술한다. 코드 ID는 해당 코드를 물리적으로 식별하는 요소이다. 코드 ID는 테이블의 컬럼 물리 명으로 사용된다.	선택
	코드 값	개선 코드 값을 기술한다.	선택
	코드 설명	개선 코드 설명을 기술한다.	선택
비고		코드 매핑과 관련이 있는 특기 사항을 기술한다.	선택

[PD100] 분석 단계 표준

04

4.5.6 코드 정의서 주요 ID 체계

코드 정의서에서 사용하는 코드 ID에 대한 ID 체계 예시는 아래와 같다. 사업의 특성에 맞추어 ID 체계를 변경하거나 새롭게 정의할 수 있다.

▶ 코드 ID 체계 정의 예시(코드의 의미를 영문 약자로 사용)

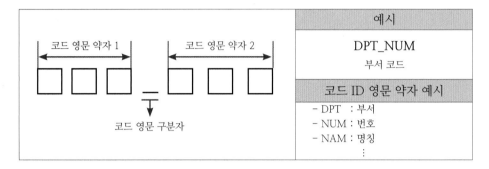

▶ 코드 ID 체계 정의 예시(코드의 순서대로 일련 번호를 붙여서 사용)

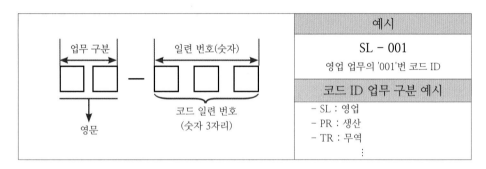

제 5 장

[PD200] 설계 단계 표준

5. [PD200] 설계 단계 표준

단계		세그먼트		작업		산출물		비고
PD200	설계 단계	PD210	사용자 작업	PD211	화면 보고서 설계	PD211-10	화면 설계서	5.1참조
						PD211-20	보고서 설계서	5.2참조
				PD212	인터페이스 설계	PD212-10	인터페이스 설계서	5.3참조
		PD220	프로세스 작업	PD221	기능설계	PD221-10	프로그램 명세서	5.4참조
						PD221-20	프로그램 논리 설계서	5.5참조
				PD222	통합 시험 계획	PD222-10	통합 시험 계획서	5.6참조
		PD230	데이터 작업	PD231	데이터 베이스 설계	PD231-10	논리 ERD	5.7참조
						PD231-20	물리 ERD	5.8참조
						PD231-30	테이블 정의서	5.9참조
				PD232	교차 설계	PD232-10	CRUD 매트릭스	5.10 참조
				PD233	데이터 설계	PD233-10	데이터 구축 계획서	5.11 참조

5.1 [PD211-10] 화면 설계서

세그먼트		태스크		산출물	
PD210	사용자 작업	PD211	화면 보고서 설계	PD211-10	화면 설계서

5.1.1 화면 설계서 개요

▶ 정의

화면 설계서는 프로그램으로 구현하는 SW 시스템의 화면을 설계하는 문서이다.

대규모 소프트웨어 개발 사업에서는 화면 설계서를 작성하기 전에 이벤트 정의서를 먼저 만들어야 한다. 하지만, 중소규모에서는 화면 설계서가 사용자 모델의 중심을 형성한다.

▶ 목적

화면 설계서를 작성하는 두 가지 목적은 다음과 같다.

첫 번째 목적은 개발팀 내의 UI 디자이너, 설계자, 프로그래머 간에 구축하려는 프로그램에서 사용자 인터페이스를 검증하고자 하는 것이다.

두 번째 목적은 화면 설계서를 통해 실제 사용할 화면에 대해 사용자의 의견을 반영할 수 있도록 검토하고자 하는 것이다.

▶ 고려 사항

화면 설계서는 화면 정의서, 페이지 레이아웃, 디스플레이 정의서 등의 명칭을 쓰는 경우도 있다. 다만, K-Method에서는 화면 설계서로 명칭을 통일한다.

화면 설계서는 구축하는 프로그램의 사용자 인터페이스(UI : User Interface)를 미리 확인할 수 있는 성과물이다. 그렇기 때문에 사용자의 검토가 필요하다. 검토 결과 화면 변경의 필요성이 발생할 경우에는 화면 설계서를 현행화해야 한다.

가장 중요한 것은 설계한 화면에 대해 사용자 승인을 얻는 것이다. 일반적으로 프로토타입을 제작하여 사용자들의 검토를 받는다. 이때 실제 발주 기관의 의사 결정 권한을 가진 담당자의 승인을 받는 것이 아주 중요하다.

사용자 인터페이스의 경우 주관적인 요소가 특히 강하기 때문에 수정이 자주 일어난다. 결과적으로 사업 일정 지연을 초래하는 경우가 많이 발생한다.

따라서, 자주 사용하는 사용자 인터페이스의 경우 개발 조직 차원에서 화면 설계서 작성에 필요한 지침을 별도로 작성하여 적용하는 방안 마련이 필요하다.

5.1.2 화면 설계서 적용 대상 사업 및 작성 도구

▶ 사업구분

ISP 구축 사업	EA 수립 사업	시스템 개발 사업	DB 구축 사업	운영 및 유지 보수 사업	비고
		○		○	

▶ 작성 도구

MS 오피스			한컴 오피스			기타
워드	엑셀	파워포인트	한글	한셀	한쇼	
○		○	○		○	

5.1.3 화면 설계서 관련 산출물

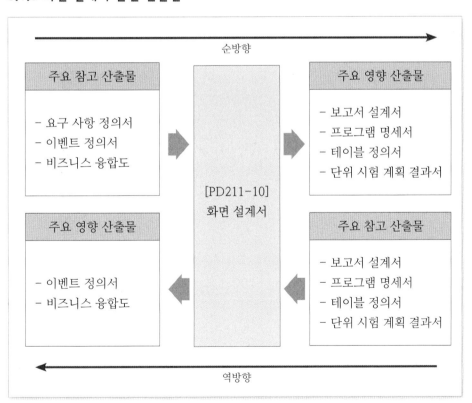

5.1.4 화면 설계서 표준 서식

▶ 화면 목록

NO	요구 사항 ID	화면 ID	화면 명	비고

▶ 화면 설계서

시스템 명			요구 사항 ID		
화면 ID		화면 명	관련 테이블 명		
화면 설명					
화면 설계					
제어 객체 명	이벤트 명	이벤트 설명	연결 프로그램 ID	연결 화면 ID	연결 보고서 ID

5.1.5 화면 설계서 주요 항목 설명

▶ 화면 목록

작성 항목명	항목 설명	작성 구분 (필수/선택)
NO	일련 번호를 작성한다.	필수
요구 사항 ID	사용자의 요구 사항을 식별하는 숫자나 문자 등으로 구성한 식별 체계를 기술한다. 요구 사항 정의서, 기능 분해도 등의 성과물과 요구 사항 ID의 정합성을 확보해야 한다.	필수
화면 ID	화면을 구분하는 숫자나 문자 등으로 구성한 식별 체계를 기술한다.	필수
화면 명	개발 화면에 대한 내용을 짧게 요약하여 명칭을 기술한다.	필수
비고	화면 설계와 관련이 있는 특기 사항을 기술한다.	선택

▶ 화면 설계서

작성 항목명	항목 설명	작성 구분 (필수/선택)
시스템 명	업무 기능 대상 시스템의 이름을 기술한다. 만일, 서브 시스템이 있다면 시스템을 구분하여 기술한다.	필수
요구 사항 ID	사용자의 요구 사항을 식별하는 숫자나 문자 등으로 구성한 식별 체계를 기술한다. 요구 사항 정의서, 기능 분해도 등의 성과물과 요구 사항 ID의 정합성을 확보해야 한다.	필수
화면 ID	화면을 구분하는 숫자나 문자 등으로 구성한 식별 체계를 기술한다.	필수
화면 명	개발 화면에 대한 내용을 짧게 요약하여 명칭을 기술한다.	필수
관련 테이블 명	해당 화면과 관련이 있는 테이블 명을 기술한다. 테이블 물리 명을 기술하면 된다.	필수

작성 항목명	항목 설명	작성 구분 (필수/선택)
화면 설명	대상 화면에 대한 대상 업무, 특징, 고려 사항 등의 내용을 이해하기 쉽고 자세하게 기술한다.	필수
화면 설계	화면의 레이아웃을 결정하고 제어 객체, 목록, 상세 내용 등 화면을 구성하고 설계한다. 최근에는 화면 설계 도구가 발달하여 화면 편집 도구를 사용하는 경우가 많다. 이런 경우에는 도구를 사용하여 편집한 화면을 캡처한 후 화면 설계 내역으로 나타낼 수 있다.	필수
제어 객체 명	컨트롤 박스, 텍스트 박스, 콤보 박스, 그리드 등 제어 객체를 구분하는 숫자나 문자 등으로 구성한 식별 체계를 말한다.	선택
이벤트 명	해당 화면과 관련 있는 이벤트 명칭을 기술한다. 이벤트 명은 이벤트 ID를 중심으로 기술하는 것을 원칙으로 하지만 필요시에는 자체에서 설정한 이벤트 명을 기술할 수 있다. 그러나 어떠한 경우에도 이벤트의 성격을 명확히 파악할 수 있도록 해야 한다.	필수
이벤트 설명	해당 이벤트에 대한 간략한 설명을 기술한다. 필요 시 이벤트가 발생할 경우에 호출하는 함수(메소드)를 병행하여 기술할 수 있다.	필수
연결 프로그램 ID	이벤트가 발생할 때 연결이 이루어지는 프로그램이 있을 경우 해당 프로그램 ID를 기술한다. 연결이 이루어지는 프로그램이 없을 경우에는 공란으로 비워둔다.	필수
연결 화면 ID	이벤트가 발생할 때 연결이 이루어지는 화면이 있을 경우 해당 화면 ID를 기술한다. 연결이 이루어지는 화면이 없을 경우에는 공란으로 비워둔다.	필수
연결 보고서 ID	이벤트가 발생할 때 연결이 이루어지는 보고서가 있을 경우 해당 보고서 ID를 기술한다. 연결이 이루어지는 보고서가 없을 경우에는 공란으로 비워둔다.	필수

5.1.6 화면 설계서 주요 ID 체계

화면 설계서에서 사용하는 요구 사항 ID, 화면 ID, 프로그램 ID, 보고서 ID에 대한 ID 체계 예시는 아래와 같다. 사업의 특성에 맞추어 ID 체계를 변경하거나 새롭게 정의할 수 있다.

▶ 요구 사항 ID 체계 정의 예시

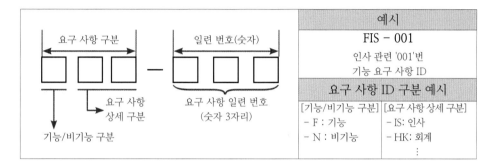

▶ 화면 ID 체계 정의 예시

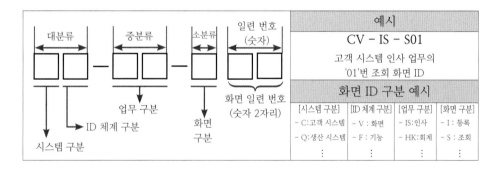

▶ 프로그램 ID 체계 정의 예시

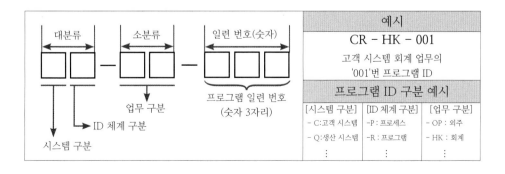

▶ 보고서 ID 체계 정의 예시

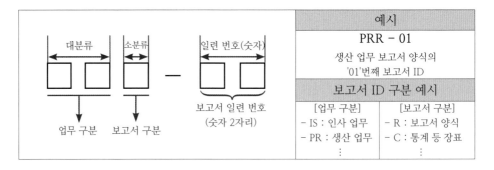

	예시
	PRR - 01
	생산 업무 보고서 양식의 '01'번째 보고서 ID
	보고서 ID 구분 예시
[업무 구분] - IS : 인사 업무 - PR : 생산 업무 ⋮	[보고서 구분] - R : 보고서 양식 - C : 통계 등 장표 ⋮

5.2 [PD211-20] 보고서 설계서

세그먼트		태스크		산출물	
PD210	사용자 작업	PD211	화면 보고서 설계	PD211-20	보고서 설계서

5.2.1 보고서 설계서 개요

▶ 정의

보고서 설계서는 업무에 필요한 보고 자료, 장표 등을 출력이 가능한 형태로 설계하는 문서이다.

보고서 설계서는 화면 설계서와는 달리 주로 PDF 또는 종이 출력을 대상으로 한다.

▶ 목적

보고서 설계서는 고객에게서 수령한 보고서, 장표를 정보시스템으로 구현하기 위하여 설계하는 기본 문서이다.

보고서와 통계 등의 장표는 사용자가 상급자에게 보고하거나 설명하는데 중요한 문서이다. 따라서, 정보 시스템 상에서 보고서를 출력하는 것은 사용자와 매우 밀접하며 관심도가 높다.

수작업으로 작성하던 보고서를 정보시스템에서 조회하고 출력함으로써 업무의 효율을 높이고, 보고서 및 장표의 정확성을 확보하는 것이 보고서 설계의 목적이다.

▶ 고려 사항

보고서 설계서는 화면 설계서와 동일하게 보고서 및 통계 출력물을 미리 확인할 수 있는 성과물이다. 따라서, 사용자의 검토가 필요하다.

검토 결과에 따라 출력 내용에 변경 사항이 발생할 경우에는 보고서 설계서를 현행화해야 한다.

보고서 설계서를 작성할 시 설계한 보고서에 대해 사용자 승인을 얻는 것이 중요하다. 일반적으로 프로토타입을 제작하여 사용자들의 검토를 받는다. 이때 실제 발주 기관의 의사 결정 권한을 가진 담당자의 승인을 받는 것이 아주 중요하다.

보고서 및 통계의 경우 주관적인 요소가 강하기 때문에 수정이 자주 발생한다. 그로 인해, 일정 지연 등 프로젝트 수행에 지장을 초래하는 경우가 종종 발생한다.

또한 통계 및 보고서에 나타나는 합계, 평균 등의 값들이 정확하게 계산되어 출력되는지 업무 담당자의 확인이 필요하다.

5.2.2 보고서 설계서 적용 대상 사업 및 작성 도구

▶ 사업구분

ISP 구축 사업	EA 수립 사업	시스템 개발 사업	DB 구축 사업	운영 및 유지 보수 사업	비고
		○		○	

▶ 작성 도구

MS 오피스			한컴 오피스			기타
워드	엑셀	파워포인트	한글	한셀	한쇼	
○		○	○		○	

5.2.3 보고서 설계서 관련 산출물

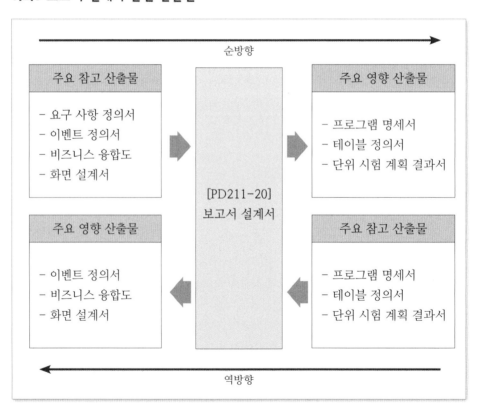

5.2.4 보고서 설계서 표준 서식

▶ 보고서 목록

NO	요구 사항 ID	보고서 ID	보고서 명	관련 파일 명	비고

▶ 보고서 설계서

시스템 명			요구 사항 ID	
보고서 ID		보고서 명	관련 화면 ID	
보고서 설명				
보고서 설계			용지 규격	
			출력 방향	
			출력 방식	
			관련 파일 명	
			관련 보고서 ID	
			관련 프로그램 ID	

NO	항목 명	연관 테이블	연관 컬럼	비고

5.2.5 보고서 설계서 주요 항목 설명

▶ 보고서 목록

작성 항목명	항목 설명	작성 구분 (필수/선택)
NO	일련 번호를 작성한다.	필수
요구 사항 ID	사용자의 요구 사항을 식별하는 숫자나 문자 등으로 구성한 식별 체계를 기술한다. 요구 사항 정의서, 기능 분해도 등의 성과물과 요구 사항 ID의 정합성을 확보해야 한다.	필수
보고서 ID	보고서를 구분하는 숫자나 문자 등으로 구성한 식별 체계를 기술한다.	필수
보고서 명	보고서에 대한 내용을 짧게 요약하여 알기 쉬운 명칭으로 기술한다.	필수
관련 파일 명	보고서와 연관성이 있는 파일 명을 기술한다.	선택
비고	보고서 설계와 관련이 있는 특기 사항을 기술한다.	선택

▶ 보고서 설계서

작성 항목명	항목 설명	작성 구분 (필수/선택)
시스템 명	업무 기능 대상 시스템의 이름을 기술한다. 만일, 서브 시스템이 있다면 시스템을 구분하여 기술한다.	필수
요구 사항 ID	사용자의 요구 사항을 식별하는 숫자나 문자 등으로 구성한 식별 체계를 기술한다. 요구 사항 정의서, 기능 분해도 등의 성과물과 요구 사항 ID의 정합성을 확보해야 한다.	필수
보고서 ID	보고서를 구분하는 숫자나 문자 등으로 구성한 식별 체계를 기술한다.	필수

작성 항목명	항목 설명	작성 구분 (필수/선택)
보고서 명	보고서에 대한 내용을 짧게 요약하여 알기 쉬운 명칭으로 기술한다.	필수
관련 화면 ID	해당 보고서와 연관이 있는 화면의 ID를 기술한다.	선택
보고서 설명	보고 내용, 통계 자료, 결제 라인 등의 보고서 및 장표 내용을 이해하기 쉽고 자세하게 기술한다.	필수
보고서 설계	보고서 및 장표의 레이아웃을 결정하고 결제 라인, 표, 그래프 등 보고서 화면을 구성하고 설계한다.	필수
용지 규격	보고서의 용지 규격을 나타낸다. 통상적으로 A4 사이즈를 기준으로 한다.	필수
출력 방향	보고서의 출력 방향을 기술한다. 통상적으로 가로, 세로 중에 선택하여 입력한다.	필수
출력 방식	보고서를 일반 프린터로 출력하는지 바코드, 도트 등의 다른 방식의 프린트로 출력하는지 여부를 입력한다.	선택
관련 파일 명	보고서와 연관성이 있는 파일 명을 기술한다.	선택
관련 보고서 ID	해당 보고서와 관련 있는 보고서의 ID를 기술한다.	선택
관련 프로그램 ID	해당 보고서와 관련이 있는 프로그램을 구분하는 숫자나 문자 등으로 구성한 식별 체계를 기술한다.	필수
NO	일련 번호를 기술한다.	필수
항목 명	보고서의 각 요소에 해당하는 항목 명을 기술한다.	필수
연관 테이블	보고서의 각 항목과 연관이 있는 테이블 명을 기술한다.	필수
연관 컬럼	보고서의 각 항목과 연관이 있는 컬럼 명을 기술한다.	필수
비고	보고서 설계와 관련이 있는 특기 사항을 기술한다.	선택

5.2.6 보고서 설계서 주요 ID 체계

보고서 설계서에서 사용하는 요구 사항 ID, 보고서 ID, 화면 ID, 프로그램 ID에 대한 ID 체계 예시는 아래와 같다. 사업의 특성에 맞추어 ID 체계를 변경하거나 새롭게 정의할 수 있다.

▶ 요구 사항 ID 체계 정의 예시

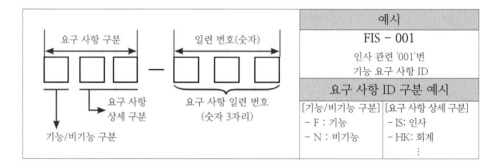

▶ 보고서 ID 체계 정의 예시

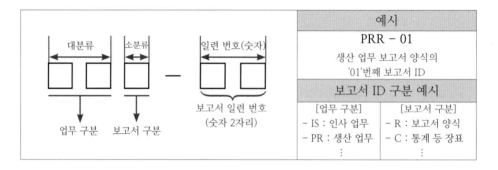

▶ 화면 ID 체계 정의 예시

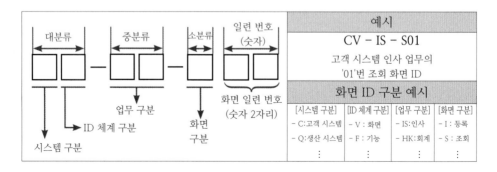

▶ 프로그램 ID 체계 정의 예시

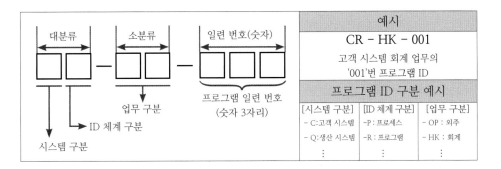

207

5.3 [PD212-10] 인터페이스 설계서

세그먼트		태스크		산출물	
PD210	사용자 작업	PD212	인터페이스 설계	PD212-10	인터페이스 설계서

5.3.1 인터페이스 설계서 개요

▶ **정의**

인터페이스 설계서는 내·외부 시스템간 연계를 위하여 연계 정보, 연계 대상, 주기 등의 연계 절차 및 연계 방법을 설계하는 문서이다.

인터페이스 설계서의 연계 정보는 논리적으로는 속성(attribute), 물리적으로는 컬럼(column)을 기준으로 매핑한다.

▶ **목적**

구축 SW 시스템과 내·외부 시스템 사이의 인터페이스를 개발할 수 있도록 설계하는 것이 목적이다.

SW 시스템은 그 자체로만 동작하는 경우는 많지 않으며, 내부의 각 요소간은 물론 외부 시스템과의 연계를 기본적으로 형성하는 경우가 많은 점을 감안하여 연계가 이루어지는 부분에 대한 정합성 설계를 수행하는 것이 목적이다.

▶ **고려 사항**

인터페이스 설계(interface design)를 수행하기 위해 고려해야 할 주요 사항들을 세 가지로 정리하면 다음과 같다.

첫째, 식별한 인터페이스를 송신과 수신으로 구분하여 송신 및 수신 기능의 연계 방식을 명확하게 기술해야 한다.

둘째, 송·수신 빈도가 매우 적은 외부 시스템과의 인터페이스의 경우, 인터페이스 설계를 누락할 수 있으므로 세심하게 기술할 필요가 있다.

셋째, 외부 시스템과의 연계에는 DB차원의 연계, API 연계, URL 연계 등을 비롯한 다양한 연계가 이루어질 수 있으므로, 연계 방식을 명확하게 정의하여 기술해야 한다.

실제로 시스템을 연계할 경우에는 각 시스템을 관장하는 조직 간의 세심한 의사 소통을 통한 협의를 선행해야 한다.

5.3.2 인터페이스 설계서 적용 대상 사업 및 작성 도구

▶ 사업구분

ISP 구축 사업	EA 수립 사업	시스템 개발 사업	DB 구축 사업	운영 및 유지 보수 사업	비고
	○	○		○	

▶ 작성 도구

MS 오피스			한컴 오피스			기타
워드	엑셀	파워포인트	한글	한셀	한쇼	
○	○		○	○		

5.3.3 인터페이스 설계서 관련 산출물

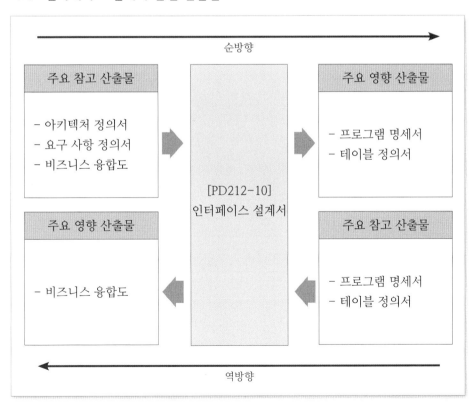

5.3.4 인터페이스 설계서 표준 서식

▶ 인터페이스 목록

요구 사항 ID	인터 페이스 ID	송신			수신			방식			비고
		일련 번호	시스템 명	프로 그램 ID	일련 번호	시스템 명	프로 그램 ID	처리 형태	인터 페이스 방식	발생 빈도	

▶ 인터페이스 정의

인터 페이스 ID	송신						수신					
	시스템 명	프로 그램 ID	자료 저장소 명	컬럼 명	데이터 형	데이터 길이	시스템 명	프로 그램 ID	자료 저장소 명	컬럼 명	데이터 형	데이터 길이

5.3.5 인터페이스 설계서 주요 항목 설명

▶ 인터페이스 목록

작성 항목명		항목 설명	작성 구분 (필수/선택)
요구 사항 ID		해당 인터페이스와 관련된 요구 사항 ID를 입력한다.	필수
인터페이스 ID		송신 측의 인터페이스가 고유하게 식별이 가능 하도록 숫자나 문자 등으로 구성한 식별 체계를 입력한다.	필수
송신	일련 번호	송신 인터페이스를 순서대로 번호를 입력한다.	선택
	시스템 명	해당 인터페이스의 송신 시스템 명칭을 입력한다.	필수
	프로그램 ID	송신 인터페이스로 구동되는 프로그램의 ID를 입력한다.	필수
수신	일련 번호	수신 인터페이스를 순서대로 번호를 입력한다.	선택
	시스템 명	해당 인터페이스의 수신 시스템 명칭을 입력한다.	필수
	프로그램 ID	수신 인터페이스로 구동되는 프로그램의 ID를 입력한다.	필수
방식	처리 형태	인터페이스가 발생했을 경우, 처리하는 방법 (즉시, 배치, Online 등)을 입력한다.	필수
	인터페이스 방식	EJB 호출, URL 링크 등과 같이 유형별로 상호 협의한 URL 혹은 API 호출 등 해당 인터페이스의 송신 및 수신에 대한 연결 방식을 입력한다.	필수
	발생 빈도	송신 및 수신이 발생하는 주기(1일 1회, 월 3회 등)를 입력한다.	필수
비고		인터페이스 설계와 관련이 있는 특기 사항을 기술한다.	선택

▶ 인터페이스 정의

작성 항목명		항목 설명	작성 구분 (필수/선택)
인터페이스 ID		송신 측의 인터페이스가 고유하게 식별이 가능하도록 숫자나 문자 등으로 구성한 식별 체계를 입력한다.	필수
송신	시스템 명	해당 인터페이스의 송신 시스템 명칭을 입력한다.	필수
	프로그램 ID	송신 인터페이스로 구동되는 프로그램의 ID를 입력한다.	필수
	자료 저장소 명	송신 자료가 저장되는 테이블, 파일 등의 장소 명칭을 입력한다.	필수
	컬럼 명	인터페이스 송신 정보의 컬럼 명칭을 입력한다.	필수
	데이터 형	정수형, 문자형 등 송신 정보 자료 형태를 입력한다.	필수
	데이터 길이	송신 연계 정보들의 데이터 길이를 입력한다.	필수
수신	시스템 명	해당 인터페이스의 수신 시스템 명칭을 입력한다.	필수
	프로그램 ID	수신 인터페이스로 구동되는 프로그램의 ID를 입력한다.	필수
	자료 저장소 명	수신 자료가 저장되는 테이블, 파일 등의 장소 명칭을 입력한다.	필수
	컬럼 명	인터페이스 수신 정보의 컬럼 명칭을 입력한다.	필수
	데이터 형	정수형, 문자형 등 수신 정보 자료 형태를 입력한다.	필수
	데이터 길이	수신 연계 정보들의 데이터 길이를 입력한다.	필수

5.3.6 인터페이스 설계서 주요 ID 체계

인터페이스 설계서에서 사용하는 요구 사항 ID, 인터페이스 ID, 프로그램 ID에 대한 ID 체계 예시는 아래와 같다. 사업의 특성에 맞추어 ID 체계를 변경하거나 새롭게 정의할 수 있다.

▶ 요구 사항 ID 체계 정의 예시

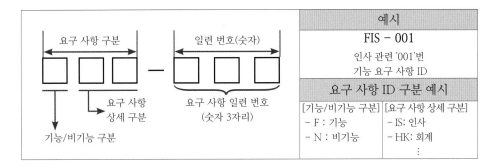

▶ 인터페이스 ID 체계 정의 예시

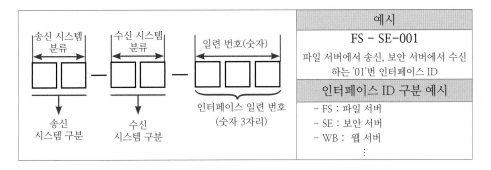

▶ 프로그램 ID 체계 정의 예시

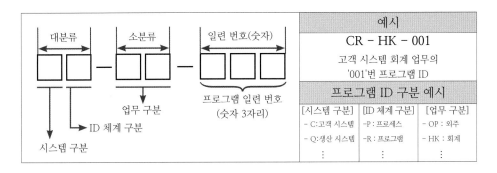

5.4 [PD221-10] 프로그램 명세서

세그먼트		태스크		산출물	
PD220	프로세스 작업	PD221	기능 설계	PD221-10	프로그램 명세서

5.4.1 프로그램 명세서 개요

▶ **정의**

프로그램 명세서는 개발 언어로 SW 시스템을 구현하기 위하여 내부의 구성 프로그램들을 정의하고 설계하는 문서이다.

프로그램 명세서는 프로그램의 상세 로직을 제외한 명세를 기술한다.

▶ **목적**

프로그램 명세서는 구축하는 SW 시스템의 기능 요구 사항을 프로그램으로 구현하는 세부 명세를 기술하는 것을 목적으로 한다.

세부 명세는 상세 로직을 제외한 SQL문까지의 명세를 포함한다.

▶ **고려 사항**

프로그램 명세서는 프로그램 사양서라고 명칭을 붙이는 경우도 있다. 다만, K-Method에서는 프로그램 명세서로 통일한다.

프로그램의 논리 설계는 프로그램 명세서에 포함시키지 않는다.

프로그램 명세서의 품질이 낮으면, 개발하는 프로그램의 품질을 제고하는 것이 용이하지 않게 된다.

프로그램 명세서는 개발자가 쉽게 구축 대상 프로그램을 이해할 수 있을 정도로 상세하게 정의해야 한다. 프로그램 명세서에는 관련 화면, 테이블을 반드시 명기해야 개발자가 명확하게 이해하고 프로그램을 작성할 수 있다.

프로그램을 모듈로 세분화하는 정도에 따라 프로그램 효율이 달라질 수 있다. 따라서, 소프트웨어 공학의 모듈화 원칙을 참고하여 모듈화하는 것이 바람직하다.

모듈화 원칙이란, 프로그램을 모듈로 세분화함에 있어서 지켜야 할 원칙이다.

참고로, DBMS에서 트리거(trigger), 프로시저(procedure), 펑션(function) 등과 같은 프로그램 요소를 사용할 경우가 있다. 이 경우 통상적으로 오브젝트 명세서 등과 같은 산출물을 별도로 작성하는 경우가 있으나, K-Method에서는 이들도 모두 프로그램 명세서에서 작성하는 것을 원칙으로 한다.

5.4.2 프로그램 명세서 적용 대상 사업 및 작성 도구

▶ 사업구분

ISP 구축 사업	EA 수립 사업	시스템 개발 사업	DB 구축 사업	운영 및 유지 보수 사업	비고
		○		○	

▶ 작성 도구

MS 오피스			한컴 오피스			기타
워드	엑셀	파워포인트	한글	한셀	한쇼	
○		○	○		○	

5.4.3 프로그램 명세서 관련 산출물

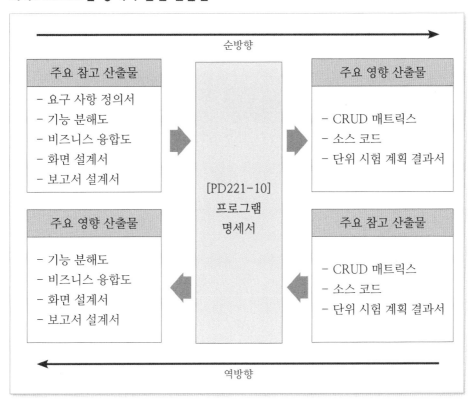

5.4.4 프로그램 명세서 표준 서식

▶ 프로그램 목록

NO	요구 사항 ID	프로그램 ID	프로그램 명	비고

▶ 프로그램 명세서

시스템 명			요구 사항 ID	
프로그램 ID		프로그램 명	관련 테이블 명	
프로그램 설명				
프로그램 처리 로직			구성 함수(메소드)	
			관련 함수(메소드)	
			관련 화면 ID	
			관련 보고서 ID	

5.4.5 프로그램 명세서 주요 항목 설명

▶ 프로그램 목록

작성 항목명	항목 설명	작성 구분 (필수/선택)
NO	일련 번호를 작성한다.	필수
요구 사항 ID	사용자의 요구 사항을 식별하는 숫자나 문자 등으로 구성한 식별 체계를 기술한다. 요구 사항 정의서, 기능 분해도 등의 성과물과 요구 사항 ID의 정합성을 확보해야 한다.	필수
프로그램 ID	프로그램을 구분하는 숫자나 문자 등으로 구성한 식별 체계를 기술한다.	필수
프로그램 명	프로그램 로직에 대한 내용을 짧게 요약하여 알기 쉬운 명칭으로 기술한다.	필수
비고	프로그램 명세와 관련이 있는 특기 사항을 기술한다.	선택

▶ 프로그램 명세서

작성 항목명	항목 설명	작성 구분 (필수/선택)
시스템 명	업무 기능 대상 시스템의 이름을 기술한다. 만일, 서브 시스템이 있다면 시스템을 구분하여 기술한다.	필수
요구 사항 ID	사용자의 요구 사항을 식별하는 숫자나 문자 등으로 구성한 식별 체계를 기술한다. 요구 사항 정의서, 기능 분해도 등의 성과물과 요구 사항 ID의 정합성을 확보해야 한다.	필수
프로그램 ID	프로그램을 구분하는 숫자나 문자 등으로 구성한 식별 체계를 기술한다.	필수
프로그램 명	프로그램 로직에 대한 내용을 짧게 요약하여 알기 쉬운 명칭으로 기술한다.	필수
관련 테이블 명	해당 프로그램이 읽기, 쓰기, 갱신, 삭제하는 테이블 명을 입력한다.	필수

작성 항목명	항목 설명	작성 구분 (필수/선택)
프로그램 설명	선후 프로그램과의 관계, 프로그램 절차 등 개발 대상 프로그램에 대하여 이해하기 쉽고 자세하게 기술한다.	필수
프로그램 처리 로직	프로그램의 처리 로직을 주로 SQL 문을 중심으로 기술하고, 상세 로직은 주로 절차 정도를 기술하는 수준에서 나타낸다. 만일 프로그램의 소스 코드와 1:1로 대응할 수 있는 수준의 로직을 원할 경우에는 '프로그램 로직 설계서'를 작성한다.	필수
구성 함수(메소드)	해당 프로그램이 포함하고 있는 함수명을 입력한다.	필수
관련 함수(메소드)	해당 프로그램과 연관되어 있는 함수명을 입력한다.	선택
관련 화면 ID	해당 프로그램에 연계된 화면 ID를 입력한다.	필수
관련 보고서 ID	해당 프로그램에 연계된 보고서 ID를 입력한다.	필수

5.4.6 프로그램 명세서 주요 ID 체계

프로그램 명세서에서 사용하는 요구 사항 ID, 프로그램 ID, 화면 ID, 보고서 ID에 대한 ID 체계 예시는 아래와 같다. 사업의 특성에 맞추어 ID 체계를 변경하거나 새롭게 정의할 수 있다.

▶ 요구 사항 ID 체계 정의 예시

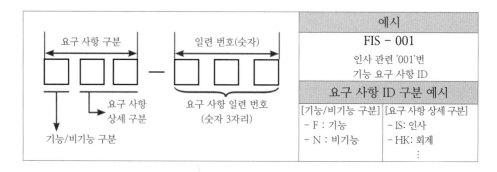

▶ 프로그램 ID 체계 정의 예시

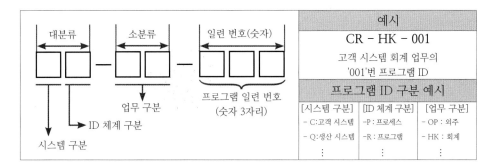

▶ 화면 ID 체계 정의 예시

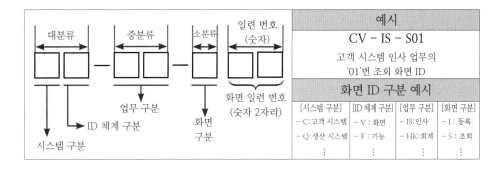

▶ 보고서 ID 체계 정의 예시

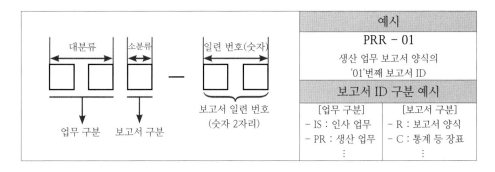

5.5 [PD221-20] 프로그램 논리 설계서

세그먼트		태스크		산출물	
PD220	프로세스 작업	PD221	기능 설계	PD221-20	프로그램 논리 설계서

5.5.1 프로그램 논리 설계서 개요

▶ 정의

　프로그램 논리 설계서는 프로그램의 개요 및 상세 논리를 병합하여 소스 프로그램과 1:1로 매핑 가능한 수준으로 설계하는 문서이다.

　프로그램 논리 설계서는 프로그램의 제어 구조를 그림으로 나타내어 가시성을 제고해주는 문서이다.

▶ 목적

　프로그램의 소스 코드로 직접 변환시킬 수 있는 수준으로 프로그램 논리 설계도를 작성하는 것을 목적으로 한다.

　프로그램 논리 설계서는 일일이 손으로 그리는 것이 아니라, 소프트웨어 자동화 도구를 이용하여 직접 조립식으로 설계하거나, 역공학(reverse engineering) 기술을 이용하여 소스 코드로부터 자동적으로 설계를 재생시킬 수 있다.

▶ 고려 사항

　프로그램 논리 설계는 TTAK.KO-11.0196 정보통신 단체 표준인 '소프트웨어 논리 구조 표기 지침(Guidelines for Representing the Logic Structure of Software)'을 적용한다.

　프로그램 논리 설계(program logic design)를 위한 고려 사항을 세 가지로 정리하면 다음과 같다.

　첫째, 프로그램 논리 설계에는 순공학(forward engineering), 역공학(reverse engineering), 재구조화(restructuring) 등의 세가지 기술을 포함하는 도구는 어떠한 것이라도 허용한다.

　둘째, 기본적으로는 세 가지 기술을 이미 보유하고 있는 전용 자동화 도구인 새틀(SETL: Software Engineering TooL)을 이용하여 작성할 것을 권장한다.

　셋째, 프로그램 논리 설계는 그 자체로 소스 코드와 1:1로 매핑할 수 있어야 하므로 쌍방향 변환을 원칙으로 한다.

5.5.2 프로그램 논리 설계서 적용 대상 사업 및 작성 도구

▶ 사업구분

ISP 구축 사업	EA 수립 사업	시스템 개발 사업	DB 구축 사업	운영 및 유지 보수 사업	비고
		○		○	

▶ 작성 도구

MS 오피스			한컴 오피스			기타
워드	엑셀	파워포인트	한글	한셀	한쇼	
						○

5.5.3 프로그램 논리 설계서 관련 산출물

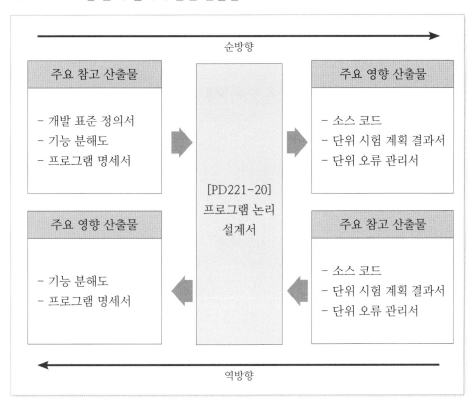

5.5.4 프로그램 논리 설계서 표준 서식

▶ 프로그램 논리 설계서

프로그램 논리 설계서는 TTAK.KO-11.0196 정보 통신 단체 표준인 '소프트웨어 논리 구조 표기 지침(Guidelines for Representing the Logic Structure of Software)'에 의거하여 작성한다.

작성한 결과는 프로그램 소스 코드와 1:1로 정확하게 매칭시킬 수 있으므로 별도의 서식은 없다.

TTAK.KO-11.0196 단체 표준에 근거한 SOC(Structured Object Component) 표기법을 전용 자동화 도구인 새틀(SETL)을 사용하여 적용할 경우 각 언어별로 아래와 같은 확장자를 가진다.

① .java 소스 파일에 대한 프로그램 논리 설계 파일 확장자: .javasoc

② .cpp 소스 파일에 대한 프로그램 논리 설계 파일 확장자: .cppsoc

③ .c 소스 파일에 대한 프로그램 논리 설계 파일 확장자: .csoc

④ .ino 소스 파일에 대한 프로그램 논리 설계 파일 확장자: .inosoc

5.5.5 프로그램 논리 설계서 주요 항목 설명

해당 사항 없음.

5.5.6 프로그램 논리 설계서 주요 ID 체계

해당 사항 없음.

5.6 [PD222-10] 통합 시험 계획서

세그먼트		태스크		산출물	
PD220	프로세스 작업	PD222	통합 시험 계획	PD222-10	통합 시험 계획서

5.6.1 통합 시험 계획서 개요

▶ **정의**

통합 시험 계획서는 단위 시험을 완료한 프로그램의 기능들을 결합하여 업무의 시작부터 종료까지 단위 프로그램들의 결합이 정상적으로 동작하는지 통합적으로 확인하는 통합 시험의 계획 수립 문서이다.

▶ **목적**

통합 시험은 단위 시험을 종료한 프로그램을 결합해 가면서 업무 프로세스를 시험하는 것이다.

통합 시험 계획서는 통합 시험을 위한 일정, 범위, 방법 등 기본적인 계획과 통합 케이스 및 시나리오를 구성하여 통합 시험 활동을 효과적으로 수행하는데 그 목적이 있다.

▶ **고려 사항**

통합 시험 계획을 수립함에 있어 고려해야 할 사항을 세 가지로 정리하면 다음과 같다.

첫째, 통합 시험은 단위 업무별 또는 기능별로 개발한 프로그램과 서버 등 장비를 통합하여 업무적인 관점에서 내·외부 인터페이스까지 포함하여 시험해야 한다. 통합 시험에서 수행하고자 하는 시험의 유형과 시험의 범위를 결정하여 계획에 포함시켜야 한다.

둘째, 통합 시험을 시행할 환경, 절차, 시나리오, 데이터 준비 등을 포함하여 계획을 수립해야 한다.

셋째, 시나리오 작성 시 비즈니스 업무 흐름 관점으로 작성하지 않을 경우 나중에 사용자 승인 시험 과정에서 업무 적용성 저하로 부적합 판정을 받을 수 있다. 따라서 시나리오 작성 시 사용자 측의 업무 담당자의 확인을 받아 업무 위주의 시나리오를 작성하는 것이 바람직하다.

5.6.2 통합 시험 계획서 적용 대상 사업 및 작성 도구

▶ 사업구분

ISP 구축 사업	EA 수립 사업	시스템 개발 사업	DB 구축 사업	운영 및 유지 보수 사업	비고
	○	○		○	

▶ 작성 도구

MS 오피스			한컴 오피스			기타
워드	엑셀	파워포인트	한글	한셀	한쇼	
○			○			

5.6.3 통합 시험 계획서 관련 산출물

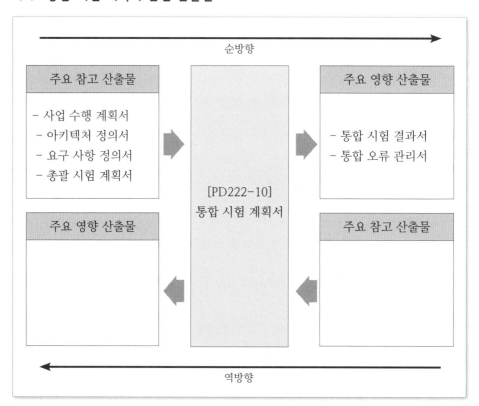

5.6.4 통합 시험 계획서 표준 서식

▶ 표준 목차

1. 통합 시험 개요
　1.1 목적
　1.2 시스템 구성
　1.3 시험 조직 및 역할

2. 통합 시험 환경 및 대상
　2.1 시험 환경
　2.2 통합 시험 대상
　2.3 시험 범위(기능 요구 사항 중심)

3. 통합 시험 전략
　3.1 시험 절차
　3.2 시험 방법
　3.3 자동화 도구
　3.4 평가 방법 및 통과 기준

4. 통합 시험 일정

5. 관련 사항
　5.1 관련 문서
　5.2 제약 사항
　5.3 참고 사항

5.6.5 통합 시험 계획서 주요 항목 설명

▶ 표준 목차

목차 구분		항목 설명
대분류	소분류	
1. 통합 시험 개요	1.1 목적	통합 시험의 목적을 기술한다.
	1.2 시스템 구성	통합 시험을 위한 HW, SW, NW 구성을 기술한다.
	1.3 시험 조직 및 역할	통합 시험을 위한 조직 구성과 책임 및 역할 등을 기술한다.

05
[PD200] 설계 단계 표준

목차 구분		항목 설명
대분류	소분류	
2. 통합 시험 환경 및 대상	2.1 시험 환경	통합 시험을 위한 시험 데이터, 네트워크 구성 등 시험 환경을 기술한다.
	2.2 통합 시험 대상	대상 시스템 및 통합 시험 대상 업무와 사용자 요구 사항을 맵핑하여 기술한다.
	2.3 시험 범위 (기능 요구 사항 중심)	통합 시험 대상별로 범위를 설정하여 기술한다.
3. 통합 시험 전략	3.1 시험 절차	통합 시험 절차를 도식화를 포함하여 기술한다.
	3.2 시험 방법	통합 시험 방법을 상세하게 기술한다.
	3.3 자동화 도구	통합 시험에 사용하는 자동화 도구를 기술한다.
	3.4 평가 방법 및 통과 기준	통합 시험 평가를 위한 방법과 제시된 통합 시험 평가 방법으로 통합 시험을 수행했을 경우 통과 기준에 대하여 기술한다.
4. 통합 시험 일정		시스템 및 업무별로 통합 시험 일정 계획을 수립하고 기술한다.
5. 관련 사항	5.1 관련 문서	통합 시험 수행에 필요한 관련 문서의 종류, 작성 방법 등을 기술한다.
	5.2 제약 사항	시스템(HW, SW, NW) 및 업무 등과 관련이 있는 제약 사항을 기술한다.
	5.3 참고 사항	통합 시험 수행 시에 참고해야 할 내용을 기술한다.

5.6.6 통합 시험 계획서 주요 ID 체계

　통합 시험 계획서에서 사용하는 통합 시험 ID에 대한 ID 체계 예시는 아래와 같다.
사업의 특성에 맞추어 ID 체계를 변경하거나 새롭게 정의할 수 있다.

▶ **통합 시험 ID 체계 정의 예시**

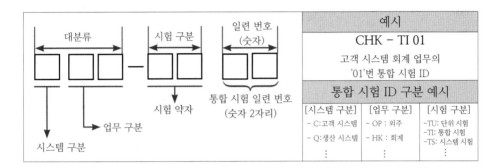

5.7 [PD231-10] 논리 ERD

세그먼트		태스크		산출물	
PD230	데이터 작업	PD231	데이터베이스 설계	**PD231-10**	**논리 ERD**

5.7.1 논리 ERD 개요

▶ 정의

논리 ERD는 구축하는 데이터베이스의 논리적인 수준에서의 개체간의 관계를 다이어 그램으로 정의하는 문서이다.

DB 모델링 자동화 도구를 사용하여 논리 데이터 모델링을 수행한 결과를 논리 ERD(Entity Relationship Diagram)로 나타내어 출력한 문서이다. ERD는 개체 관계도 라는 한글 이름으로 불리기도 하나 실무에서는 ERD라는 용어가 보편적이다.

▶ 목적

구축하는 데이터베이스의 개체(entity)간의 논리 수준에서의 관계를 명확하게 확인하는 것이 목적이다.

논리 ERD는 데이터를 모델링함에 있어 논리적인 데이터 세계를 표현해주는 것이다. 논리 ERD는 관계형 데이터 모델을 기반으로 작성하며, 특정 관계형 데이터베이스 관리 시스템(RDBMS: Relational DataBase Management System)에 종속되지 않은 논리 데이터 모델로 나타낸다.

▶ 고려 사항

논리 ERD를 작성함에 있어 고려해야 할 사항을 다섯 가지로 정리하면 다음과 같다.

첫째, 프로젝트에 알맞은 데이터 모델링 도구를 적용하여 활용한다. 각 모델링 도구를 사용할 때에는 장단점을 파악한 후 프로젝트에 맞는 것을 선택한다.

둘째, 논리 데이터 모델의 크기에 따라 Main Subject Area외에 각 Subject Area별로 파악할 수 있도록 작성한다.

셋째, 공통 코드의 경우 Code Definition의 기술을 빼놓지 않도록 한다.

넷째, 엔티티간의 관계를 나타내는 동사구(verb phrase)는 업무를 이해하는데 아주 중요하므로 누락되지 않도록 한다.

다섯째, 엔티티간에 식별 또는 비식별 관계를 형성할 때, 이음 동의어가 발생하면 엔티티간의 관계 설정 시에 Role Name을 부여해야 한다.

5.7.2 논리 ERD 적용 대상 사업 및 작성 도구

▶ 사업구분

ISP 구축 사업	EA 수립 사업	시스템 개발 사업	DB 구축 사업	운영 및 유지 보수 사업	비고
		○	○	○	

▶ 작성 도구

MS 오피스			한컴 오피스			기타
워드	엑셀	파워포인트	한글	한셀	한쇼	
						○

5.7.3 논리 ERD 관련 산출물

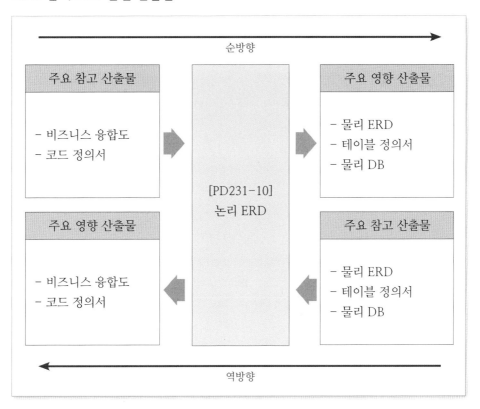

5.7.4 논리 ERD 표준 서식

▶ 논리 ERD

논리 ERD의 작성에 있어서 관계를 표현하는 방법에는 IE(Information Engineering) 표기법과 IDEF1x 표기법이 있다. 다만, 우리나라에서는 대부분 IE 표기법을 사용하므로 특별한 사정이 없는 한 IE 표기법을 사용하는 것이 좋다.

논리 ERD에서 사용하는 용어는 논리적 데이터 세계를 의미하므로 객체(object)를 개체(entity)라고 하고, 특성(specialty)을 속성(attribute)이라는 용어로 표현한다.

다만, 실무에서는 영문 용어(english word)를 그대로 발음하는 경향이 있어 개체를 엔티티(entity), 속성을 애트리뷰트(attribute)라고 발음하는 경우가 많다.

5.7.5 논리 ERD 주요 항목 설명

해당 사항 없음.

5.7.6 논리 ERD 주요 ID 체계

해당 사항 없음.

5.8 [PD231-20] 물리 ERD

세그먼트		태스크		산출물	
PD230	데이터 작업	PD231	데이터베이스 설계	PD231-20	물리 ERD

5.8.1 물리 ERD 개요

▶ 정의

물리 ERD는 구축하는 데이터베이스의 테이블, 컬럼 등 물리적인 구조 및 관계를 다이어그램으로 정의하는 문서이다.

DB 모델링 자동화 도구를 사용하여 물리 데이터 모델링을 수행한 결과를 물리 ERD(Entity Relationship Diagram)로 나타내어 출력한 문서이다. ERD는 개체 관계도 라는 한글 이름으로 불리기도 하나 실무에서는 ERD라는 용어가 보편적이다.

▶ 목적

구축하는 데이터베이스의 개체간의 물리 관계를 명확하게 확인하는 것이 목적이다.

물리 ERD는 데이터를 모델링함에 있어 물리적인 데이터 세계를 표현해주는 것이다. 물리 ERD는 관계형 데이터 모델을 기반으로 작성하며, 특정 관계형 데이터베이스 관리 시스템(RDBMS: Relational DataBase Management System)에 종속성을 가지는 물리 데이터 모델로 나타낸다.

▶ 고려 사항

물리 ERD를 작성함에 있어 고려해야 할 사항을 다섯 가지로 정리하면 다음과 같다.

첫째, 프로젝트에 알맞은 데이터 모델링 도구를 적용하여 활용한다. 각 모델링 도구를 사용할 때에는 장단점을 파악한 후 프로젝트에 맞는 것을 선택한다.

둘째, 물리 데이터 모델의 크기에 따라 Main Subject Area외에 각 Subject Area별로 파악할 수 있도록 작성한다.

셋째, 물리 데이터 모델의 경우 성능 등의 문제를 해결하기 위해 필요 시 역정규화 (반정규화, denormalization)를 할 수 있다.

넷째, view가 있을 경우 물리 데이터 모델에서는 반드시 모델에 포함시켜 주어야 한다.

다섯째, 물리 ERD의 구성 요소는 테이블 정의서와 완전하게 일치하도록 작성해야 한다.

5.8.2 물리 ERD 적용 대상 사업 및 작성 도구

▶ 사업구분

ISP 구축 사업	EA 수립 사업	시스템 개발 사업	DB 구축 사업	운영 및 유지 보수 사업	비고
		○	○	○	

▶ 작성 도구

MS 오피스			한컴 오피스			기타
워드	엑셀	파워포인트	한글	한셀	한쇼	
						○

5.8.3 물리 ERD 관련 산출물

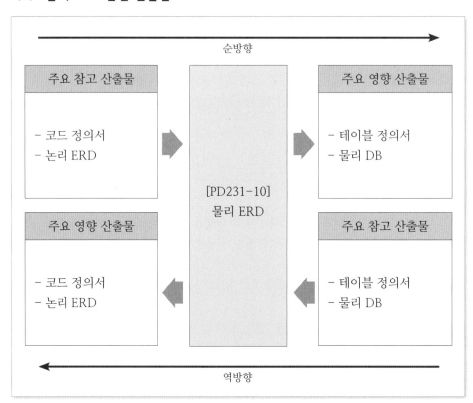

5.8.4 물리 ERD 표준 서식

▶ 물리 ERD·

물리 ERD의 작성에 있어서 관계를 표현하는 방법에는 IE(Information Engineering) 표기법과 IDEF1x 표기법이 있다. 다만, 우리나라에서는 대부분 IE 표기법을 사용하므로 특별한 사정이 없는 한 IE 표기법을 사용하는 것이 좋다.

물리 ERD에서 사용하는 용어는 데이터베이스 관리 시스템(DBMS: Data Base Management System)에 종속적인 물리적 데이터 세계를 의미하므로 객체(object)를 개체(entity)라고 부르지 않고 테이블(table)이라고 하며, 특성(specialty)을 속성(attribute)이라고 부르지 않고 컬럼(column)이라는 용어로 표현한다.

5.8.5 물리 ERD 주요 항목 설명

해당 사항 없음.

5.8.6 물리 ERD 주요 ID 체계

해당 사항 없음.

5.9 [PD231-30] 테이블 정의서

세그먼트		태스크		산출물	
PD230	데이터 작업	PD231	데이터베이스 설계	PD231-30	테이블 정의서

5.9.1 테이블 정의서 개요

▶ 정의

테이블 정의서는 데이터베이스로 구축하는 내용의 테이블, 컬럼, 키 등의 정보를 정의하는 문서이다.

▶ 목적

거의 모든 정보 시스템에서 사용하는 관계형 데이터베이스는 테이블로 구성한 데이터들의 연관 관계를 구조화한 형태로 정의하는 것이다. 이러한 관계형 데이터베이스를 구성하고 있는 것이 테이블(table)이다.

테이블 정의서는 컬럼, 데이터 형, 길이, 키 등 데이터베이스의 구조를 정의하고 관리하는 것을 목적으로 한다.

▶ 고려 사항

프로그램에 대하여 정의한 입력 데이터 항목을 데이터베이스 설계서의 테이블 및 파일로 반영하고 있는지 테이블 정의서에서 확인한다.

테이블 정의서를 작성할 때에는 아래의 다섯 가지 고려 사항을 참조하여 기술한다.

첫째, 테이블을 구성하는 주요 키, 속성, 도메인 등의 정의가 업무 규칙을 적절하게 반영하였는지 확인한다.

둘째, 주요 키(식별자) 업무 규칙을 업무의 특성을 고려하여 설계하였는지 확인한다.

셋째, 컬럼의 데이터 타입, 길이, 기본 값, 유효 값의 범위 등이 실제 업무 규칙에 따라 정확한지 확인한다.

넷째, 같은 컬럼의 다른 데이터 타입과 길이, 이음 동의어, 동음 이의어 등이 없는지 확인하여 문제점을 발견하면 개선한다.

다섯째, 주요 키, 컬럼, 업무 규칙에 대한 변경 가능성을 분석하여 시스템 확장성을 충분히 고려하였는지 확인한다.

테이블 정의서의 내용은 조회만 하는 테이블이라도 반드시 물리 DB의 테이블 정보와 일치해야 한다.

5.9.2 테이블 정의서 적용 대상 사업 및 작성 도구

▶ 사업구분

ISP 구축 사업	EA 수립 사업	시스템 개발 사업	DB 구축 사업	운영 및 유지 보수 사업	비고
		○	○	○	

▶ 작성 도구

MS 오피스			한컴 오피스			기타
워드	엑셀	파워포인트	한글	한셀	한쇼	
○	○		○	○		

5.9.3 테이블 정의서 관련 산출물

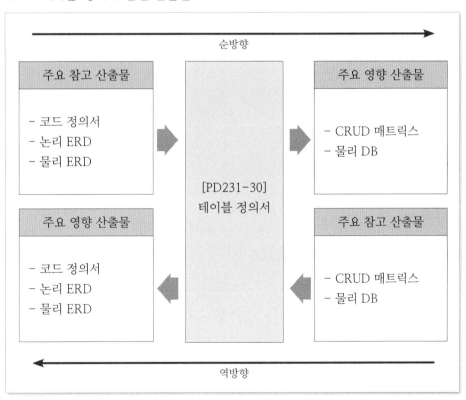

5.9.4 테이블 정의서 표준 서식

▶ 테이블 목록

시스템 명						버전		작성일		작성자	
DB 명	구분	테이블 스페이스 명	테이블 명	엔티티 명	초기 건수	최대 건수	평균 건수	보존 기간	발생 주기	테이블 유형	비고

- 구분 : 테이블의 구분을 기존 사용, 기존 미사용, 신규, 변경 등을 구분하여 입력함.

▶ 테이블 정의서

시스템 명					서브시스템						
테이블 명	엔티티 명	컬럼 명	속성 명	데이터 형	데이터 길이	PK	FK	Not Null	인덱스	비고	

5.9.5 테이블 정의서 주요 항목 설명

▶ 테이블 목록

작성 항목명	항목 설명	작성 구분 (필수/선택)
시스템 명	업무 기능 대상 시스템의 이름을 기술한다.	필수
버전	테이블 정의서의 버전을 기술한다.	필수
작성일	테이블 정의서의 작성일을 기술한다.	필수
작성자	테이블 정의서의 작성자를 기술한다.	필수
DB 명	SW 시스템에서 사용하는 데이터베이스의 명칭을 기술한다.	필수
구분	테이블의 구분(기존 사용, 기존 미사용, 신규, 변경 등)을 입력한다.	필수
테이블 스페이스명	테이블 스페이스의 이름을 기술한다.	선택
테이블 명	물리적으로 구현하는 테이블 ID 명을 기술한다.	필수
엔티티 명	논리적인 엔티티 명을 기술한다.	필수
초기 건수	초기에 입력해야 할 데이터 량을 BYTE로 나타낸다.	선택
최대 건수	최대 증가 가능한 데이터 최대 량을 BYTE로 나타낸다.	선택
평균 건수	발생 주기에 따른 평균 데이터 증가 량을 BYTE로 나타낸다.	선택
보존 기간	해당 테이블의 데이터를 발생시점 기준으로 얼마나 오랫동안 보존하는지 작성한다.	선택
발생 주기	해당 테이블의 데이터 작성 또는 수정 주기이다. [발생 주기의 종류] 　– 실시간 : 수시로 데이터가 발생하는 온라인성 　– 일/주/월 : 하루/일주일/한달에 한 번 발생 　– 분기/반기 : 3개월/6개월에 한 번 발생 　– 년 : 1년에 한 번 발생 　– 기타 : 그 외의 경우 * 발생 주기의 종류가 기타인 경우, 해당 발생 주기를 직접 기술한다.	선택

작성 항목명	항목 설명	작성 구분 (필수/선택)

테이블 유형	물리적인 특성과 논리적인 특성의 종류를 약어로 한자리씩 두자리로 기술한다.
	기타의 경우 이를 지칭하는 명칭 전체를 기술한다.
	분산된 여러 개의 서버에서 관리하고 있는 테이블이면서 서버에 따라 테이블 유형이 다른 경우, 여러 자리로 기술을 허용한다.
	
	[테이블의 물리적인 특성에 따른 종류]
	  – T(일반 테이블): 일반적인 물리적 특성을 가진 테이블
	  – P(파티션 테이블): 일정한 기준으로 데이터를 여러 개의 단위로 분할하여 관리하는 테이블
	  – C(클러스터 테이블): 지정된 컬럼 값을 기준으로 물리적으로 정렬한 테이블
	  – V(뷰 테이블): 물리적인 실제 데이터를 가지고 있지 않고 다른 테이블이나 뷰에 기반한 논리적인 구조만 정의하고 있는 테이블
	  – E(기타): 그 외 특별한 물리적 특성을 가진 테이블
	
	[테이블의 논리적인 특성에 따른 종류]
	  – N(Normal): 일반 테이블
	  – C(Code): 코드성 정보를 관리하는 테이블
	  – M(Master): 업무의 핵심 정보를 관리하는 테이블
	  – D(Detail): 업무의 상세 정보를 관리하는 테이블
	  – H(History): 이력 관리를 위한 테이블
	  – S(Summary): 요약 및 집계를 위한 테이블
	  – E(ETC): 그 외 특별한 논리적 특성을 가진 테이블
		선택

비고	테이블 정의서와 관련이 있는 특기 사항을 기술한다.	선택

▶ 테이블 정의서

작성 항목명	항목 설명	작성 구분 (필수/선택)
시스템 명	업무 기능 대상 시스템의 이름을 기술한다.	필수
서브 시스템 명	메인 시스템 아래 서브 시스템이 있다면 해당 명칭을 기술한다.	선택
테이블 명	물리적으로 구현하는 테이블 ID 명을 기술한다.	필수
엔티티 명	논리적인 엔티티 명을 기술한다.	필수
컬럼 명	물리적으로 구현하는 컬럼 ID 명을 기술한다.	필수
속성 명	논리적인 애트리뷰트 명을 기술한다.	필수
데이터 형	컬럼의 데이터 타입을 기술한다.	필수
데이터 길이	컬럼의 데이터 길이를 기술한다.	필수
PK	PK(Primary Key)에 해당하면 Y, 해당하지 않으면 항목을 비워둔다.	필수
FK	FK(Foreign Key)에 해당하면 Y, 해당하지 않으면 항목을 비워둔다.	필수
Not Null	로우(row)가 생성(insert)되는 시점에서 컬럼 값에 널 값(null) 입력이 가능한지, 아닌지를 표시한다. 널 값을 허용하지 않으면 Y, 허용하면 항목을 비워둔다.	필수
인덱스	해당 컬럼에 인덱스를 설정하고 있으면 Y, 그렇지 않으면 항목을 비워둔다.	필수
비고	컬럼에 대한 이해를 돕기 위하여 필요한 부가적인 설명 및 예외 사항 등을 입력한다.	선택

5.9.6 테이블 정의서 주요 ID 체계

테이블 정의서에서 사용하는 테이블 물리 명, 컬럼 물리 명은 보통 영문에 의미를 부여하여 영문 및 숫자 조합으로 ID 체계를 수립한다. 하지만 테이블이나 컬럼이 동적으로 관리가 필요한 프로그램(신규 게시판 생성 등)에서는 ID 체계를 영문 약자와 순번으로 구성하여 자동으로 테이블이나 컬럼을 생성하거나 삭제하기 쉽게 구성한다.

테이블 및 컬럼 물리 명 코드 체계 예시는 아래와 같다. 사업의 특성에 맞추어 ID 체계를 변경하거나 새롭게 정의할 수 있다.

▶ 테이블 물리 명(ID) 체계 정의 예시(시스템 및 업무를 고려하여 순차적으로 작성한 경우)

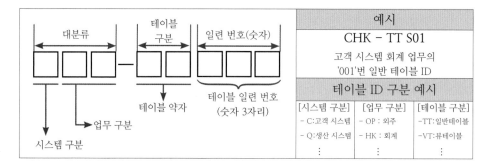

▶ 테이블 물리 명(ID) 코드 체계 정의 예시(코드의 의미를 영문약자로 사용한 경우)

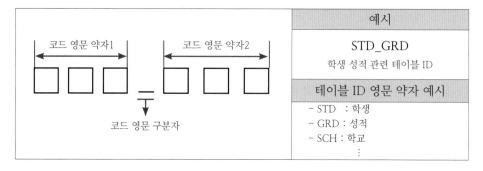

▶ 컬럼 물리 명(ID) 체계 정의 예시(컬럼 명의 동적 관리가 필요한 경우)

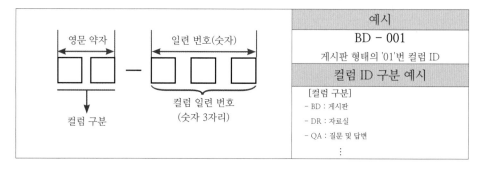

5.10 [PD232-10] CRUD 매트릭스

세그먼트		태스크		산출물	
PD230	데이터 작업	PD232	교차 설계	PD232-10	CRUD 매트릭스

5.10.1 CRUD 매트릭스 개요

▶ 정의

CRUD 매트릭스는 프로그램과 테이블의 CRUD(C:생성, R:읽기, U:갱신, D:삭제) 관계를 정의하는 문서이다.

▶ 목적

CRUD 매트릭스는 도출한 프로그램과 테이블의 상호 일관성을 확인하는데 목적이 있다.

정보 시스템을 구축하는 프로그램은 특별한 경우를 제외하고 반드시 테이블과 관계를 맺어야 한다. 프로그램과 테이블 간에 아무런 연관 관계가 없다면, 불필요한 프로그램 및 테이블일 확률이 매우 높다.

▶ 고려 사항

CRUD 매트릭스 내에 프로그램 명세서에서 정의한 프로그램의 누락 없는 정의와 해당 프로그램 관련 입출력 정보의 누락 없는 반영 여부를 확인한다.

CRUD 매트릭스 내에 테이블 정의서에서 정의한 테이블의 누락 없는 정의와 해당 테이블별 입출력의 누락 없는 반영 여부를 확인한다.

CRUD 매트릭스을 작성할 때에는 아래의 네 가지 고려사항을 참조한다.

첫째, 각각의 테이블별 CRUD(생성, 조회, 수정, 삭제) 프로그램이 존재하는지 확인한다. 만약 CRUD(생성, 조회, 수정, 삭제) 프로그램이 한 개도 존재하지 않는 테이블을 발견하면 테이블의 특성을 확인한다.

둘째, 테이블과 관계없는 프로그램의 존재 여부를 확인한다. 그리고 테이블과 관계없는 프로그램에 대한 기능은 프로그램 명세서의 목록을 통해 확인한다.

셋째, 각 테이블에 대해 최소한 하나의 프로그램이 그 테이블을 CRUD(생성, 조회, 수정, 삭제) 하는지 확인한다.

넷째, 사용 빈도가 매우 높은 테이블은 락킹(locking) 처리를 잘못할 경우 교착 상태(deadlock)를 일으킬 수 있다. 이럴 경우, 시스템의 전체적인 성능 저하로 이어질 수 있으므로 철저한 관리가 필요하다.

5.10.2 CRUD 매트릭스 적용 대상 사업 및 작성 도구

▶ 사업구분

ISP 구축 사업	EA 수립 사업	시스템 개발 사업	DB 구축 사업	운영 및 유지 보수 사업	비고
		○		○	

▶ 작성 도구

MS 오피스			한컴 오피스			기타
워드	엑셀	파워포인트	한글	한셀	한쇼	
	○			○		

5.10.3 CRUD 매트릭스 관련 산출물

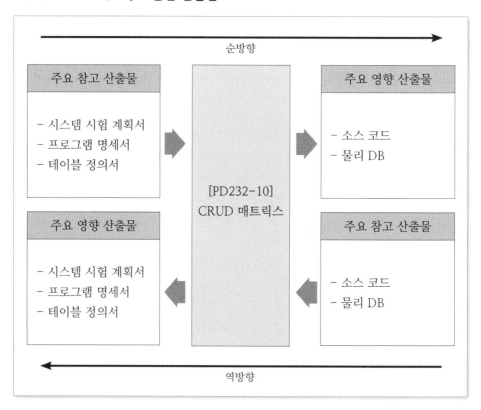

5.10.4 CRUD 매트릭스 표준 서식

▶ CRUD 매트릭스

시스템 명			서브시스템 명		
테이블 정보 / 프로그램 정보	테이블 명 1	테이블 명 2	…	…	…

〈유형 설명〉
 – C : 정보 생성(Create Table)
 – R :정보 변경(Read Table)
 – U :정보 갱신(Update Table)
 – D :정보 삭제(Delete Table)

5.10.5 CRUD 매트릭스 주요 항목 설명

▶ CRUD 매트릭스

작성 항목명	항목 설명	작성 구분 (필수/선택)
시스템 명	업무 기능 대상 시스템의 이름을 기술한다.	필수
서브 시스템 명	서브 시스템이 있는 경우 시스템을 구분하여 서브 시스템 명을 기술한다.	선택
테이블 명	테이블 ID를 X축에 작성한다. 테이블 명은 테이블의 물리 명이 된다.	필수
프로그램 정보	프로그램 ID를 Y축에 작성한다.	필수
테이블과 프로그램의 접점(좌표)	(테이블 ID를 X축으로, 프로그램 ID를 Y축으로 할 때)XY좌표가 만나는 지점에는 해당 프로그램이 접근하는 테이블에의 접근 유형을 CRUD 중의 하나 또는 둘 이상을 적어 기술한다.	필수

5.10.6 CRUD 매트릭스 주요 ID 체계

CRUD 매트릭스에서 사용하는 테이블 명(ID), 프로그램 ID 체계 예시는 아래와 같다. 사업의 특성에 맞추어 ID 체계를 변경하거나 새롭게 정의할 수 있다.

▶ 테이블 물리 명(ID) 체계 정의 예시(시스템 및 업무를 고려하여 순차적으로 작성한 경우)

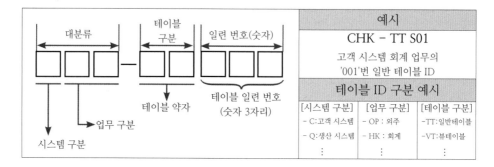

▶ 테이블 물리 명(ID) 코드 체계 정의 예시(코드의 의미를 영문약자로 사용한 경우)

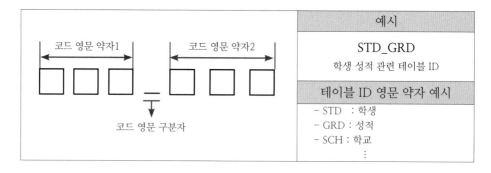

▶ 프로그램 ID 체계 정의 예시

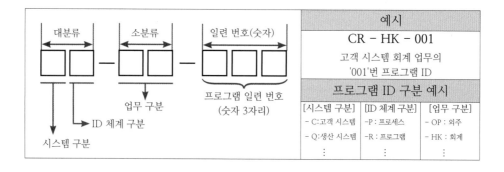

5.11 [PD233-10] 데이터 구축 계획서

세그먼트		태스크		산출물	
PD230	데이터 작업	PD233	데이터 설계	PD233-10	데이터 구축 계획서

5.11.1 데이터 구축 계획서 개요

▶ 정의

　데이터 구축 계획서는 새로 개발하는 시스템에 사용하는 초기 데이터 구축과 기존 데이터를 전환하는 계획을 수립하는 문서이다.

　신규 개발의 경우에는 초기 데이터 구축 계획을 위주로 작성하고, 고도화의 경우에는 초기 데이터 구축 계획과 기존 데이터 전환 계획을 모두 포함한다.

▶ 목적

　데이터베이스를 사용하는 개발 프로젝트에서 초기 데이터 구축 및 데이터 전환을 위한 계획을 작성하는 것을 목적으로 한다.

　데이터 구축 계획은 병렬 개발 구간에서 발생하지만 모델링하는 부분과는 달리 직렬 형태로 초기 데이터 구축 계획 및 기존 데이터 전환 계획 중 해당하는 영역만 수립한다.

▶ 고려 사항

　데이터 구축 계획을 수립할 때 고려해야 할 사항을 다섯 가지로 정리하면 다음과 같다.

　첫째, 초기 데이터 구축 시 특별한 검증이 필요없는 경우도 있으므로 이 경우에는 검증 난에 '특별한 검증 필요 없음'이라고 기술한다.

　둘째, 초기 데이터 구축이 시스템의 안정적인 구축에 중요한 역할을 하기때문에 초기 데이터 선정 및 구축에 이르기까지의 과정을 계획 단계부터 세심히 밟아야 한다.

　셋째, 기존 데이터 전환의 경우 운영 서버에 직접 반영하는 형태는 위험하다. 개발 서버 등에서 예비 전환을 통해 검증을 한 후 실제 전환에 돌입하도록 준비해야 한다.

　넷째, 기존 데이터 전환 시, 건수 검증과 값의 검증의 양면적인 측면에서의 검증을 동반해야 한다.

　다섯째, 전환 과정에서 문제가 발생할 경우에 대비하여, 롤백(rollback) 시나리오를 포함한 비상 대응 시나리오를 계획 단계에서 수립하여 적용하는 것이 중요하다.

5.11.2 데이터 구축 계획서 적용 대상 사업 및 작성 도구

▶ 사업구분

ISP 구축 사업	EA 수립 사업	시스템 개발 사업	DB 구축 사업	운영 및 유지 보수 사업	비고
		○	○	○	

▶ 작성 도구

MS 오피스			한컴 오피스			기타
워드	엑셀	파워포인트	한글	한셀	한쇼	
○			○			

5.11.3 데이터 구축 계획서 관련 산출물

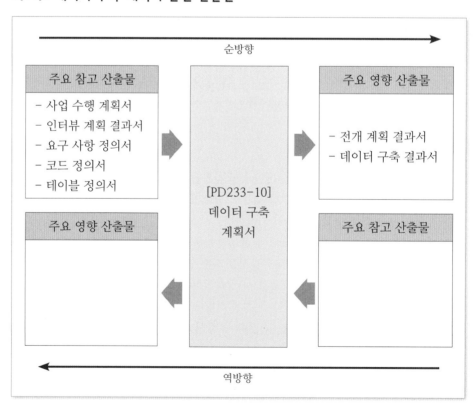

5.11.4 데이터 구축 계획서 표준 서식

▶ 초기 데이터 구축 범위

영역	구축 테이블 명	구축 엔티티 명	구축 자료량(건)	데이터 수집처	데이터 수집 방법	데이터 구축 방법	데이터 검증 방법	비고

▶ 데이터 전환 대상 및 방법

구분	전환 대상(from)		전환 방법	전환 대상(to)		비고
	테이블 명	엔티티 명		테이블 명	엔티티 명	

▶ 데이터 구축 일정

데이터 구축 작업 구분	데이터 구축 작업 기간	담당자	비고

5.11.5 데이터 구축 계획서 주요 항목 설명

▶ 초기 데이터 구축 범위

작성 항목명	항목 설명	작성 구분 (필수/선택)
영역	구축 영역 구분을 기술한다.	필수
구축 테이블 명	구축 테이블의 물리 테이블 ID(물리 명)를 기술한다.	필수
구축 엔티티 명	구축 테이블의 논리 명을 기술한다.	선택
구축 자료 량(건)	예상 구축 자료량을 건수로 기술한다.	필수
데이터 수집처	초기 데이터 수집을 담당하는 팀, 부서, 또는 담당자를 기술한다.	필수
데이터 수집 방법	초기 데이터를 수집하는 방법을 기술한다 (예 : XX팀 테스트 입력)	필수
데이터 구축 방법	초기 데이터를 구축하는 구체적인 방법을 기술한다. (예 : 신규 테이블, 컬럼 추가 등)	필수
데이터 검증 방법	초기 데이터 구축 과정에서의 검증 방법을 기술한다. (예 : 초기 데이터 구축 담당자가 엑셀로 작성된 초기 데이터 파일을 참조하여 데이터를 직접 검토)	필수
비고	초기 데이터 구축 시의 특기 사항을 기술한다.	선택

▶ 데이터 전환 대상 및 방법

작성 항목명	항목 설명	작성 구분 (필수/선택)
구분	초기 데이터의 속성(기초 데이터, 공통 코드 등)을 구분하여 입력한다.	선택

작성 항목명		항목 설명	작성 구분 (필수/선택)
전환 대상 (from)	테이블 명	전환 하려는 데이터를 저장하고 있는 테이블 ID(물리 명)를 입력한다.	필수
	엔티티 명	전환 하려는 데이터를 저장하고 있는 엔티티 명을 입력한다	필수
전환 방법		초기 데이터를 전환하는 방법에 대하여 기술한다. (예 : DB => DB, DB => 엑셀 => DB)	필수
전환 대상 (to)	테이블 명	전환이 이루어진 데이터를 입력하는 테이블 ID (물리 명)를 입력한다.	필수
	엔티티 명	전환이 이루어진 데이터를 입력하는 엔티티 명을 입력한다	필수

▶ 데이터 구축 일정

작성 항목명	항목 설명	작성 구분 (필수/선택)
데이터 구축 작업 구분	데이터 구축 준비, 데이터 구축, 검증 등의 작업 구분을 기술한다.	필수
데이터 구축 작업 기간	각각의 작업 구분을 수행하는데 필요한 기간은 시작 일자와 종료 일자를 '–' 표시로 붙여서 기술한다.	필수
담당자	해당 작업을 행하는 담당자를 기술한다.	필수
비고	데이터 구축 일정 수행 과정에서의 특기 사항을 기술한다.	선택

5.11.6 데이터 구축 계획서 주요 ID 체계

데이터 구축 계획서에서 사용하는 테이블 물리 명(ID), 컬럼 물리 명(ID) 체계 예시는 아래와 같다. 사업의 특성에 맞추어 ID 체계를 변경하거나 새롭게 정의할 수 있다.

▶ 테이블 물리 명(ID) 체계 정의 예시(시스템 및 업무를 고려하여 순차적으로 작성한 경우)

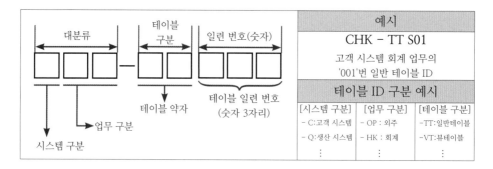

▶ 테이블 물리 명(ID) 코드 체계 정의 예시(코드의 의미를 영문약자로 사용한 경우)

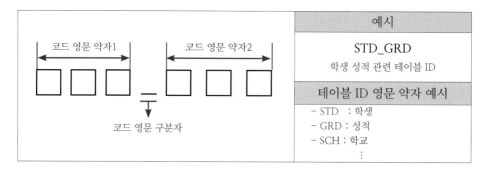

▶ 컬럼 물리 명(ID) 체계 정의 예시(컬럼 명의 동적 관리가 필요한 경우)

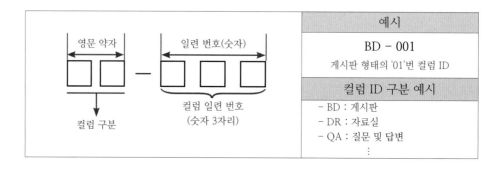

제 6 장

[PD300] 구현 단계 표준

6. [PD300] 구현 단계 표준

단계		세그먼트		작업		산출물		비고
PD300	구현 단계	PD310	사용자 작업	PD311	화면 보고서 구현	PD311-10	구현 화면	6.1참조
						PD311-20	구현 보고서	6.2참조
		PD320	프로 세스 작업	PD321	기능 구현	PD321-10	소스 코드	6.3참조
		PD330	데이터 작업	PD331	데이터 베이스 구현	PD331-10	물리 DB	6.4참조
		PD340	단위 시험 작업	PD341	단위 시험 수행	PD341-10	단위 시험 계획 결과서	6.5참조
						PD341-20	단위 오류 관리서	6.6참조

6.1 [PD311-10] 구현 화면

세그먼트		태스크		산출물	
PD310	사용자 작업	PD311	화면 보고서 구현	**PD311-10**	**구현 화면**

6.1.1 구현 화면 개요

▶ 정의

　구현 화면은 물리적으로 구현한 SW 시스템의 화면이다.

　구현 화면은 PC 화면, 스마트폰 화면, 태플릿의 화면 등 여러가지 형태로 나타날 수 있다. 어떤 경우에는 전광 싸인 보드 형태의 점등 방식으로 나타날 수도 있다. 이러한 모든 화면을 포함한다.

▶ 목적

　SW 시스템에 사용하는 사용자 인터페이스(UI: User Interface)를 물리적으로 구현하는 것을 목적으로 한다.

　즉, 오프라인(off-line) 매체 형태의 물리적인 구현(physical implementation)을 위한 것이 아니라, 온라인(on-line) 매체 형태의 물리적인 구현을 지향함을 의미한다.

▶ 고려 사항

　화면을 구현함에 있어서 고려해야 할 주요 사항들을 다섯 가지로 정리하면 다음과 같다.

　첫째, 구현하는 시스템의 환경에 따라 각각 다른 구현 화면을 사용한다.

　둘째, 화면은 설계 시의 ID 부여 체계를 근거로 명확한 식별이 가능하도록 구현해야 한다.

　셋째, 구현하는 화면은 모니터 등과 같은 디스플레이 장치의 표현 능력에 따라 자유롭게 해상도를 조절할 수 있어야 한다.

　넷째, 터치 화면(touch display)이나 가상 화면(virtual display)같은 형태로 구현이 이루어질 경우에도 그에 따른 화면의 제어 객체(control object)에 대한 조작을 설계에 따라 세부적으로 통제할 수 있도록 고려해야 한다.

　다섯째, 화면 구현 시에는 웹 접근성, 웹 표준, 크로스 브라우징, 디자인 일관성을 포함한 전체적인 균형을 고려하는 것이 중요하다.

6.1.2 구현 화면 적용 대상 사업 및 작성 도구

▶ 사업구분

ISP 구축 사업	EA 수립 사업	시스템 개발 사업	DB 구축 사업	운영 및 유지 보수 사업	비고
		○	○	○	

▶ 작성 도구

MS 오피스			한컴 오피스			기타
워드	엑셀	파워포인트	한글	한셀	한쇼	
						○

6.1.3 구현 화면 관련 산출물

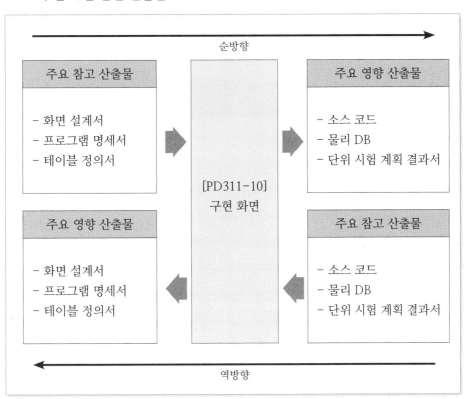

6.1.4 구현 화면 표준 서식

▶ 구현 화면

구현 화면은 C/S(Client/Server) 화면, 웹(web) 화면, 모바일(mobile) 화면 등의 형태로 물리적으로 구현한 화면을 의미한다.

구현 화면은 윈도우의 각 제어 객체(control object)와 같은 형태의 요소를 가지고 구현한다. 여기서 제어 객체라 함은 스크롤 바(scroll bar), 버튼(button), 박스(box) 등의 다양한 형태로 구현되어 제어하는 객체를 뜻한다.

6.1.5 구현 화면 주요 항목 설명

해당 사항 없음.

6.1.6 구현 화면 주요 ID 체계

해당 사항 없음.

6.2 [PD311-20] 구현 보고서

세그먼트		태스크		산출물	
PD310	사용자 작업	PD311	화면 보고서 구현	**PD311-20**	**구현 보고서**

6.2.1 구현 보고서 개요

▶ **정의**

구현 보고서는 물리적으로 구현한 SW 시스템에서 제공하는 보고서 형태의 정보이다.

구현 보고서는 종이 출력 형태로 나타날 수도 있고, PC 화면, 스마트폰 화면, 태플릿 화면 등으로 나타날 수 있다. 어떤 경우에는 전광 싸인 보드 형태의 점등 방식으로 나타나거나, 사물에 인지하는 형태로 나타날 수도 있다. 보고서라는 형식이라면 어떠한 종류의 출력이라도 허용된다.

▶ **목적**

SW 시스템에서 제공하는 보고서 정보(report information)를 물리적으로 나타내는 것을 목적으로 한다.

즉, 오프라인(off-line) 매체 형태의 물리적인 구현(physical implementation)이던, 온라인(on-line) 매체 형태의 물리적인 구현이던 상관이 없다. 어떠한 매체이던 보고서라는 형태의 결과(results in report form)를 얻는 것을 목적으로 한다.

▶ **고려 사항**

보고서를 구현함에 있어서 고려해야 할 주요 사항들을 세 가지로 정리하면 다음과 같다.

첫째, 보고서는 화면과 마찬가지로 설계 시에 ID 부여 체계를 근거로 명확한 식별이 가능하도록 구현해야 한다.

둘째, 구현하는 보고서는 특별한 목적이 없는 한, 가급적 워드 프로세서, 프레젠테이션, PDF 파일 등의 도구로 자연스럽게 읽어내거나 편집할 수 있는 형태로 구현하는 것이 바람직하다.

셋째, 보고서 정보를 제공하기 위해 사용하거나 구현한 도구(tool) 또는 프로그램의 기능에 따라 보고서의 양식 또는 기능에 차이가 발생할 수 있다. 따라서, 도구 적용 단계에서 이에 대한 사전 검토를 통한 대응이 필요하다.

6.2.2 구현 보고서 적용 대상 사업 및 작성 도구

▶ 사업구분

ISP 구축 사업	EA 수립 사업	시스템 개발 사업	DB 구축 사업	운영 및 유지 보수 사업	비고
		○	○	○	

▶ 작성 도구

MS 오피스			한컴 오피스			기타
워드	엑셀	파워포인트	한글	한셀	한쇼	
						○

6.2.3 구현 보고서 관련 산출물

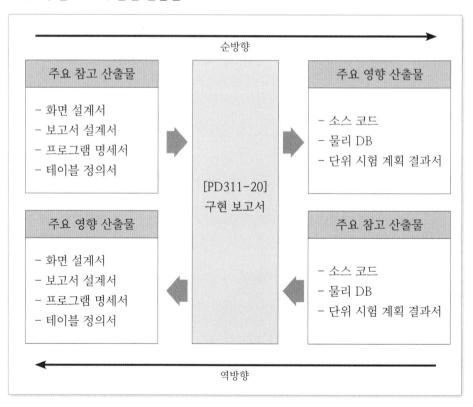

6.2.4 구현 보고서 표준 서식

▶ 구현 보고서

구현 보고서는 C/S(Client/Server) 화면, 웹(web) 화면, 모바일(mobile) 화면 또는 종이나 비닐 등과 같은 매체로 인쇄하는 등의 형태로 물리적으로 구현한 보고서를 의미한다.

구현 보고서는 윈도우의 각 제어 객체(control object)와 같은 형태의 요소를 가지고 구현한다. 여기서 제어 객체라 함은 스크롤 바(scroll bar), 버튼(button), 박스(box) 등의 다양한 형태로 구현되어 제어하는 객체를 뜻한다.

보고서를 화면에 출력할 때는 화면과 유사한 형태가 되고, 종이나 비닐같은 매체로 출력할 때에는 일반 워드 프로세서나 프레젠테이션 도구로 만들어 출력한 보고서 형태로 나타난다.

6.2.5 구현 보고서 주요 항목 설명

해당 사항 없음.

6.2.6 구현 보고서 주요 ID 체계

해당 사항 없음.

6.3 [PD321-10] 소스 코드

세그먼트		태스크		산출물	
PD320	프로세스 작업	PD321	기능 구현	PD321-10	소스 코드

6.3.1 소스 코드 개요

▶ 정의

소스 코드(source code)는 소프트웨어 시스템(software system)을 구현하기 위하여 작성한 프로그램 개발 언어의 코드 집합이다.

소스 코드는 사용하는 프로그래밍 언어(programming language)와 사용 개발 도구에 따라 다른 형태로 나타난다.

▶ 목적

프로그램 언어(C, C++, JAVA 등)로 코딩하여 소프트웨어를 개발하는 것이 목적이다.

소스 코드 자체를 직접 코딩(coding)하거나, 프로그램 설계(program design)로 부터 소스 코드(source code)로 순공학(forward engineering) 변환하여 얻을 수 있다.

▶ 고려 사항

소스 코드를 구현함에 있어서 고려해야 할 주요 사항들을 세 가지로 정리하면 다음과 같다.

첫째, 작성한 소스 코드의 형상 관리(configuration management)를 적정하게 해야 한다. 그렇게 해야 구현한 프로그램에서 다시 오류가 발생하는 등 프로그램 품질 및 신뢰성이 저하되는 것을 예방할 수 있다

둘째, 병렬형으로 소스 코드를 구현할 경우에는, 반드시 순공학(forward engineering), 역공학(reverse engineering), 재구조화(restructuring) 등의 세 가지 기술을 적용해야 한다.

셋째, 소스 코드를 구현할 때에는 코딩 가이드라인(coding guideline) 및 시큐어 코딩(secure coding)의 준수가 필요하다. 코딩 가이드라인은 Java 언어의 경우 TTAK.KO-11.0183 표준을 참조하고, 시큐어 코딩의 경우에는 '소프트웨어 보안 약점 기준'을 참조하여 대응 할 필요가 있다.

6.3.2 소스 코드 적용 대상 사업 및 작성 도구

▶ 사업구분

ISP 구축 사업	EA 수립 사업	시스템 개발 사업	DB 구축 사업	운영 및 유지 보수 사업	비고
		○		○	

▶ 작성 도구

MS 오피스			한컴 오피스			기타
워드	엑셀	파워포인트	한글	한셀	한쇼	
						○

6.3.3 소스 코드 관련 산출물

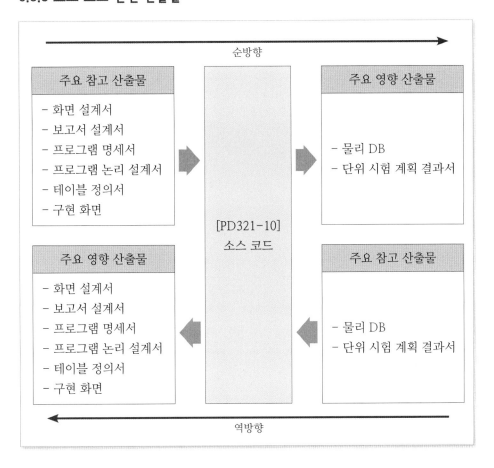

261

6.3.4 소스 코드 표준 서식

▶ 소스 코드

소스 코드는 프로그래밍 언어로 구현한 코드를 의미한다.

프로그래밍 언어(programming language)는 개발 성격에 따라 다양하게 적용되며, 언어에 맞는 형태로 작성된다.

소스 코드는 주로 C, Arduino(C언어 변형) 언어와 같은 구조화 프로그래밍 언어(structured programming language), C++, Java 등과 같은 객체 지향 프로그래밍 언어(object programming language)를 사용한다.

6.3.5 소스 코드 주요 항목 설명

해당 사항 없음.

6.3.6 소스 코드 주요 ID 체계

해당 사항 없음.

6.4 [PD331-10] 물리 DB

세그먼트		태스크		산출물	
PD330	데이터 작업	PD331	데이터베이스 구현	PD331-10	물리 DB

6.4.1 물리 DB 개요

▶ 정의

물리 DB는 디스크, 파일 등에 물리적인 DB 또는 파일 형태로 할당한 자료 구조의 집합이다.

물리 DB(physical DataBase)는 철저하게 DBMS(DataBase Management System)에 종속되어 영향을 받는다.

▶ 목적

디스크, 파일 등에 물리적인 DB 또는 파일 형태의 방법으로 정보를 저장하고 활용하는 것이 목적이다.

물리 DB는 DBMS의 유형과 그것을 개발한 기업체가 지향하는 바에 따라 목적이 부분적으로 다르게 나타날 수 있다.

▶ 고려 사항

물리 DB의 구현 시 고려 사항을 다섯 가지로 정리하면 다음과 같다.

첫째, 물리 DB의 구현을 위해서는 사전에 DBMS를 어떠한 유형으로 선택할 것인가에 대한 고려가 미리 있어야 한다. 성능이 중요한지, 보안성이 중요한지, 비용이 중요한지, 대용량이 중요한지 등 다양한 고려를 통해 DBMS를 선정해야 물리 DB 구현 시에 발생할 수 있는 많은 문제점을 예방할 수 있다.

둘째, 물리 DB를 구현할 때, 트리거(trigger), 펑션(function), 프로시저(procedure) 등과 같은 기능적인 요소를 구현할 것인지에 대한 검토가 있어야 한다. 만일 이들 기능적인 요소를 구현해야 한다면, 이들을 프로그램 구현으로 간주하여 프로그램 구현에 준하는 대응을 해야 한다.

셋째, 물리 DB를 직접 마음대로 조작해서는 안된다. 반드시 프로세스를 확립해야 한다.

넷째, 물리 DB의 테이블 커멘트(table comment)와 컬럼 커멘트(column comment)에는 반드시 엔티티 명과 속성 명을 기록해두어 역공학에 대비할 필요가 있다.

다섯째, 특히 DB 손상에 유의하고, 이중화, 백업, 복구 등에 만전을 기해야 한다.

6.4.2 물리 DB 적용 대상 사업 및 작성 도구

▶ 사업구분

ISP 구축 사업	EA 수립 사업	시스템 개발 사업	DB 구축 사업	운영 및 유지 보수 사업	비고
		○	○	○	

▶ 작성 도구

MS 오피스			한컴 오피스			기타
워드	엑셀	파워포인트	한글	한셀	한쇼	
						○

6.4.3 물리 DB 관련 산출물

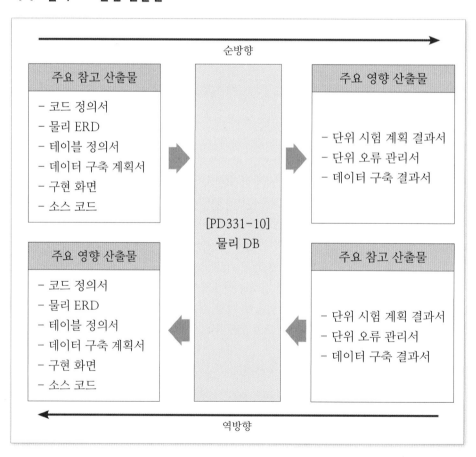

6.4.4 물리 DB 표준 서식

▶ 물리 DB

물리 DB는 물리적으로 구현한 데이터베이스를 의미한다.

물리 DB에서 사용하는 용어는 데이터베이스 관리 시스템(DBMS: Data Base Management System)에 종속적인 물리적 데이터 세계를 의미하므로 객체(object)를 개체(entity)라고 부르지 않고 테이블(table)이라고 하며, 특성(specialty)을 속성(attribute)이라고 부르지 않고 컬럼(column)이라는 용어로 표현한다.

6.4.5 물리 DB 주요 항목 설명

해당 사항 없음.

6.4.6 물리 DB 주요 ID 체계

해당 사항 없음.

6.5 [PD341-10] 단위 시험 계획 결과서

세그먼트		태스크		산출물	
PD340	단위 시험 작업	PD341	단위 시험 수행	PD341-10	단위 시험 계획 결과서

6.5.1 단위 시험 계획 결과서 개요

▶ 정의

단위 시험 계획 결과서는 SW 시스템이 포함하고 있는 각각의 단위 프로그램을 시험하기 위한 계획과 수립한 시험 계획에 따른 시험 결과로 구성된 문서이다.

단위 시험 계획 결과서는 소프트웨어 구현 과정에서 병렬형으로 구현한 화면, 프로그램, DB의 시험을 진화적으로 실시하는 과정에서 작성하는 문서이다.

▶ 목적

단위 프로그램 기능의 완전성 확보를 위해 단위 시험을 계획하고, 계획에 따라 수행한 단위 시험 결과물을 관리하는 것이 목적이다.

단위 시험 계획 결과서는 하나의 단위 기능을 구현하는 프로그램에 대한 단위 시험뿐만이 아니라, 이러한 단위 기능들의 부분적인 통합까지 포함하는 보다 폭넓은 개념으로 적용한다.

▶ 고려 사항

단위 시험을 수행할 때의 고려 사항을 다섯 가지로 정리하면 다음과 같다.

첫째, 단위 시험을 수행할 때에는 프로그램 개발 도구의 통합 개발 환경인 IDE(Integrated Development Environment)를 고려하여 적용할 필요가 있다.

둘째, 단위 시험은 병렬 개발 구간(parallel development section)의 구현 단계에 포함되므로, 병렬 개발 작업의 일환으로 지속적인 시험이 필요하다.

셋째, 단위 시험 중에 반복적으로 발생하는 오류는 철저한 오류 분석을 통하여 원인을 찾아내고 개선하는 것이 중요하다.

넷째, 단위 시험 과정에서 발견한 오류에 대해서는 단위 시험 계획 결과서에 일일이 기록하지 않고, 단위 오류 관리서를 활용한다.

다섯째, 2개 이상의 단위 기능을 묶은 시험도 단위 시험의 범주에 포함시킬 수 있다. 다만, 전체 단위 기능에 대한 시험은 반드시 통합 시험으로 수행해야 한다.

6.5.2 단위 시험 계획 결과서 적용 대상 사업 및 작성 도구

▶ 사업구분

ISP 구축 사업	EA 수립 사업	시스템 개발 사업	DB 구축 사업	운영 및 유지 보수 사업	비고
		○		○	

▶ 작성 도구

MS 오피스			한컴 오피스			기타
워드	엑셀	파워포인트	한글	한셀	한쇼	
○	○		○	○		

6.5.3 단위 시험 계획 결과서 관련 산출물

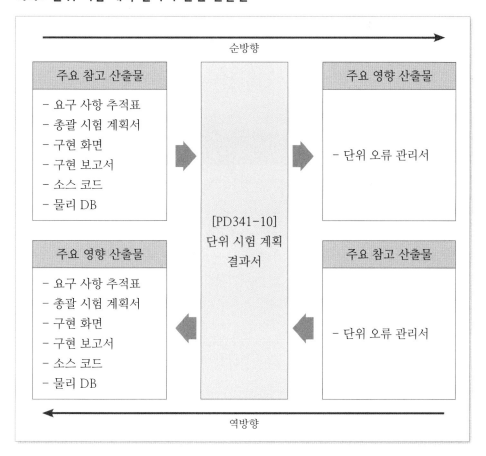

[PD300] 구현 단계 표준
06

6.5.4 단위 시험 계획 결과서 표준 서식

▶ 표준 목차

▶ 단위 시험 케이스

NO	단위 시험 ID	단위 시험 케이스 명	프로그램 ID	화면 ID	화면 명	구분	입력 값	시험 조건	예상 결과	비고

- 구분 : 단위 시험 대상 화면을 조회, 관리, 보고서 등을 구분하여 입력함.

▶ 단위 시험 결과

NO	단위 시험 ID	단위 시험 케이스 명	프로그램 ID	화면 ID	화면 명	시험 내용	시험 결과	시험 일자	시험자	검토 일자	검토자	비고

6.5.5 단위 시험 계획 결과서 주요 항목 설명

▶ 표준 목차

목차 구분		항목 설명
대분류	소분류	
1. 단위 시험 개요	1.1 목적	단위 시험의 목적을 기술한다.
	1.2 시스템 구성	단위 시험을 위한 HW, SW, NW 구성을 기술한다.
	1.3 시험 조직 및 역할	단위 시험을 위한 조직 구성과 책임 및 역할 등을 기술한다.
2. 단위 시험 환경 및 대상	2.1 시험 환경	단위 시험을 위한 HW, SW, NW 등의 환경을 기술한다.
	2.2 단위 시험 대상	대상 시스템 및 단위 시험 대상 업무 등을 기술한다.
	2.3 시험 범위 (기능 요구 사항 중심)	단위 시험 대상별로 단위 시험 수행 범위를 설정하여 기술한다.
3. 시험 전략	3.1 시험 절차	단위 시험 절차에 대하여 도식화를 포함하여 기술한다.
	3.2 시험 방법	단위 프로그램의 저장, 삭제, 갱신, 조회 등의 단위 시험 방법에 대하여 알기 쉽게 기술한다.
	3.3 자동화 도구	단위 시험에 사용하는 자동화 도구를 기술한다.
	3.4 평가 방법 및 통과 기준	단위 시험 평가를 위한 방법과 확립한 단위 시험 평가 방법으로 단위 시험을 수행했을 경우 통과 기준에 대하여 기술한다.
4. 단위 시험 케이스		단위 프로그램에 대한 다양한 유형의 시험 케이스를 제시한다.
5. 단위 시험 결과		미리 확립한 단위 시험 케이스로 단위 시험을 수행한 결과를 기술한다.

▶ 단위 시험 케이스

작성 항목명	항목 설명	작성 구분 (필수/선택)
NO	일련 번호를 작성한다.	필수
단위 시험 ID	단위 시험을 구분하는 숫자나 문자로 구성한 식별 체계를 입력한다.	필수
단위 시험 케이스 명	단위 시험 케이스 내용을 알기 쉽게 축약해서 명칭을 기술한다.	필수
프로그램 ID	단위 시험과 연관된 프로그램 ID를 입력한다.	필수
화면 ID	단위 시험 대상이 되는 화면의 ID를 입력한다.	필수
화면 명	단위 시험 대상이 되는 화면의 명칭을 입력한다.	선택
구분	단위 시험 대상 화면의 구분(조회, 관리, 보고서 등)을 입력한다.	필수
입력값	단위 시험을 진행하기 위하여 입력하는 시험 데이터 값을 입력한다. 만일, 입력 값이 없다면 정보를 입력하지 않는다.	필수
시험 조건	단위 시험을 수행하는 조건을 기술한다.	필수
예상 결과	단위 시험 수행 시에 예상되는 결과를 정상과 비정상의 경우로 구분하여 기술한다.	필수
비고	단위 시험 케이스와 관련이 있는 특기 사항을 기술한다	선택

▶ 단위 시험 결과

작성 항목명	항목 설명	작성 구분 (필수/선택)
NO	일련 번호를 작성한다.	필수
단위 시험 ID	단위 시험을 구분하는 번호나 문자로 구성한 식별 체계를 입력한다.	필수
단위 시험 케이스 명	단위 시험 결과서 내용을 알기 쉽게 축약해서 명칭을 기술한다.	필수

작성 항목명	항목 설명	작성 구분 (필수/선택)
프로그램 ID	단위 시험과 연관된 프로그램 ID를 입력한다.	필수
화면 ID	단위 시험 대상이 되는 화면의 ID를 입력한다.	필수
화면 명	단위 시험 대상이 되는 화면의 명칭을 입력한다.	선택
시험 내용	시험 내용을 구체적으로 기술한다.	필수
시험 결과	단위 시험 결과(정상, 오류, 진행 중 등)를 입력한다.	필수
시험 일자	단위 시험을 수행한 날짜를 입력한다.	필수
시험자	단위 시험을 수행한 사람의 이름을 입력한다.	필수
검토 일자	단위 시험을 검토한 날짜를 입력한다.	필수
검토자	단위 시험을 검토한 사람의 이름을 입력한다.	필수
비고	단위 시험 결과와 관련이 있는 특기 사항을 기술한다	선택

6.5.6 단위 시험 계획 결과서 주요 ID 체계

단위 시험 계획 결과서에서 사용하는 단위 시험 ID, 프로그램 ID, 화면 ID에 대한 ID 체계 예시는 아래와 같다. 사업의 특성에 맞추어 ID 체계를 변경하거나 새롭게 정의할 수 있다.

▶ 단위 시험 ID 체계 정의 예시

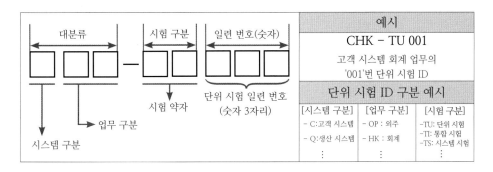

271

▶ **프로그램 ID 체계 정의 예시**

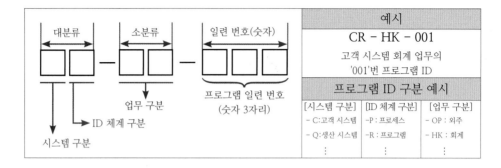

▶ **화면 ID 체계 정의 예시**

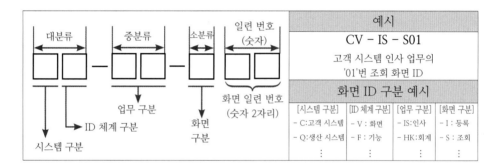

6.6 [PD341-20] 단위 오류 관리서

세그먼트		태스크		산출물	
PD340	단위 시험 작업	PD341	단위 시험 수행	PD341-20	단위 오류 관리서

6.6.1 단위 오류 관리서 개요

▶ **정의**

단위 오류 관리서는 단위 시험에서 발생한 오류를 처리하기 위한 관리 문서이다.

단위 시험 계획 결과서가 주로 단위 시험의 계획 및 결과를 중심으로 단위 시험에 대응하는데 비해, 단위 오류 관리서는 단위 시험의 과정에서 어떠한 유형의 오류를 언제, 누가 발견하였으며, 언제, 누가 어떻게 조치하였는가와 같은 세부적인 오류 대응 사항에 대한 관리를 하는 문서이다.

▶ **목적**

단위 시험에서 발생한 오류를 빠짐없이 처리할 수 있도록 관리하여 프로그램의 품질을 높이는 것이 목적이다.

기존 방법론에서의 단위 시험(unit test)과는 달리, 병렬형 소프트웨어 개발 방법론인 K-Method에서는 특정 일정을 정하여 시험을 진행하는 것이 아니라, 병렬 개발 구간에서 개발을 진행하는 과정에서 지속적으로 단위 시험을 진행하면서 오류를 식별하고 해결해 나가는데 그 과정을 관리하는 것을 목적으로 한다.

▶ **고려 사항**

단위 시험의 오류를 관리함에 있어서 고려해야 할 사항을 네 가지로 정리하면 다음과 같다.

첫째, 단위 시험의 오류는 주로 오류와 편의성을 중심으로 구현 과정에서 지속적으로 검출하여 등록하는 것이 중요하다.

둘째, 단위 시험의 오류를 관리함에 있어서 진행중인 사항과 완료한 사항을 명확하게 구분하여 관리하는 것이 중요하다.

셋째, 자주 발생하는 동일한 오류는 원인을 분석하여 일괄적으로 해결하는 방법을 찾는 것이 바람직하다.

넷째, 저장 실패 등과 같은 중대한 오류는 반드시 개선이 이루어질 수 있도록 관리해야 한다.

6.6.2 단위 오류 관리서 적용 대상 사업 및 작성 도구

▶ 사업구분

ISP 구축 사업	EA 수립 사업	시스템 개발 사업	DB 구축 사업	운영 및 유지 보수 사업	비고
		○		○	

▶ 작성 도구

MS 오피스			한컴 오피스			기타
워드	엑셀	파워포인트	한글	한셀	한쇼	
○	○		○	○		

6.6.3 단위 오류 관리서 관련 산출물

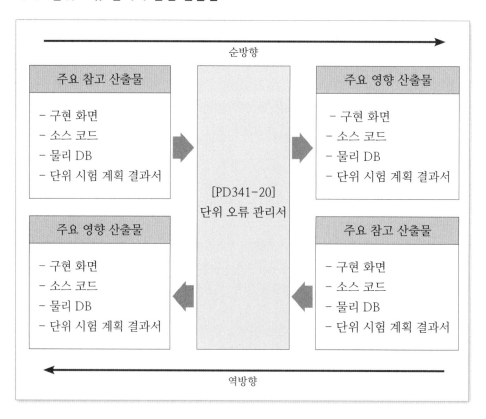

6.6.4 단위 오류 관리서 표준 서식

▶ 단위 오류 관리서

NO	단위 오류 정보					발견 정보		오류 수정 정보			조치 확인 정보			비고
	오류 구분	단위 시험 ID	단위 시험 오류 ID	오류 명	오류 내용	발견 일자	발견 자	조치 일자	조치 자	수정 내용	확인 일자	확인 자	조치 구분	

〈오류 구분〉
- 중결함 : 심각한 오류가 발생한 경우
- 경결함 : 가벼운 오류가 발생한 경우
- 편의성 : 오류는 아니지만, 사용자 관점의 편의성이 저하한 경우

〈조치 구분〉
- 완료 : 해당 오류를 개선한 경우
- 보류 : 다른 여러가지 요인으로 오류에 대한 진행을 멈춘 경우
- 진행 중 : 해당 오류를 개선 중인 경우

6.6.5 단위 오류 관리서 주요 항목 설명

▶ 단위 오류 관리서

작성 항목명		항목 설명	작성 구분 (필수/선택)
NO		일련 번호를 작성한다.	필수
단위 오류 정보	오류 구분	단위 프로그램에서 발생하는 오류의 유형(중결함, 경결함, 편의성 등)을 기술한다.	필수
	단위 시험 ID	단위 시험을 구분하는 숫자나 문자 등 식별 체계를 입력한다.	필수
	단위 시험 오류 ID	단위 프로그램 시험 시에 발생한 오류를 식별하는 숫자나 문자 등 식별 체계를 입력한다.	필수

작성 항목명		항목 설명	작성 구분 (필수/선택)
단위 오류 정보	오류 명	단위 시험의 오류 명칭을 입력한다.	필수
	오류 내용	단위 시험에서 발생한 오류의 상세한 내용을 기술한다.	필수
발견 정보	발견 일자	단위 시험 오류가 발생한 일자를 입력한다.	필수
	발견자	단위 시험 오류를 발견한 사람의 이름을 입력한다.	필수
오류 수정 정보	조치 일자	발생한 단위 시험 오류를 개선한 일자를 입력한다.	필수
	조치자	단위 시험 오류를 개선한 사람의 이름을 입력한다.	필수
	수정 내용	발생한 오류를 개선한 내용을 기술한다.	필수
조치 확인 정보	확인 일자	개선한 오류를 다시 확인한 일자를 입력한다.	필수
	확인자	단위 시험 오류를 개선하였는지 확인한 사람의 이름을 입력한다.	필수
	조치 구분	단위 시험 오류의 개선 진행 내역(완료, 보류, 진행 중 등)을 입력한다.	필수

6.6.6 단위 오류 관리서 주요 ID 체계

단위 오류 관리서에서 사용하는 단위 시험 ID, 단위 시험 오류 ID에 대한 ID 체계 예시는 아래와 같다. 사업의 특성에 맞추어 ID 체계를 변경하거나 새롭게 정의할 수 있다.

▶ 단위 시험 ID 체계 정의 예시

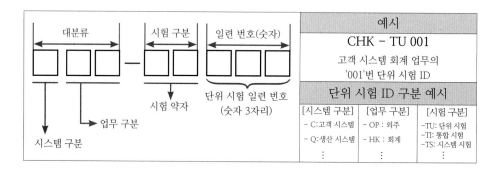

▶ 단위 시험 오류 ID 체계 정의 예시

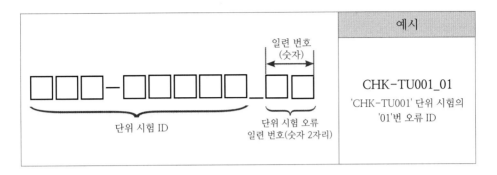

	예시
일련 번호 (숫자) ⬚⬚⬚-⬚⬚⬚⬚⬚_⬚⬚ 단위 시험 ID　　단위 시험 오류 일련 번호(숫자 2자리)	CHK-TU001_01 'CHK-TU001' 단위 시험의 '01'번 오류 ID

제 7 장

[CC100] 시험 단계 표준

7. [CC100] 시험 단계 표준

단계		세그먼트		작업		산출물		비고
CC100	시험 단계	CC110	통합 시험 작업	CC111	통합 시험 수행	CC111-10	통합 시험 결과서	7.1참조
						CC111-20	통합 오류 관리서	7.2참조
		CC120	시스템 시험 작업	CC121	시스템 시험 수행	CC121-10	시스템 시험 결과서	7.3참조
						CC121-20	시스템 오류 관리서	7.4참조

7.1 [CC111-10] 통합 시험 결과서

세그먼트		태스크		산출물	
CC110	통합 시험 작업	CC111	통합 시험 수행	CC111-10	통합 시험 결과서

7.1.1 통합 시험 결과서 개요

▶ 정의

통합 시험 결과서는 통합 시험 일정에 따라 시나리오 및 케이스로 통합 시험을 수행한 결과 문서이다.

통합 시험 결과서는 병렬 개발 구간의 작업을 완료하여 모든 단위 시험을 마친 상황이므로 직렬형으로 통합 시험을 수행한 결과를 반영한다.

▶ 목적

설정한 시나리오 순서대로 단위 프로그램을 수행했을 때, 생성되고 처리되는 기능과 정보가 올바르게 관리되고 동작하는지 확인하는 것이 목적이다.

통합 시험 결과서는 전체의 기능을 통합하여 진행하되, 인터페이스(interface)까지 포함한 전체적인 비즈니스 프로세스(business process)의 완전성을 검증하는 것을 주요 목적으로 한다.

▶ 고려 사항

통합 시험을 수행함에 있어 고려해야 할 사항을 다섯 가지로 정리하면 다음과 같다.

첫째, 통합 시험은 단위 업무별 또는 기능별로 개발한 프로그램과 서버 등 장비를 통합하여 업무적인 관점에서 내·외부 인터페이스까지 포함하여 시험해야 한다.

둘째, 통합 시험을 수행할 때에는 통합 시험에서 수행하고자 하는 시험의 유형과 시험 범위를 결정해야 한다.

셋째, 시험을 수행하는 환경, 절차, 시나리오, 데이터의 준비 등을 포함하는 계획서에 따라 실시하고, 그 결과를 기술한다.

넷째, 통합 시험에서는 개별적으로 개발한 응용 프로그램과 장비 등을 통합하여 시스템이 오류 없이 작동하는가를 확인한다.

다섯째, 구축한 시스템의 모든 단위 프로그램을 포함한 통합 시험이 이루어져야 한다.

7.1.2 통합 시험 결과서 적용 대상 사업 및 작성 도구

▶ 사업구분

ISP 구축 사업	EA 수립 사업	시스템 개발 사업	DB 구축 사업	운영 및 유지 보수 사업	비고
		○		○	

▶ 작성 도구

MS 오피스			한컴 오피스			기타
워드	엑셀	파워포인트	한글	한셀	한쇼	
○	○		○	○		

7.1.3 통합 시험 결과서 관련 산출물

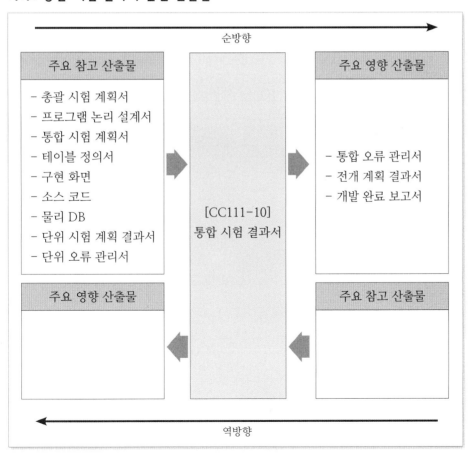

7.1.4 통합 시험 결과서 표준 서식

▶ 통합 시험 시나리오

통합 시험 ID	시험 유형	시나리오 ID	시나리오 명	시나리오 내용	비고

－ 시험 유형 : 조회, 정보 등록 등 통합 시험 시나리오에 해당하는 유형을 구분하여 입력함.

▶ 통합 시험 케이스

NO	통합 시험 ID	시나리오 ID	시나리오 명	화면 ID	화면 명	입력 값	사전 조건	예상 결과	프로그램 ID	비고

▶ 통합 시험 결과

NO	통합 시험 ID	시나리오 ID	시나리오 명	화면 ID	화면 명	프로그램 ID	통합 시험 결과				비고
							시험자	시작 일자	완료 일자	시험 결과	

〈시험결과〉
- 통　과 : 해당 프로그램이 정상적으로 동작한 경우
- 중결함 : 심각한 오류가 발생한 경우
- 경결함 : 가벼운 오류가 발생한 경우
- 편의성 : 오류는 아니지만, 사용자 관점의 편의성이 저하한 경우

7.1.5 통합 시험 결과서 주요 항목 설명

▶ 통합 시험 시나리오

작성 항목명	항목 설명	작성 구분 (필수/선택)
통합 시험 ID	통합 시험을 구분하는 숫자나 문자로 구성한 식별 체계를 기술한다.	필수
시험 유형	시나리오가 포함하고 있는 유형을 모두 입력한다.	필수
시나리오 ID	시나리오를 구분하는 숫자나 문자로 구성한 식별 체계를 기술한다.	선택
시나리오 명	통합 시험의 시나리오 내용을 축약해서 명칭을 기술한다.	필수
시나리오 내용	통합 시험 시나리오 내용을 구체적으로 기술한다.	필수
비고	통합 시험 시나리오와 관련이 있는 특기 사항을 기술한다.	선택

▶ 통합 시험 케이스

작성 항목명	항목 설명	작성 구분 (필수/선택)
NO	일련 번호를 작성한다.	필수
통합 시험 ID	통합 시험을 구분하는 숫자나 문자로 구성한 식별 체계를 기술한다.	필수
시나리오 ID	시나리오를 구분하는 숫자나 문자로 구성한 식별 체계를 기술한다.	필수
시나리오 명	통합 시험의 시나리오 내용을 축약해서 명칭을 기술한다.	필수
화면 ID	통합 시험 대상이 되는 화면의 ID를 기술한다.	필수
화면 명	통합 시험 대상이 되는 화면의 명칭을 입력한다.	선택
입력 값	통합 시험을 진행하기 위하여 입력하는 시험 데이터 값을 입력한다. 만일, 입력 값이 없다면 정보를 입력하지 않는다.	필수

[CC100] 시험 단계 표준 07

작성 항목명	항목 설명	작성 구분 (필수/선택)
사전 조건	자료를 삭제하기 전에 먼저 입력이 필요한 경우 등 통합 시험을 수행하기 전에 필요한 선행 내용을 기술한다.	필수
예상 결과	통합 시험 수행 시에 예상되는 결과를 정상과 비정상의 경우로 구분하여 입력한다.	필수
프로그램 ID	통합 시험과 연관된 프로그램 ID를 입력한다.	필수
비고	통합 시험 케이스와 관련이 있는 특기 사항을 기술한다.	선택

▶ 통합 시험 결과

작성 항목명		항목 설명	작성 구분 (필수/선택)
NO		일련 번호를 작성한다.	필수
통합 시험 ID		통합 시험을 구분하는 숫자나 문자로 구성한 식별 체계를 입력한다.	필수
시나리오 ID		시나리오를 구분하는 숫자나 문자로 구성한 식별 체계를 입력한다.	선택
시나리오 명		통합 시험의 시나리오 내용을 축약해서 명칭을 기술한다.	필수
화면 ID		통합 시험 대상이 되는 화면의 ID를 입력한다.	필수
화면 명		통합 시험 대상이 되는 화면의 명칭을 입력한다.	선택
프로그램 ID		통합 시험과 연관된 프로그램 ID를 입력한다.	필수
통합 시험 결과	시험자	통합 시험을 수행한 사람의 이름을 입력한다.	필수
	시작 일자	통합 시험을 시작한 날짜를 입력한다.	필수
	완료 일자	통합 시험을 완료한 날짜를 입력한다.	필수
	시험 결과	통합 시험 결과(통과, 중결함, 경결함, 편의성 등)를 입력한다.	필수
비고		통합 시험 결과와 관련이 있는 특기 사항을 기술한다.	선택

7.1.6 통합 시험 결과서 주요 ID 체계

통합 시험 결과서에서 사용하는 통합 시험 ID, 시나리오 ID, 화면 ID, 프로그램 ID에
대한 ID 체계 예시는 아래와 같다. 사업의 특성에 맞추어 ID 체계를 변경하거나 새롭게
정의할 수 있다.

▶ 통합 시험 ID 체계 정의 예시

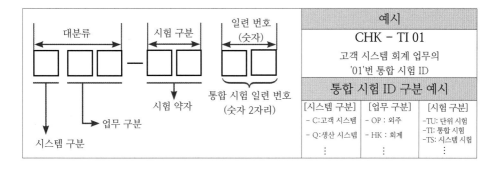

▶ 시나리오 ID 체계 정의 예시

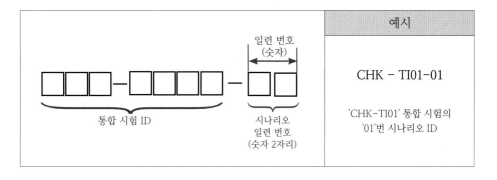

▶ 화면 ID 체계 정의 예시

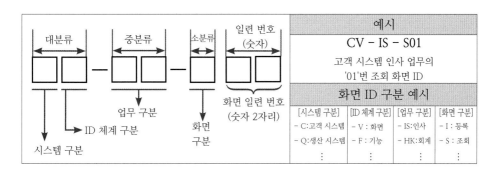

[CC100] 시험 단계 표준　07

▶ 프로그램 ID 체계 정의 예시

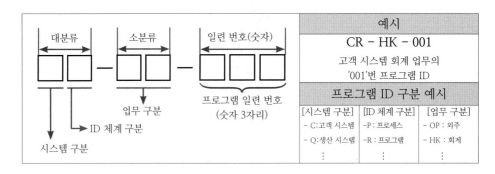

7.2 [CC111-20] 통합 오류 관리서

세그먼트		태스크		산출물	
CC110	통합 시험 작업	CC111	통합 시험 수행	CC111-20	통합 오류 관리서

7.2.1 통합 오류 관리서 개요

▶ 정의

통합 오류 관리서는 통합 시험에서 발생한 오류를 처리하기 위한 관리 문서이다.

통합 시험 결과서가 주로 통합 시험의 결과를 중심으로 대응하는데 비해, 통합 오류 관리서는 통합 시험의 과정에서 어떠한 유형의 오류를 언제, 누가 발견하였으며, 언제, 누가 어떻게 조치하였는가와 같은 세부적인 오류 대응 사항에 대한 관리를 하는 문서이다.

▶ 목적

통합 시험에서 발생한 오류를 빠짐없이 처리할 수 있도록 관리하여 프로그램의 품질을 높이는 것이 목적이다.

K-Method에서도 기존 방법론에서의 통합 시험(integration test)과 유사하게 특정 일정을 정하여 통합 시험을 진행한다. 그 과정에서 오류를 식별하고 해결해나가는 과정을 관리하는 것을 목적으로 한다.

▶ 고려 사항

통합 시험의 오류를 관리함에 있어서 고려해야 할 사항을 네 가지로 정리하면 다음과 같다.

첫째, 통합 시험의 오류는 주로 비즈니스 프로세스와 내·외부 인터페이스 오류를 중심으로 시험 과정에서 지속적으로 검출하여 등록하는 것이 중요하다.

둘째, 통합 시험의 오류를 관리함에 있어서는 진행중인 사항과 완료한 사항을 명확하게 구분하여 관리하는 것이 중요하다.

셋째, 자주 발생하는 동일한 오류는 원인을 분석하여 일괄적으로 해결하는 방법을 찾는 것이 바람직하다.

넷째, 통합 시험의 오류가 너무 많이 발생한다면, 단위 프로그램의 품질을 일정 수준 이상으로 확보하지 못한 것이라고 볼 수 있다. 이 경우에는 통합 시험을 중단하고 단위 시험을 다시 수행하는 것이 바람직하다.

7.2.2 통합 오류 관리서 적용 대상 사업 및 작성 도구

▶ 사업구분

ISP 구축 사업	EA 수립 사업	시스템 개발 사업	DB 구축 사업	운영 및 유지 보수 사업	비고
		○		○	

▶ 작성 도구

MS 오피스			한컴 오피스			기타
워드	엑셀	파워포인트	한글	한셀	한쇼	
○	○		○	○		

7.2.3 통합 오류 관리서 관련 산출물

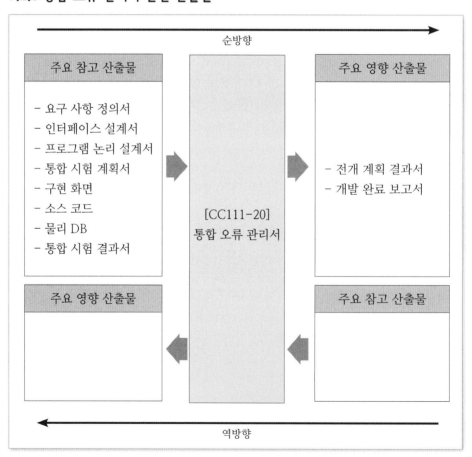

7.2.4 통합 오류 관리서 표준 서식

▶ 통합오류 관리서

NO	통합 시험 오류 정보						발견 정보		오류 수정 정보			조치 확인 정보			비고
	오류 구분	통합 시험 ID	시나 리오 ID	통합 시험 오류 ID	오류 명	오류 내용	발견 일자	발견 자	조치 일자	조치 자	수정 내용	확인 일자	확인 자	조치 구분	

〈오류 구분〉
- 중결함 : 심각한 오류가 발생한 경우
- 경결함 : 가벼운 오류가 발생한 경우
- 편의성 : 오류는 아니지만, 사용자 관점의 편의성이 저하한 경우

〈조치 구분〉
- 완료 : 해당 오류를 개선한 경우
- 보류 : 다른 여러가지 요인으로 오류에 대한 진행을 멈춘 경우
- 진행 중 : 해당 오류를 개선 중인 경우

[CC100] 시험 단계 표준 07

7.2.5 통합 오류 관리서 주요 항목 설명

▶ 통합오류 관리서

작성 항목명		항목 설명	작성 구분 (필수/선택)
NO		일련 번호를 작성한다.	필수
통합 시험 오류 정보	오류 구분	통합 시험에서 발생한 오류의 구분(중결함, 경결함, 편의성 등)을 입력한다.	필수
	통합 시험 ID	통합 시험을 구분하는 숫자나 문자로 구성한 식별 체계를 입력한다.	필수
	시나리오 ID	시나리오를 구분하는 숫자나 문자로 구성한 식별 체계를 입력한다.	선택
	통합 시험 오류 ID	해당 통합 시험에서 발생한 오류를 구분하는 숫자나 문자로 구성한 식별 체계를 입력한다.	필수
	오류 명	통합 시험에서 발생한 오류에 대한 명칭을 기술한다.	필수
	오류 내용	통합 시험에서 발생한 오류의 상세 내용을 기술한다.	필수
발견 정보	발견 일자	통합 시험을 수행하여 오류를 확인한 날짜를 입력한다.	필수
	발견자	통합 시험을 수행하여 오류를 확인한 사람의 이름을 입력한다.	필수
오류 수정 정보	조치 일자	통합 시험에서 발생한 오류를 수정한 날짜를 입력한다.	필수
	조치자	통합 시험에서 발생한 오류를 수정한 사람의 이름을 입력한다.	필수
	수정 내용	통합 시험 오류의 개선 내용을 자세하게 기술한다.	필수
조치 확인 정보	확인 일자	통합 시험 오류 개선 내용을 확인한 날짜를 입력한다.	필수
	확인자	통합 시험 오류 개선 내용을 확인한 사람의 이름을 입력한다.	필수
	조치 구분	통합 시험 오류에 대한 진행(완료, 보류, 진행 중 등) 상태를 입력한다.	필수
비고		통합 시험 오류와 관련이 있는 특기 사항을 기술한다	선택

7.2.6 통합 오류 관리서 주요 ID 체계

통합 오류 관리서에서 사용하는 통합 시험 ID, 시나리오 ID, 통합 시험 오류 ID에 대한 ID 체계 예시는 아래와 같다. 사업의 특성에 맞추어 ID 체계를 변경하거나 새롭게 정의할 수 있다.

▶ **통합 시험 ID 체계 정의 예시**

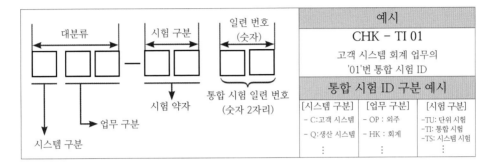

▶ **시나리오 ID 체계 정의 예시**

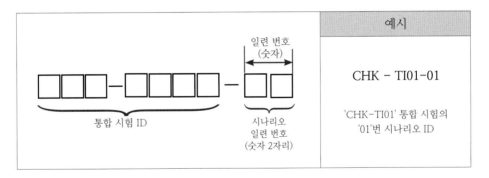

▶ **통합 시험 오류 ID 체계 정의 예시**

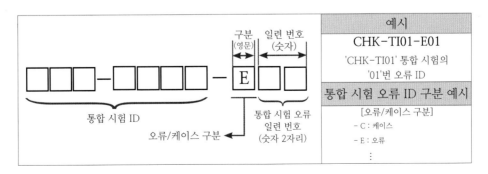

7.3 [CC121-10] 시스템 시험 결과서

세그먼트		태스크		산출물	
CC120	시스템 시험 작업	CC121	시스템 시험 수행	CC121-10	시스템 시험 결과서

7.3.1 시스템 시험 결과서 개요

▶ 정의

　시스템 시험 결과서는 비기능 요구사항에 대해 시스템 시험 일정에 따라 시나리오로 시스템 시험을 수행한 결과 문서이다.

　비기능 요구 사항은 다양한 형태로 나타난다. 프로그램 기능으로 나타나는 이외의 모든 것을 비기능 요구 사항으로 취급할 수 있다.

▶ 목적

　시스템 시험 결과서는 비기능 요건을 시험한 결과를 기술하는 것이 목적이다.

　시스템 시험 계획에서 정의한 시험 범위를 요구 조건에 따라 시험하였을 때, 요구 조건을 충족하는지 확인하는 것이 목적이다.

　시스템 시험 활동을 효과적으로 수행할 수 있도록 시스템 시험을 위한 일정, 범위, 유형, 방법, 품질 기준 등을 사전에 정의하여 계획한 것을 바탕으로 시스템 시험을 수행한다.

▶ 고려 사항

　시스템 시험 결과서를 작성할 때 고려해야 할 사항을 다섯 가지로 정리하면 다음과 같다.

　첫째, 시스템 시험 결과서는 전체 시스템의 안정성과 보안성을 포함한 비기능 요건을 검증한 결과를 기술하여야 한다.

　둘째, 성능 시험 부분의 경우 적정한 성능 목표치의 달성 여부를 기술해야 한다.

　셋째, 성능 시험 부분은 성능을 검증할 수 있도록 선정한 성능 시험 항목 계획에 의거하여 성능 시험을 실시하고 그에 따른 결과를 기술하여야 한다.

　넷째, 시스템간 연계 시험의 결과를 기술해야 한다.

　다섯째, 시스템 시험은 보안, 접근성 및 표준, 성능 등 전체 유형의 시험을 수행하고 결과를 기술한다. 특히, 시스템 시험 계획 단계에서 정의한 모든 시험 시나리오 시험 케이스를 반영하였는지 확인해야 한다.

7.3.2 시스템 시험 결과서 적용 대상 사업 및 작성 도구

▶ 사업구분

ISP 구축 사업	EA 수립 사업	시스템 개발 사업	DB 구축 사업	운영 및 유지 보수 사업	비고
	○	○		○	

▶ 작성 도구

MS 오피스			한컴 오피스			기타
워드	엑셀	파워포인트	한글	한셀	한쇼	
○	○		○	○		

7.3.3 시스템 시험 결과서 관련 산출물

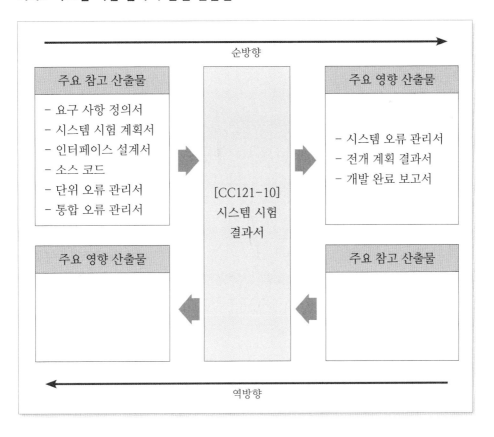

7.3.4 시스템 시험 결과서 표준 서식

▶ 시스템 시험 시나리오

요구 사항 ID	시스템 시험 ID	시험 유형	시나리오 ID	시나리오 명	시험 절차	시험 방법	비고

   - 시험 유형 : 응답 속도, 웹 표준, 시큐어코딩 등 시스템 시험 시나리오에 해당하는 유형을
           구분하여 입력

▶ 시스템 시험 결과

NO	요구 사항 ID	시스템 시험 ID	시험 유형	시나리오 ID	시나리오 명	시험 절차	시스템 시험 결과					비고
							시험자	시작 일자	완료 일자	시험 결과	근거 문서	

〈시험결과〉
- 통　과 : 해당 프로그램이 정상적으로 동작한 경우
- 중결함 : 심각한 오류가 발생한 경우
- 경결함 : 가벼운 오류가 발생한 경우
- 편의성 : 오류는 아니지만, 사용자 관점의 편의성이 저하한 경우

※'시험 결과' 구분은 사업의 특성에 맞추어 추가 및 변경이 가능함

7.3.5 시스템 시험 결과서 주요 항목 설명

▶ 시스템 시험 시나리오

작성 항목명	항목 설명	작성 구분 (필수/선택)
요구 사항 ID	시스템 시험 대상이 되는 요구사항의 ID를 입력한다.	필수
시스템 시험 ID	시스템 시험을 구분하는 숫자나 문자로 구성한 식별 체계를 입력한다.	필수
시험 유형	보안, 성능, 표준화, 볼륨 등 시스템 시험의 유형을 입력한다.	필수
시나리오 ID	시스템 시험의 시나리오를 구분하는 숫자나 문자로 구성한 식별 체계를 입력한다.	필수
시나리오 명	시스템 시험의 시나리오 내용을 축약해서 명칭을 기술한다.	필수
시험 절차	시스템 시나리오별로 시험을 진행하는 절차를 기술한다.	필수
시험 방법	시스템 시나리오별로 자세한 시험 방법을 기술한다.	필수
비고	시스템 시험 시나리오와 관련이 있는 특기 사항을 기술한다.	선택

▶ 시스템 시험 결과

작성 항목명	항목 설명	작성 구분 (필수/선택)
NO	일련 번호를 작성한다.	필수
요구 사항 ID	시스템 시험 대상이 되는 요구사항의 ID를 입력한다.	필수
시스템 시험 ID	시스템 시험을 구분하는 숫자나 문자로 구성한 식별 체계를 입력한다.	필수
시험 유형	보안, 성능, 표준화, 볼륨 등 시스템 시험의 유형을 입력한다.	필수

작성 항목명		항목 설명	작성 구분 (필수/선택)
시나리오 ID		시스템 시험의 시나리오를 구분하는 숫자나 문자로 구성한 식별 체계를 입력한다.	선택
시나리오 명		시스템 시험의 시나리오 내용을 축약해서 명칭을 기술한다.	필수
시험 절차		시스템 시나리오별로 시험을 진행하는 절차를 기술한다.	필수
시스템 시험 결과	시험자	시스템 시험을 담당하는 사람의 이름을 입력한다.	필수
	시작 일자	시스템 시험을 시작한 날짜를 입력한다.	필수
	완료 일자	시스템 시험을 완료한 날짜를 입력한다.	필수
	시험 결과	시스템 시험 결과(통과, 중결함, 경결함, 편의성)를 입력한다.	필수
	근거 문서	시스템 시험 결과에 대한 근거 문서를 입력한다.	선택
비고		시스템 시험 결과와 관련이 있는 특기 사항을 기술한다.	선택

7.3.6 시스템 시험 결과서 주요 ID 체계

시스템 시험 결과서에서 사용하는 요구 사항 ID, 시스템 시험 ID, 시스템 시험 시나리오 ID에 대한 ID 체계 예시는 아래와 같다. 사업의 특성에 맞추어 ID 체계를 변경하거나 새롭게 정의할 수 있다.

▶ 요구 사항 ID 체계 정의 예시

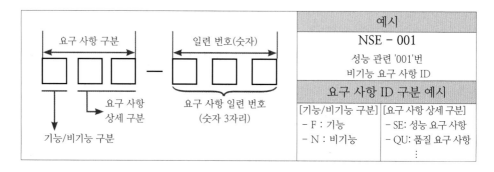

▶ 시스템 시험 ID 체계 정의 예시

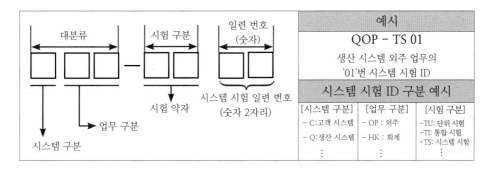

▶ 시나리오 ID 체계 정의 예시

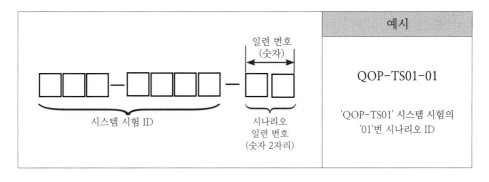

7.4 [CC121-20] 시스템 오류 관리서

세그먼트		태스크		산출물	
CC120	시스템 시험 작업	CC121	시스템 시험 수행	CC121-20	시스템 오류 관리서

7.4.1 시스템 오류 관리서 개요

▶ 정의

시스템 오류 관리서는 시스템 시험에서 발생한 오류를 처리하기 위한 관리 문서이다.

시스템 시험 결과서가 주로 시스템 시험의 결과를 중심으로 대응하는데 비해, 시스템 오류 관리서는 시스템 시험의 과정에서 어떠한 유형의 오류를 언제, 누가 발견하였으며, 언제, 누가 어떻게 조치하였는가와 같은 세부적인 오류 대응 사항을 관리하는 문서이다.

▶ 목적

시스템 시험에서 요구 기준에 미달하는 항목이 요구 기준안에 포함되도록 개선하여 비기능 요구 사항의 이행 여부를 확인하는 것이 목적이다.

K-Method에서도 기존 방법론에서의 시스템 시험(system test)과 유사하게 특정 일정을 정하여 시스템 시험을 진행한다. 그 과정에서 오류를 식별하고 해결해나가는 과정을 관리하는 것을 목적으로 한다.

▶ 고려 사항

시스템 시험의 오류를 관리함에 있어서 고려해야 할 사항을 네 가지로 정리하면 다음과 같다.

첫째, 시스템 시험 오류는 성능, 보안, 표준 등과 같은 비기능 오류를 중심으로 시험 과정에서 검출하여 등록하는 것이다.

둘째, 시스템 시험의 오류를 관리함에 있어서 진행중인 사항과 완료한 사항을 명확하게 구분하여 관리하는 것이 중요하다.

셋째, 자주 발생하는 동일한 오류는 원인을 분석하여 일괄적으로 해결하는 방법을 찾는 것이 바람직하다.

넷째, HW나 SW의 추가적인 도입 등 사업 기간 안에 해결할 수 없는 부분은 주관 기관과 반드시 협의하여 해결 방안을 도출해야 한다. 합의한 사항에 대해서는 상호 서명이 필요하다.

7.4.2 시스템 오류 관리서 적용 대상 사업 및 작성 도구

▶ 사업구분

ISP 구축 사업	EA 수립 사업	시스템 개발 사업	DB 구축 사업	운영 및 유지 보수 사업	비고
	○	○		○	

▶ 작성 도구

MS 오피스			한컴 오피스			기타
워드	엑셀	파워포인트	한글	한셀	한쇼	
○	○		○	○		

7.4.3 시스템 오류 관리서 관련 산출물

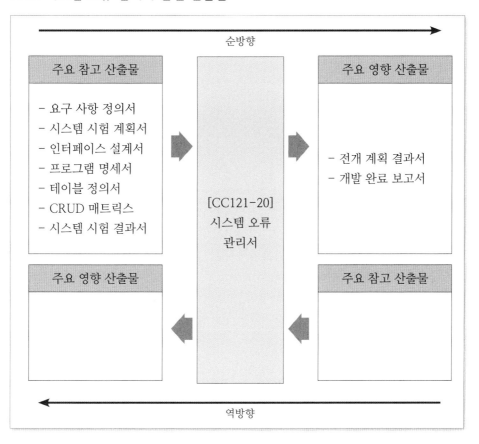

7.4.4 시스템 오류 관리서 표준 서식

▶ 시스템 오류 관리서

N O	시스템 시험 오류 정보						발견 정보		오류 수정 정보			조치 확인 정보			비고
	오류 구분	시스템 시험 ID	시나 리오 ID	시스템 시험 오류 ID	오류 명	오류 내용	발견 일자	발견 자	조치 일자	조치 자	수정 내용	확인 일자	확인 자	조치 구분	

〈오류 구분〉
 - 중결함 : 심각한 오류가 발생한 경우
 - 경결함 : 가벼운 오류가 발생한 경우
 - 편의성 : 오류는 아니지만, 사용자 관점의 편의성이 저하한 경우

〈조치 구분〉
 - 완료 : 해당 오류를 개선한 경우
 - 보류 : 다른 여러가지 요인으로 오류에 대한 진행을 멈춘 경우
 - 진행 중 : 해당 오류를 개선 중인 경우

7.4.5 시스템 오류 관리서 주요 항목 설명

▶ 시스템 오류 관리서

작성 항목명		항목 설명	작성 구분 (필수/선택)
NO		일련 번호를 작성한다.	필수
시스템 시험 오류 정보	오류 구분	시스템 시험으로 발생한 오류를 유형의 구분해서 입력한다.(중결함, 경결함, 편의성 등)	필수
	시스템 시험 ID	시스템 시험을 구분하는 숫자나 문자로 구성한 식별 체계를 입력한다.	필수
	시나리오 ID	시스템 시험의 시나리오를 구분하는 숫자나 문자로 구성한 식별 체계를 입력한다.	선택
	시스템 시험 오류 ID	해당 시스템 시험에서 발생한 오류를 구분하는 숫자나 문자로 구성한 식별 체계를 입력한다.	필수
	오류 명	시스템 시험 오류의 명칭을 입력한다.	필수
	오류 내용	시스템 시험 오류의 상세한 내용을 기술한다.	필수
발견 정보	발견 일자	시스템 오류를 발견한 날짜를 입력한다.	필수
	발견자	시스템 오류를 발견한 사람의 이름을 입력한다.	필수
오류 수정 정보	조치 일자	시스템 오류를 개선 완료한 날짜를 입력한다.	필수
	조치자	시스템 오류를 개선한 사람의 이름을 입력한다.	필수
	수정 내용	시스템 오류 개선 내용을 자세하게 기술한다.	필수
조치 확인 정보	확인 일자	시스템 오류에 대한 개선 결과를 확인한 날짜를 입력한다.	필수
	확인자	시스템 오류에 대한 개선 결과를 확인한 사람의 이름을 입력한다.	필수
	조치 구분	시스템 시험 오류에 대한 진행(완료, 보류, 진행 중 등) 상태를 입력한다.	필수
비고		시스템 시험 오류와 관련이 있는 특기 사항을 기술한다.	선택

[CC100] 시험 단계 표준

07

7.4.6 시스템 오류 관리서 주요 ID 체계

시스템 오류 관리서에서 사용하는 시스템 시험 ID, 시스템 시험 시나리오 ID, 시스템 시험 오류 ID에 대한 ID 체계 예시는 아래와 같다. 사업의 특성에 맞추어 ID 체계를 변경하거나 새롭게 정의할 수 있다.

▶ 시스템 시험 ID 체계 정의 예시

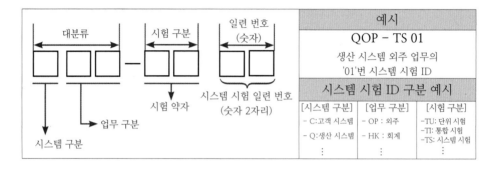

▶ 시나리오 ID 체계 정의 예시

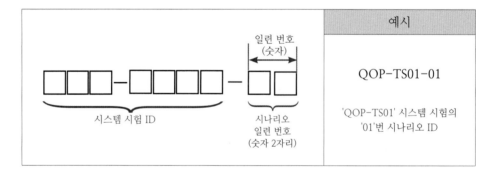

▶ 시스템 시험 오류 ID 체계 정의 예시

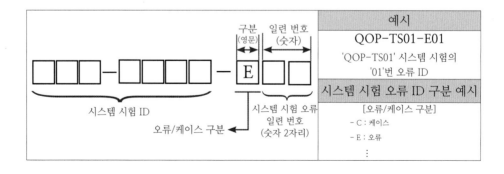

제 8 장

[CC200] 전개 단계 표준

8. [CC200] 전개 단계 표준

단계		세그먼트		작업		산출물		비고
CC200	전개 단계	CC210	기본 전개 작업	CC211	전개수행	CC211-10	전개 계획 결과서	8.1참조
						CC211-20	데이터 구축 결과서	8.2참조
				CC212	매뉴얼 작성	CC212-10	사용자 매뉴얼	8.3참조
						CC212-20	운영자 매뉴얼	8.4참조
				CC213	유지 보수 준비	CC213-10	유지 보수 계획서	8.5참조
		CC220	인도 작업	CC221	교육 수행	CC221-10	교육 계획 결과서	8.6참조
				CC222	지적 재산권 대응	CC222-10	지적 재산권 검토서	8.7참조
				CC223	인도 수행	CC223-10	개발 완료 보고서	8.8참조

8.1 [CC211-10] 전개 계획 결과서

세그먼트		태스크		산출물	
CC210	기본 전개 작업	CC211	전개 수행	CC211-10	전개 계획 결과서

8.1.1 전개 계획 결과서 개요

▶ 정의

　전개 계획 결과서는 구축 SW 시스템을 개발 환경에서 운영 환경으로 이관하기 위한 계획 수립과 수립한 계획에 따른 이행 결과 문서이다.

　기존의 방법론에서는 전개 계획서와 전개 결과서를 분리하여 작성하는 것이 일반적이었으나, K-Method에서는 전계 계획 결과서 하나로 작성한다.

▶ 목적

　서비스 중단을 최소화하면서 개발 환경에서 운영 환경으로 시스템 이관을 안정적으로 완료하기 위한 계획을 수립하고, 계획에 따른 결과를 관리하는 것이 목적이다.

　시스템 전개를 위한 활동 계획을 준비 차원에서 철저히 수립하고, 이를 기반으로 실제적인 전개를 수행한 결과를 작성한다. 기반 시스템 설치, 응용 시스템 설치, DBMS 설치 및 데이터 전환은 물론 정보 기반의 종합적인 점검을 수행한 결과를 기술한다. 여기에는 기존 시스템의 회귀 테스트와 전개 오류에 대한 대응 결과도 포함해야 한다.

▶ 고려 사항

　전개 계획 결과서를 작성함에 있어 고려해야 할 사항을 세 가지로 정리하면 다음과 같다.

　첫째, 전개를 수행할 때에는 언제나 비상 상황에 대한 신속하고 철저한 대응이 중요하다. 이를 위해 비상 연락망을 근거로 하는 긴밀한 협업 활동을 해야 한다.

　둘째, 개발 시스템을 운영 환경으로 이관 시, 심각한 문제 발생으로 중단을 초래하는 경우에 대비하여, 필요시에는 다시 기존 시스템으로 회귀할 수 있는 방안을 마련해 놓아야 한다.

　셋째, 전개를 보다 체계적으로 수행할 수 있도록 형식적인 추진 조직이 아닌 실무형으로 구성해야 한다. 이를 기반으로, 전개 담당자의 역할과 책임을 명확하게 한 후, 일사분란하게 전개를 수행할 수 있도록 해야 한다.

8.1.2 전개 계획 결과서 적용 대상 사업 및 작성 도구

▶ 사업구분

ISP 구축 사업	EA 수립 사업	시스템 개발 사업	DB 구축 사업	운영 및 유지 보수 사업	비고
	○	○	○	○	

▶ 작성 도구

MS 오피스			한컴 오피스			기타
워드	엑셀	파워 포인트	한글	한셀	한쇼	
○			○			

8.1.3 전개 계획 결과서 관련 산출물

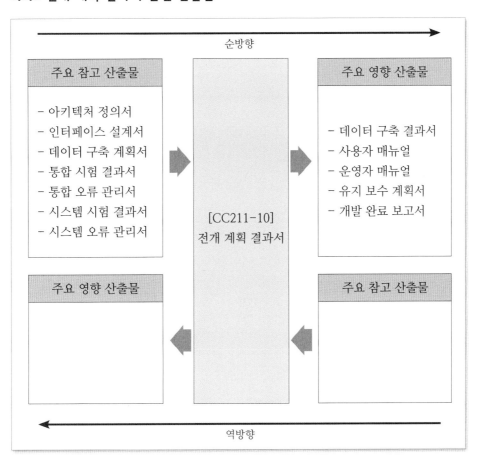

8.1.4 전개 계획 결과서 표준 서식

▶ 전개 계획 목차

1. 개요
 1.1 전개 정의
 1.2 전개 대상

2. 세부 전개 내역
 2.1 시스템 변경 내역
 2.2 데이터베이스 변경 내역
 2.3 응용 프로그램 변경 내역

3. 운영 환경 구성 내역

4. 추진 방안
 4.1 추진 조직 구성
 4.2 추진 조직별 역할
 4.3 전개 항목별 담당자 및 비상 연락 망
 4.4 각 항목별 추진 일정
 4.5 전개 관리

5. 고려 사항

▶ 전개 결과 목차

1. 개요
 1.1 전개 일시
 1.2 전개 참여 인원
 1.3 전개 내용

2. 전개 결과
 2.1 기반 시스템 설치 점검 결과
 2.2 응용 시스템 설치 점검 결과
 2.3 DBMS 설치 및 데이터 전환 점검 결과
 2.4 정보 기반 종합 점검 결과

3. 기존 시스템 회귀 테스트

4. 전개 오류 조치 계획
 4.1 조치 대상
 4.2 조치 일정
 4.3 조치 방안

8.1.5 전개 계획 결과서 주요 항목 설명

▶ 전개 계획 목차

목차 구분		항목 설명
대분류	소분류	
1. 개요	1.1 전개 정의	본 사업의 전개에 대한 정의를 기술한다.
	1.2 전개 대상	전개 대상 목표 시스템을 도식화하여 기술한다.
2. 세부 전개 내역	2.1 시스템 변경 내역	전개 환경 구축을 위한 시스템, 서버별 준비 작업, 변경 사항과 응용, DB서버, 시스템 서비스 포트 등을 기술한다.
	2.2 데이터베이스 변경 내역	테이블 설계 변경 내역, DB 패키지 변경 내역, 코드 데이터 변경 내역, 데이터 변경 내역, SQL 튜닝 수행 목록 등을 기술한다.
	2.3 응용 프로그램 변경 내역	전개 시 반영할 프로그램을 시스템별로 구분하여 기술하고, 전개를 위한 응용 프로그램 반영 절차 및 절차별 작업 내용, 담당자를 기술한다.
3. 운영 환경 구성 내역		본 사업 결과 구축한 시스템의 운영 환경 구성 내역을 상세하게 기술한다.
4. 추진 방안	4.1 추진 조직 구성	전개 추진 조직을 도식화 하여 나타낸다.
	4.2 추진 조직별 역할	전개 추진 조직별 전개 작업 담당자, 역할 등을 기술한다.
	4.3 전개 항목별 담당자 및 비상 연락 망	전개 항목별 담당자와 연락처를 기술한다.
	4.4 각 항목별 추진 일정	전개 항목별 세부 추진일정을 기술한다.
	4.5 전개 관리	접근통제, 비상 대책, 백업 및 복구, 상황실 운영, 개발팀 준수 사항 등을 기술한다.
5. 고려 사항		전개 수행 시 연계시스템 영향도 등 고려해야 할 사항을 기술한다.

[CC200] 전개 단계 표준　80

▶ 전개 결과 목차

목차 구분		항목 설명
대분류	소분류	
1. 개요	1.1 전개 일시	전개 수행 시작일과 종료일을 기술한다.
	1.2 전개 참여 인원	전개에 참여하는 인력의 소속, 이름 등을 작성한다.
	1.3 전개 내용	구체적인 전개 내용을 기술한다.
2. 전개 결과	2.1 기반 시스템 설치 점검 결과	기반 시스템 설치와 관련하여 점검 결과를 기술한다.
	2.2 응용 시스템 설치 점검 결과	응용 시스템 설치와 관련하여 점검 결과를 기술한다.
	2.3 DBMS 설치 및 데이터 전환 점검 결과	DBMS 설치 및 데이터 전환과 관련하여 점검 결과를 기술한다.
	2.4 정보 기반 종합 점검 결과	정보 기반 관련 점검 결과를 기술한다.
3. 기존 시스템 회귀 테스트		전개 작업 완료 후 연계 시스템 등 영향을 받는 시스템에 대한 회귀 테스트를 수행하고 점검 내용과 점검 결과를 기술한다.
4. 전개 오류 조치 계획	4.1 조치 대상	전개 수행 시 발생한 오류 내용을 기술한다.
	4.2 조치 일정	조치 일정을 기술한다.
	4.3 조치 방안	발생한 오류에 대한 조치 방안을 기술한다.

8.1.6 전개 계획 결과서 주요 ID 체계

해당 사항 없음.

8.2 [CC211-20] 데이터 구축 결과서

세그먼트		태스크		산출물	
CC210	기본 전개 작업	CC211	전개 수행	CC211-20	데이터 구축 결과서

8.2.1 데이터 구축 결과서 개요

▶ 정의

데이터 구축 결과서는 데이터 구축 계획에 따라 이행한 초기 데이터 구축과 데이터 전환에 대한 수행 결과 문서이다.

신규 개발일 경우에는 초기 데이터 구축 결과만 제시하고, 고도화일 경우에는 초기 데이터 구축과 데이터 전환 결과를 모두 제시한다.

▶ 목적

데이터베이스를 사용하는 개발 프로젝트에서 초기 데이터 구축 및 데이터 전환 결과를 작성하는 것을 목적으로 한다.

초기 데이터 구축의 경우에는 구축 자료량, 데이터 검증 방법, 데이터 검증 쿼리, 데이터 검증 결과 등을 제시한다.

데이터 전환의 경우에는 전환 대상, 전환 방법, 건수 검증 쿼리, 값 검증 쿼리 등을 제시한다.

▶ 고려 사항

데이터 구축 결과서 작성 시 고려 사항을 다섯 가지로 정리하면 다음과 같다.

첫째, 초기 데이터 구축 시 특별한 검증이 필요없는 경우가 있다. 이 경우에는 검증 난에 '특별한 검증 필요 없음'이라고 기술한다.

둘째, 초기 데이터 구축 결과를 작성할때에는 구축 테이블 명, 구축 자료량, 데이터 검증 방법, 데이터 검증 쿼리, 데이터 검증 결과를 포함시킨다.

셋째, 기존 데이터 전환의 경우 운영 서버에 직접 반영하는 형태는 위험하다. 가능한 개발 서버 등에서 예비 전환을 통해 검증을 한 후 실제 전환에 돌입할 필요가 있다.

넷째, 기존 데이터 전환 시에는 건수 검증과 값의 검증의 양면적인 측면에서의 검증이 이루어져야 한다.

다섯째, 전환 과정에서 문제 발생 시, 롤백(rollback) 및 비상 대응 시나리오에 따른 체계적인 위험 대응이 중요하다.

[CC200] 전개 단계 표준

08

8.2.2 데이터 구축 결과서 적용 대상 사업 및 작성 도구

▶ 사업구분

ISP 구축 사업	EA 수립 사업	시스템 개발 사업	DB 구축 사업	운영 및 유지 보수 사업	비고
		○	○	○	

▶ 작성 도구

MS 오피스			한컴 오피스			기타
워드	엑셀	파워포인트	한글	한셀	한쇼	
○	○		○	○		

8.2.3 데이터 구축 결과서 관련 산출물

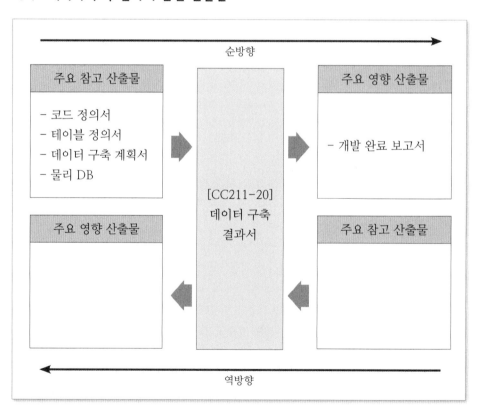

8.2.4 데이터 구축 결과서 표준 서식

▶ 초기 데이터 구축 결과

영역	구축 테이블 명	구축 자료량(건)	데이터 검증 방법	데이터 검증 쿼리	데이터 검증 결과	비고

▶ 데이터 전환 결과

구분	전환 대상(from)		전환 방법	전환 대상(to)	건수 검증 쿼리	값 검증 쿼리	비고
	테이블 명	엔티티 명		테이블 명			

▶ 데이터 구축 일정 결과

데이터 구축 작업 구분	데이터 구축 기간	담당자	비고

8.2.5 데이터 구축 결과서 주요 항목 설명

▶ 초기 데이터 구축 결과

작성 항목 명	항목 설명	작성 구분 (필수/선택)
영역	데이터 구축 영역 구분을 기술한다.	필수
구축 테이블 명	데이터 구축 테이블의 물리 테이블 ID를 기술한다.	필수
구축 자료량(건)	데이터 구축 자료량을 건수로 입력한다.	필수
데이터 검증 방법	초기 데이터 구축 과정에서의 검증 방법을 기술한다. (예 : 초기 데이터 구축 담당자가 엑셀로 작성한 초기 데이터 파일을 참조하여 데이터를 직접 검토)	필수
데이터 검증 쿼리	초기 데이터 구축을 정확하게 완료하였는지 확인하기 위한 데이터 검증 쿼리를 기술한다.	선택
데이터 검증 결과	데이터 검증 쿼리를 통하여 검증한 초기 데이터에 대한 구축 결과를 입력한다. 만일 데이터 검증 쿼리 작성이 어렵다면, 엑셀 등의 도구를 사용하여 구축한 초기 데이터를 검증하고 결과를 입력한다.	필수
비고	초기 데이터 구축 결과와 관련이 있는 특기 사항을 기술한다.	선택

▶ 데이터 전환 결과

작성 항목명		항목 설명	작성 구분 (필수/선택)
구분		데이터 속성(기초 데이터, 공통 코드 등)을 구분하여 입력한다.	필수
전환 대상 (from)	테이블 명	전환하려는 데이터를 저장하고 있는 테이블의 ID(물리 명)를 입력한다. 전환 대상이 엑셀, 텍스트 등의 문서에 저장되어 있을 경우에는 파일명을 입력한다.	필수

작성 항목명		항목 설명	작성 구분 (필수/선택)
전환 대상 (from)	엔티티 명	전환하려는 데이터를 저장하고 있는 테이블 ID (물리 명) 내의 컬럼 명(ID)을 입력한다. 전환 대상이 엑셀, 텍스트 등의 경우에는 열의 대표 정보를 입력한다.	필수
전환 방법		초기 데이터의 전환 방법에 대하여 입력한다. (예 : DB => DB, DB => 엑셀 => DB)	필수
전환 대상 (to)	테이블 명	전환한 데이터가 저장되는 테이블의 ID(물리 명)를 입력한다. 전환 대상이 엑셀, 텍스트 등의 문서에 저장되어 있을 경우에는 파일명을 입력한다.	필수
건수 검증 쿼리		데이터 전환 후에 전환 대상 건수와 전환 완료 건수가 같은지 확인하기 위한 검증 쿼리를 기술한다.	필수
값 검증 쿼리		데이터 전환 후에 전환 대상 값과 전환 완료 값이 같은지 확인하기 위한 검증 쿼리를 기술한다.	선택
비고		데이터 전환 결과와 관련이 있는 특기 사항을 기술한다.	선택

▶ 데이터 구축 일정 결과

작성 항목명	항목 설명	작성 구분 (필수/선택)
데이터 구축 작업 구분	데이터 구축 준비, 데이터 구축, 검증 등의 작업 구분을 기술한다.	필수
데이터 구축 기간	각각의 작업 구분을 수행하는데 필요한 기간은 시작 일자와 종료 일자를 '-' 표시로 붙여서 기술한다.	필수
담당자	해당 작업을 행하는 담당자를 입력한다.	필수
비고	데이터 구축 일정과 관련이 있는 특기 사항을 기술한다.	선택

[CC200] 전개 단계 표준 08

317

8.2.6 데이터 구축 결과서 주요 ID 체계

데이터 구축 결과서에서 사용하는 테이블 ID, 컬럼 ID에 대한 ID 체계 예시는 아래와 같다. 사업의 특성에 맞추어 ID 체계를 변경하거나 새롭게 정의할 수 있다.

▶ 테이블 ID 체계 정의 예시

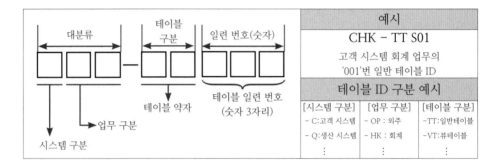

▶ 컬럼 ID 체계 정의 예시

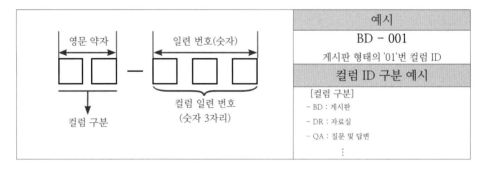

8.3 [CC212-10] 사용자 매뉴얼

세그먼트		태스크		산출물	
CC210	기본 전개 작업	CC212	매뉴얼 작성	CC212-10	사용자 매뉴얼

8.3.1 사용자 매뉴얼 개요

▶ 정의

사용자 매뉴얼은 개발을 완료한 SW 시스템을 사용하기 위한 설명 문서이다.

사용자 매뉴얼은 사용자가 소프트웨어 시스템을 이해하여 설치, 가동 및 사용 상에 있어서 불편함이 없도록 지원하는 문서이다. 이를 위해, 설치 방법, 주요 기능은 물론 상세 사용법을 제시한다.

▶ 목적

개발을 완료한 SW 시스템을 사용자가 쉽고 완전하게 사용할 수 있도록 매뉴얼을 제공하는 것이 목적이다.

사용자 매뉴얼의 가장 중요한 목적은 개발을 완료한 소프트웨어의 설치 및 사용을 해당 소프트웨어 시스템을 처음 대하는 사용자도 쉽고 체계적으로 이해하여 적용할 수 있도록 하는 것이다.

▶ 고려 사항

사용자 매뉴얼을 작성함에 있어서 고려해야 할 주요 사항을 네 가지로 정리하면 다음과 같다.

첫째, 사용자 매뉴얼의 경우 개발한 내역의 일부분만 제공하는 것은 올바르지 않다. 반드시 전체 내용을 반영하여 제시해야 한다.

둘째, 고도화 사업이라고 할지라도, 고도화한 부분만 제시해서는 안된다. 전체 매뉴얼에서 개선 부분을 반영한 후 전체 매뉴얼을 사용자에게 배포하는 것이 바람직하다.

셋째, 해당 소프트웨어 시스템의 초보자도 어려움 없이 익힐 수 있도록 시작하기, 주요 기능, 상세 사용법 등을 포함하여야 한다. 기타 필요한 내역도 사용자가 쉽고 체계적으로 익히는데 도움이 된다면 적극 반영할 필요가 있다.

넷째, 사용자 매뉴얼의 효용성을 높이려면, 사용자 매뉴얼 전반에 걸쳐, 업무 이해도를 높일 수 있는 방안이 마련되어야 한다.

8.3.2 사용자 매뉴얼 적용 대상 사업 및 작성 도구

▶ 사업구분

ISP 구축 사업	EA 수립 사업	시스템 개발 사업	DB 구축 사업	운영 및 유지 보수 사업	비고
	○	○	○	○	

▶ 작성 도구

MS 오피스			한컴 오피스			기타
워드	엑셀	파워포인트	한글	한셀	한쇼	
○		○	○		○	

8.3.3 사용자 매뉴얼 관련 산출물

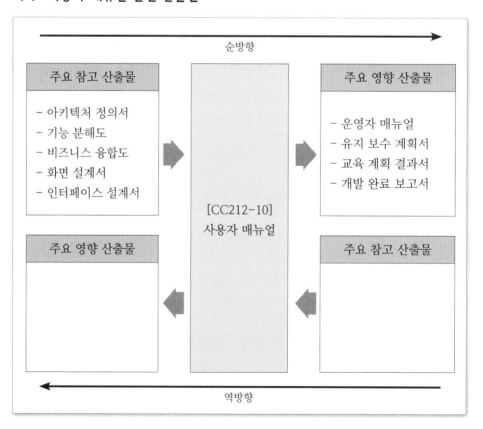

8.3.4 사용자 매뉴얼 표준 서식

▶ 표준 목차

```
1. 시작하기
  1.1 개요
  1.2 설치 및 가동

2. 주요 기능
  2.1 업무 흐름도
  2.2 업무 기능 분해도
  2.3 주요 기능 설명

3. 상세 사용법
  3.1 'ОООО' 업무
    3.1.1 업무 개요
    3.1.2 화면 및 구성 요소
    3.1.3 기능 상세 설명
    3.1.4 주의 사항
    3.1.5 오류 메시지 및 원인
  3.2 '□□□□' 업무

4. 기타
```

8.3.5 사용자 매뉴얼 주요 항목 설명

▶ 표준 목차

목차 구분		항목 설명
대분류	소분류	
1. 시작하기	1.1 개요	사용자 매뉴얼의 작성 목적과 시스템에 대한 개요를 기술한다.
	1.2 설치 및 가동	시스템의 설치 및 가동 방법을 기술한다.
2. 주요 기능	2.1 업무 흐름도	시스템으로 구축된 업무를 전체 흐름과 상세 흐름으로 구분하여 기술한다.
	2.2 업무 기능 분해도	각 업무를 기능별(메뉴, 화면 등)로 볼 수 있도록 기술한다.
	2.3 주요 기능 설명	구축한 화면에 대한 주요 기능을 기술한다.

[CC200] 전개 단계 표준 08

목차 구분		항목 설명
대분류	소분류	
3. 상세 사용법	3.1 '0000' 업무	'업무 개요'의 경우 해당 화면의 기능적 특징, 처리 업무 등을 간략하게 기술한다. '화면 및 구성 요소'의 경우 인터페이스 설계서를 참고하여 화면 및 구성 요소를 기술한다. '기능 상세 설명'의 경우 각 기능(메뉴)의 처리 내용에 대해 상세하게 기술한다. '주의 사항'의 경우 해당 화면 이용 시 주의 사항을 기술한다. '오류 메시지 및 원인'의 경우 해당 화면에서 발생하는 오류 메시지 종류와 원인을 기술한다.
4. 기타		구축 시스템을 사용할 때, 필요한 참고 사항 등 기타 내용을 입력한다.

8.3.6 사용자 매뉴얼 주요 ID 체계

해당 사항 없음.

8.4 [CC212-20] 운영자 매뉴얼

세그먼트		태스크		산출물	
CC210	기본 전개 작업	CC212	매뉴얼 작성	CC212-20	운영자 매뉴얼

8.4.1 운영자 매뉴얼 개요

▶ 정의

운영자 매뉴얼은 개발한 SW 시스템의 운영 및 유지를 위하여 작성한 설명 문서이다.

운영자 매뉴얼은 운영자가 소프트웨어 시스템을 운영 관리함에 있어서 불편함이 없도록 지원하는 문서이다. 이를 위해, 기본적인 관리부터 비상 대응 방법에 이르기까지 상세한 운영 관리 방법을 제시한다.

▶ 목적

개발을 완료한 SW 시스템을 관리자가 안정적으로 운영 및 유지할 수 있도록 매뉴얼을 제공하는 것이 목적이다.

운영자 매뉴얼의 가장 중요한 목적은 개발을 완료한 소프트웨어의 운영 관리를 해당 소프트웨어 시스템을 처음 대하는 운영자도 쉽고 체계적으로 이해하여 수행할 수 있도록 하는 것이다.

▶ 고려 사항

운영자 매뉴얼을 작성함에 있어서 고려해야 할 주요 사항을 네 가지로 정리하면 다음과 같다.

첫째, 운영자 매뉴얼의 경우 사용법 중심으로 기술하는 것은 올바르지 않다. 반드시 운영 관리에 필요한 제반 내용을 포함하여야 한다.

둘째, 기본적인 운영 관리 방법 이외에, 사용자에 대한 지원 방안, 운영 과정에서의 비상 상황 발생 시의 대처 방안 등 제반 예외 상황을 포함한 예상 상황을 지원할 수 있도록 하는 것이 중요하다.

셋째, 해당 소프트웨어 시스템을 처음 대하는 운영자도 쉽게 익힐 수 있도록, 불필요한 이론 중심에서 벗어나 실무 중심으로 기술해야 한다.

넷째, 시스템에 문제 발생 시, 신속한 문제 해결이 가능하도록 지원하는 것이 포인트다. 이를 위해 관리자가 쉽게 이해하여, 원하는 정보를 빠르게 찾을 수 있도록 구성해야 한다.

[CC200] 전개 단계 표준 08

8.4.2 운영자 매뉴얼 적용 대상 사업 및 작성 도구

▶ 사업구분

ISP 구축 사업	EA 수립 사업	시스템 개발 사업	DB 구축 사업	운영 및 유지 보수 사업	비고
	○	○	○	○	

▶ 작성 도구

MS 오피스			한컴 오피스			기타
워드	엑셀	파워포인트	한글	한셀	한쇼	
○		○	○		○	

8.4.3 운영자 매뉴얼 관련 산출물

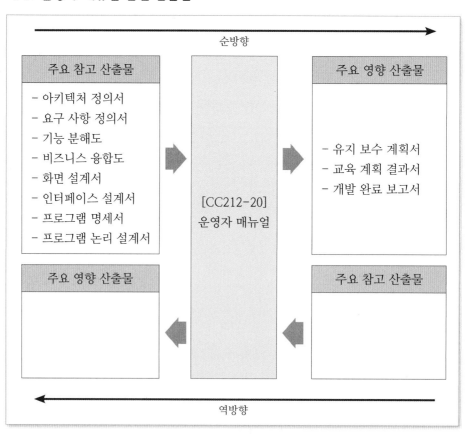

8.4.4 운영자 매뉴얼 표준 서식

▶ 표준 목차

1. 시작하기
 1.1 개요
 1.2 설치 및 설정
 1.3 권한 인증

2. 시스템 환경
 2.1 아키텍처 구성
  2.1.1 시스템 구성도
  2.1.2 하드웨어 구성
  2.1.3 네트워크 구성
  2.1.4 SW 구성
 2.2 운영 환경 구성
 2.3 응용 프로그램 구성
  2.3.1 프로그램 구성
  2.3.2 프로그램 디렉토리 구성

3. 주요 업무
 3.1 업무 개요
  3.1.1 업무 흐름도
  3.1.2 업무 기능 분해도
  3.1.3 주요 기능 설명
 3.2 업무 절차
 3.3 시스템 모니터링 방법
  3.3.1 운영 업무 모니터링
  3.3.2 배치 프로그램 모니터링

4. 업무별 주요 운영 방법
 4.1 '0000' 기능
  4.1.1 기능 설명
  4.1.2 운영 업무
  4.1.3 주의 사항
  4.1.4 오류 및 예외 처리 방법

〈붙임1〉 개발 표준 정의서

[CC200] 전개 단계 표준 08

8.4.5 운영자 매뉴얼 주요 항목 설명

▶ 표준 목차

목차 구분		항목 설명
대분류	소분류	
1. 시작하기	1.1 개요	운영자 매뉴얼 작성 목적과 시스템에 대한 개요를 기술한다.
	1.2 설치 및 설정	시스템의 설치 및 설정 방법을 기술한다.
	1.3 권한 인증	시스템의 권한 인증 방법을 기술한다.
2. 시스템 환경	2.1 아키텍처 구성	'시스템 구성도'의 경우 신규 시스템의 아키텍처 구성도를 기술한다. '하드웨어 구성'의 경우 신규 시스템의 하드웨어 구성도를 기술한다. '네트워크 구성'의 경우 신규 시스템의 네트워크 구성도를 기술한다. 'SW 구성'의 경우 신규 시스템의 SW 아키텍처 구성도를 기술한다.
	2.2 운영 환경 구성	시스템의 안정적 운영이 가능하도록 개발 언어, 웹서버 등의 개발 환경을 상세하게 기술한다.
	2.3 응용 프로그램 구성	'프로그램 구성'의 경우 구축한 응용 프로그램의 구성을 도식화하고, 자세하게 기술한다. '프로그램 디렉토리 구성'의 경우 소스 코드의 디렉토리 구성을 도식화하고, 자세히 기술한다.
3. 주요업무	3.1 업무 개요	'업무 흐름도'의 경우 업무의 흐름을 비즈니스 융합도를 이용하여 나타낸다. '업무 기능 분해도'의 경우 업무 기능의 분해 내역을 기술한다. '주요 기능 설명'의 경우 업무의 주요 기능을 기술한다.
	3.2 업무 절차	신규 시스템의 업무수행 절차를 기술한다.
	3.3 시스템 모니터링 방법	'운영 업무 모니터링'의 경우 운영 업무 모니터링 방법에 대해 기술한다. '배치 프로그램 모니터링'의 경우 배치 프로그램 모니터링 방법에 대해 기술한다. 만일, 배치 프로그램이 없다면 작성하지 않는다.

목차 구분		항목 설명
대분류	소분류	
4. 업무별 주요 운영 방법	4.1 '0000' 기능	'기능 설명'의 경우 구축 시스템의 기능에 대해 기술한다. '운영 업무'의 경우 운영자가 시스템을 유지하기 위하여 해야 할 업무에 대해 기술한다. '주의 사항'의 경우 신규 시스템 운영 시 주의 사항을 기술한다. '오류 및 예외 처리 방법'의 경우 운영 시 발생할 수 있는 오류와 예외 처리 방법에 대해 기술한다.

8.4.6 운영자 매뉴얼 주요 ID 체계

해당 사항 없음.

[CC200] 전개 단계 표준

08

8.5 [CC213-10] 유지 보수 계획서

세그먼트		태스크		산출물	
CC210	기본 전개 작업	CC213	유지 보수 준비	CC213-10	유지 보수 계획서

8.5.1 유지 보수 계획서 개요

▶ 정의

유지 보수 계획서는 구축한 SW 시스템을 안정적으로 서비스하고 운영하기 위한 계획을 수립하는 문서이다.

유지 보수 계획서는 기본적으로 결함에 대응하는 하자 보수(corrective maintenance)를 위주로 하고, 무상 유지 보수 계획이 중심이 된다.

▶ 목적

구축을 완료한 SW 시스템을 안정적으로 운영할 수 있도록 하자 및 유지 보수 세부 계획을 수립하는 것이 목적이다.

통상적으로 1년간의 무상 유지 보수를 위주로 하되, 주관 기관과의 협의를 통해 유상 유지 보수에 관한 내용까지 포함한 전반적인 유지 보수 내역을 상세하게 기술하는 것이 바람직하다.

▶ 고려 사항

유지 보수 계획을 작성함에 있어 고려해야 할 사항들을 네 가지로 정리하면 다음과 같다.

첫째, 하자 보수(corrective maintenance)를 위주로 하지만, 필요 시에 적응 보수(adaptive maintenance)나 완전화 보수(perfective maintenance)를 포함할 수 있다.

둘째, 하자 보수 이외의 사항 중 간단한 것은 무상으로 유지 보수할 수 있으나, 어느 한계를 벗어나는 것은 유상으로 유지 보수해야 할 수 있다. 따라서, 쟁점을 미연에 방지하기 위해 이에 대한 제약 요건을 유지 보수 계획서에 기술해두는 것이 바람직하다.

셋째, 유지 보수 계획서에는 유지 보수 조직과 비상 대응 체계를 반드시 포함할 필요가 있다. 그래야 책임을 가지고 긴급한 사태에도 신속하게 유지 보수 대응을 할 수 있다.

넷째, 유지 보수 계획서에는 정전, 화재 등 비상 상황이 발생할 경우 비상 연락망을 포함하여 빠른 처리가 가능하도록 대응 방안을 강구할 것을 권장한다.

8.5.2 유지 보수 계획서 적용 대상 사업 및 작성 도구

▶ 사업구분

ISP 구축 사업	EA 수립 사업	시스템 개발 사업	DB 구축 사업	운영 및 유지 보수 사업	비고

▶ 작성 도구

MS 오피스			한컴 오피스			기타
워드	엑셀	파워 포인트	한글	한셀	한쇼	

8.5.3 유지 보수 계획서 관련 산출물

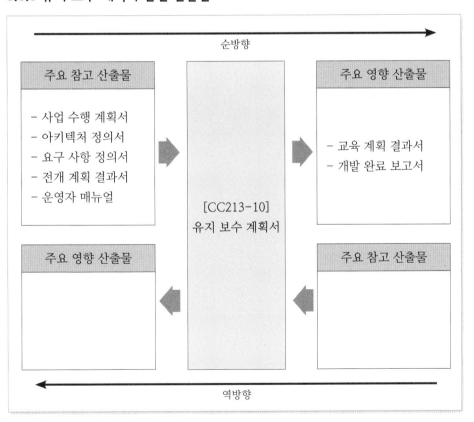

8.5.4 유지 보수 계획서 표준 서식

▶ 표준 목차

1. 유지 보수 개요
 1.1 목적
 1.2 대상 및 기간
 1.3 범위 및 내용
    1.3.1 유지 보수 방안
    1.3.2 무상 유지 보수 범위 및 내용
    1.3.3 하드웨어 및 소프트웨어 등
    1.3.4 유상 유지 보수에 대한 범위 정의
 1.4 지적 재산권

2. 유지 보수 체계 및 절차
 2.1 유지 보수 조직
    2.1.1 유지 보수 조직 구성
    2.1.2 비상 연락 체계
    2.1.3 비상 연락망
    2.1.4 Help Desk 운영 및 연락처
 2.2 안정화 조직
    2.2.1 안정화 조직 구성
    2.2.2 안정화 조직 연락처
    2.2.3 안정화 내용

3. 유지 보수 절차
 3.1 유지 보수 절차도
 3.2 절차 수행 시 고려 사항

4. 장애 처리
 4.1 장애 접수 및 처리 절차
 4.2 등급별 장애 처리

5. 기타 유지 보수 관련 사항

8.5.5 유지 보수 계획서 주요 항목 설명

▶ 표준 목차

목차 구분		항목 설명
대분류	소분류	
1. 유지 보수 개요	1.1 목적	유지 보수의 목적을 구체적으로 기술한다.
	1.2 대상 및 기간	유지 보수의 대상 및 기간을 기술한다.
	1.3 범위 및 내용	'유지 보수 방안'의 경우 유지(하자) 보수 방안을 구체적으로 제시한다. '무상 유지 보수 범위 및 내용'의 경우 무상 유지 보수 범위와 내용을 구체적으로 기술한다. '하드웨어 및 소프트웨어 등'의 경우 유지(하자) 보수 범위의 하드웨어, 소프트웨어를 기술한다. '유상 유지 보수에 대한 범위 정의'의 경우 유상 유지(하자) 보수 범위와 내용을 기술한다.
	1.4 지적 재산권	신규 시스템과 관련 있는 지적 재산권 관련 사항을 기술한다.(관련 내용이 없으면 제외)
2. 유지 보수 체계 및 절차	2.1 유지 보수 조직	'유지 보수 조직 구성'의 경우 유지(하자) 보수 조직 구성도를 기술한다. '비상 연락 체계'의 경우 비상 연락 체계를 기술한다. '비상 연락망'의 경우 유지(하자) 보수 전담 연락처를 기술한다. 'Help Desk 운영 및 연락처'의 경우 Help Desk 운영 방안과 연락처를 기술한다.
	2.2 안정화 조직	'안정화 조직 구성'의 경우 안정화 조직 구성도를 기술한다. '안정화 조직 연락처'의 경우 안정화 전담 연락처를 기술한다. '안정화 내용'의 경우 안정화 관련 내용을 상세하게 기술한다.
3. 유지 보수 절차	3.1 유지 보수 절차도	유지 보수를 수행하기 위한 절차도를 기술한다.
	3.2 절차 수행 시 고려 사항	유지 보수 절차를 수행할 시의 고려 사항을 기술한다.

[CC200] 전개 단계 표준 08

목차 구분		항목 설명
대분류	소분류	
4. 장애 처리	4.1 장애 접수 및 처리 절차	장애 접수 및 처리 절차를 도식화하여 제시한다.
	4.2 등급별 장애 처리	장애 등급 판경 기준, 장애 등급별 대처 방안을 제시한다.
5. 기타 유지 보수 관련 사항		기타 유지 보수에 필요한 사항을 기술한다.

8.5.6 유지 보수 계획서 주요 ID 체계

해당 사항 없음.

8.6 [CC221-10] 교육 계획 결과서

세그먼트		태스크		산출물	
CC220	인도 작업	CC221	교육 수행	CC221-10	교육 계획 결과서

8.6.1 교육 계획 결과서 개요

▶ 정의

교육 계획 결과서는 사업 수행 및 운영 유지에 필요한 교육 내용, 대상, 일정 등의 교육 계획을 수립하는 문서이다.

개발자에 대한 교육은 사업 관리의 자원 관리 영역에서 인적 자원 관리의 한 방안으로 실시하고, 여기서의 교육 계획 결과서는 사용자 및 운영자를 대상으로 한다.

▶ 목적

개발 표준, 보안, 사용법 등 주로 사용자, 운영자 및 이해 관계자에게 SW 시스템 개발 과정이나 운영 시에 필요한 교육의 계획을 수립하고, 교육을 실시한 결과를 기술하는 것이 목적이다.

교육은 사용자와 운영자를 대상으로 개발이 완료된 시스템을 안정적으로 사용하거나 관리할 수 있도록 하는 것이 주요 목적이다.

▶ 고려 사항

교육 계획 결과서를 작성할 때 고려해야 할 사항을 다섯 가지로 정리하면 다음과 같다.

첫째, 교육 계획 결과서는 개발자 중심이 아닌 철저하게 사용자와 운영자(관리자) 중심으로 작성하는 것이 바람직하다.

둘째, 연계 기관 등 이해 관계자를 대상으로 실시할 경우에는 해당 목적에 맞도록 교육을 특화시켜야 하며, 일정 등을 조정하여 최대한 참석률을 높여야 한다.

셋째, 교육 계획 결과서는 계획 대비 실적의 틀을 유지하여, 교육을 실시한 성과를 극대화할 수 있도록 하는 것이 중요하다.

넷째, 보안 교육과 같이 주관 기관의 지침 및 내규 등으로 반드시 실시해야 하는 교육이 누락되지 않도록 세심하게 점검하여 계획에 반영하여야 한다.

다섯째, 교육에 불참한 인력에 대한 재교육 방안 등에 대한 고려가 있어야 한다.

8.6.2 교육 계획 결과서 적용 대상 사업 및 작성 도구

▶ 사업구분

ISP 구축 사업	EA 수립 사업	시스템 개발 사업	DB 구축 사업	운영 및 유지 보수 사업	비고
	○	○	○	○	

▶ 작성 도구

MS 오피스			한컴 오피스			기타
워드	엑셀	파워포인트	한글	한셀	한쇼	
○			○			

8.6.3 교육 계획 결과서 관련 산출물

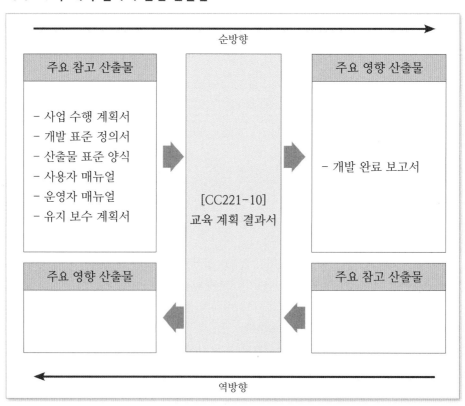

8.6.4 교육 계획 결과서 표준 서식

▶ 표준 목차

1. 교육 개요
   1.1 목적
   1.2 교육 기간
   1.3 교육 장소
   1.4 교육 대상

2. 교육 방법 및 형식
   2.1 교육 방법
   2.2 교육 형식

3. 교육 과정
   3.1 교육 과목
   3.2 교육 자료
   3.3 교육 도구

4. 교육 결과
   4.1 교육 실적표
   4.2 교육 성과

5. 기타 협조 사항

8.6.5 교육 계획 결과서 주요 항목 설명

▶ 표준 목차

목차 구분		항목 설명
대분류	소분류	
1. 개요	1.1 목적	교육의 목적을 기술한다.
	1.2 교육 기간	교육별로 수행 기간을 기술한다.
	1.3 교육 장소	교육별로 수행하는 장소를 입력한다.
	1.4 교육 대상	사용자, 업무 담당자, 시스템 관리자, 운영자 등 교육 대상을 제시한다.

[CC200] 전개 단계 표준

08

목차 구분		항목 설명
대분류	소분류	
2. 교육 방법 및 형식	2.1 교육 방법	교육의 방법을 구체적으로 기술한다.
	2.2 교육 형식	교육의 형식을 구체적으로 기술한다.
3. 교육 과정	3.1 교육 과목	어떠한 교육 과목인지 구체적으로 기술한다.
	3.2 교육 자료	교육에 사용하는 자료를 구체적으로 기술한다.
	3.3 교육 도구	교육에 사용하는 도구를 구체적으로 기술한다.
4. 교육 결과	4.1 교육 실적표	교육 계획 대비 실적을 표 형식으로 기술한다.
	4.2 교육 성과	교육의 성과를 지표 사용을 통해 기술한다.
5. 기타 협조 사항		기타 교육의 성공적인 수행을 위한 협조 사항을 구체적으로 기술한다.

8.6.6 교육 계획 결과서 주요 ID 체계

해당 사항 없음.

8.7 [CC222-10] 지적 재산권 검토서

세그먼트		태스크		산출물	
CC220	인도 작업	CC222	지적 재산권 대응	CC222-10	지적 재산권 검토서

8.7.1 지적 재산권 검토서 개요

▶ 정의

지적 재산권 검토서는 개발한 SW 시스템의 구성 요소와 관련하여 지적 재산권과 관련하여 발생 가능한 예상 문제점을 도출하고 대응 방안을 수립하는 문서이다.

발명 특허, 상표, 서비스표, 디자인, 저작권, 라이선스 등을 포함하여 해당 소프트웨어 개발 사업과 연관성이 있는 다양한 형태의 지적 재산권을 검토하여 대응하는 문서이다.

▶ 목적

해당 소프트웨어를 개발한 이후에 운영 또는 유통 단계로 들어갔을 때 발생할 가능성이 있는 지적 재산권 관련 위험 요소를 점검하고 이에 대한 대응 방안을 수립하기 위한 검토를 수행하는 것을 목적으로 한다.

기본적으로는 특허, 라이선스 등과 연관이 있는 지적 재산권에 대한 검토를 수행하는 것을 가장 중심으로 놓고 진행하되, 향후 개발을 완료한 후 발생할 가능성이 있는 모든 지적 재산권 관련 사항은 빠짐없이 검토하여 대응 방안을 마련해야 한다.

▶ 고려 사항

지적 재산권 검토서를 작성함에 있어 고려해야 할 주요 사항을 다섯 가지로 정리하면 다음과 같다.

첫째, 검토 대상인 지적 재산권 유형을 명확히 기술하여 향후 유사한 검토를 수행할 때 중복 검토를 배제하도록할 필요가 있다.

둘째, 지적 재산권 유형에 따른 예상 위험을 실무적으로 검토하여 필요시 효율성 있는 대응이 가능하도록 대응 방안 검토 결과를 제시하는 것이 중요하다.

셋째, 관련 검토를 수행한 담당자를 명시하여 책임 있는 검토가 이루어질 수 있도록 해야 한다.

넷째, 지적 재산권 관련 대응에 있어서 필요한 근거 자료는 반드시 첨부 서류로 보존할 필요가 있다.

다섯째, 검토 결과에 따른 대응 방법을 마련한 뒤에는 완료 여부를 추적해야 한다.

[CC200] 전개 단계 표준

08

8.7.2 지적 재산권 검토서 적용 대상 사업 및 작성 도구

▶ 사업구분

ISP 구축 사업	EA 수립 사업	시스템 개발 사업	DB 구축 사업	운영 및 유지 보수 사업	비고
		○		○	

▶ 작성 도구

MS 오피스			한컴 오피스			기타
워드	엑셀	파워포인트	한글	한셀	한쇼	
○			○			

8.7.3 지적 재산권 검토서 관련 산출물

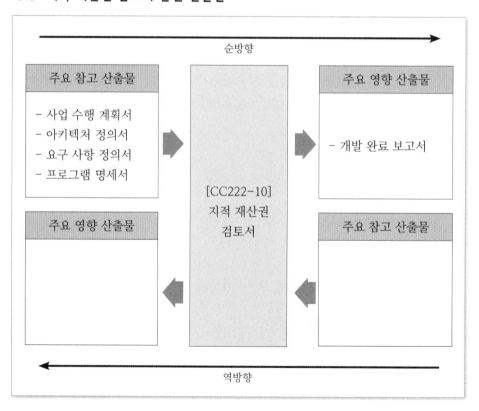

8.7.4 지적 재산권 검토서 표준 서식

▶ 지적 재산권 검토 결과

영역	지적 재산권 유형	예상 위험	대응 방안 검토 결과	담당자	완료(예상) 일자	완료여부	비고

8.7.5 지적 재산권 검토서 주요 항목 설명

▶ 지적 재산권 검토 결과

작성 항목명	항목 설명	작성 구분 (필수/선택)
영역	지적 재산권과 연관이 있는 영역을 기술한다.	필수
지적 재산권 유형	연관이 있는 지적 재산권 유형을 기술한다.	필수
예상 위험	해당 지적 재산권에 위배가 발생할 경우에 예상되는 위험을 기술한다.	필수
대응 방안 검토 결과	관련 지적 재산권에 대응하기 위한 구체적인 방안을 기술한다.	필수
담당자	관련 지적 재산권 대응 검토를 수행한 담당자를 기술한다.	필수
완료(예상) 일자	관련 지적 재산권 대응 완료 일자 또는 완료 예상 일자를 기술한다.	필수
완료 여부	관련 지적 재산권 대응 완료 여부를 기술한다. (예 : 완료, 진행 중, 대응 불가)	필수
비고	관련 지적 재산권 대응 상의 특기 사항을 작성한다.	선택

8.7.6 지적 재산권 검토서 주요 ID 체계

해당 사항 없음.

8.8 [CC223-10] 개발 완료 보고서

세그먼트		태스크		산출물	
CC220	인도 작업	CC223	인도 수행	CC223-10	개발 완료 보고서

8.8.1 개발 완료 보고서 개요

▶ 정의

개발 완료 보고서는 사업 완료를 주관 기관과 개발사가 확인하기 위하여, 개발한 SW 시스템의 구축 과정 및 결과를 설명하는 문서이다.

자체 개발일 경우에는 팀 내부의 완료 여부에 대한 판정을 한 후, 회사 또는 기관 내부의 최종 보고회 등을 통해 보고를 수행하고 이에 대한 완료를 공식 선언하는 문서이다.

▶ 목적

외주 개발의 경우에는 사업의 완료를 주관 기관과 사업자가 공식적으로 확인하는 것이 목적이다.

자체 개발의 경우에는 회사나 기관 자체 내에서의 사업의 완료를 공식적으로 확인하는 것이 목적이다.

어떠한 경우에도 K-Method의 테일러링에 따른 공정 절차를 모두 정상적으로 수행한 결과, 정상적인 완료를 확인한 후에 작성한다.

▶ 고려 사항

개발 완료 보고서를 작성함에 있어서 고려해야 할 주요 사항들을 네 가지로 정리하면 다음과 같다.

첫째, 개발 완료 보고서에는 사업의 행정적인 종료를 정상적으로 선언하는 문구를 포함해야 한다.

둘째, 개발 완료 보고서는 그 자체를 제출하는 것으로 완료할 수도 있지만, 가급적 최종 보고회 등을 통해 공식적인 프로세스의 완료를 선언하는 형식을 취하는 것이 바람직하다.

셋째, 개발을 완료한 이후에는 유지 보수가 시작함을 감안하여, 개발 완료에 따른 증적을 세심히 정리하여 유지 보수 시에 체계적인 현행화 관리가 이루어질 수 있도록 대응하는 것이 중요하다.

넷째, 외주 개발과 자체 개발에 상관 없이, 개발 완료 보고서는 반드시 모든 프로세스의 전체적인 성공적 종료를 확인한 후에 작성해야 한다.

8.8.2 개발 완료 보고서 적용 대상 사업 및 작성 도구

▶ 사업구분

ISP 구축 사업	EA 수립 사업	시스템 개발 사업	DB 구축 사업	운영 및 유지 보수 사업	비고
○	○	○	○	○	

▶ 작성 도구

MS 오피스			한컴 오피스			기타
워드	엑셀	파워포인트	한글	한셀	한쇼	
○		○	○		○	

8.8.3 개발 완료 보고서 관련 산출물

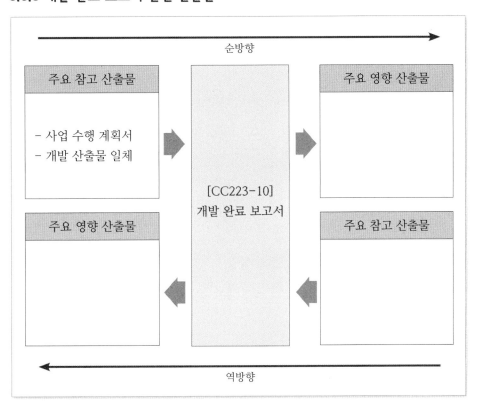

8.8.4 개발 완료 보고서 표준 서식

▶ 표준 목차

1. 사업 개요
1.1 사업 개요
1.2 사업 예산
1.3 일정 및 범위

2. 사업 배경 및 목적
2.1 사업 추진 배경
2.2 사업 목적
2.3 기대 효과

3. 사업 추진 체계
3.1 총괄 조직도
3.2 조직별 역할
3.3 업무 분장 및 투입 인력

4. 시스템 개발 내용
4.1 개발 및 운영 환경
  4.1.1 HW 부문
  4.1.2 SW 부문
4.2 개발 대상 업무
4.3 주요 화면 설명
4.4 상세 기능 설명
4.5 주요 데이터 설명

5. 운영 방안 및 발전방향
5.1 시스템 운영 방안
5.2 시스템 유지 보수 방안
5.3 향후 시스템 발전 방향

8.8.5 개발 완료 보고서 주요 항목 설명

▶ 표준 목차

목차 구분		항목 설명
대분류	소분류	
1. 사업 개요	1.1 사업 개요	사업 명, 과업 내용 등 사업 개요를 기술한다.

목차 구분		항목 설명
대분류	소분류	
1. 사업 개요	1.2 사업 예산	사업의 예산을 기술한다.
	1.3 일정 및 범위	개발 일정 및 개발 범위를 기술한다.
2. 사업 배경 및 목적	2.1 사업 추진 배경	사업의 추진 배경을 기술한다.
	2.2 사업 목적	사업의 목적을 기술한다.
	2.3 기대효과	사업을 통해 얻을 수 있는 기대효과를 기술한다.
3. 사업 추진 체계	3.1 총괄 조직도	사업 추진 조직도를 도식화한다.
	3.2 조직별 역할	사업 추진 조직별 역할을 상세히 기술한다.
	3.3 업무 분장 및 투입 인력	사업 추진 조직의 업무 분장 및 투입인력, 참여율, 투입 공수 등을 기술한다.
4. 시스템 개발 내용	4.1 개발 및 운영 환경	HW 부문과 SW 부문으로 나누어 개발 및 운영 환경을 상세히 기술한다.
	4.2 개발 대상 업무	개발 대상인 업무를 구체적으로 기술한다.
	4.3 주요 화면 설명	구축한 주요 화면을 캡처하여 제시하고, 주요 기능에 대해 설명한다.
	4.4 상세 기능 설명	구축 시스템의 기능을 상세하게 기술한다.
	4.4 주요 데이터 설명	신규 시스템에서 사용하는 주요 데이터에 대하여 설명한다.
5. 운영 방안 및 발전 방향	5.1 시스템 운영 방안	안정적인 시스템 운영을 위한 세부 방안을 기술한다.
	5.2 시스템 유지 보수 방안	시스템의 유지(하자) 보수 지원 체계, 유상/무상 유지 보수 범위 및 기간, 유지 보수 절차 등 유지 보수 방안에 대해 기술한다.
	5.3 향후 시스템 발전 방향	시스템 확장, 신규 연계, 추가 구축 대상 등 구축 시스템의 발전 방향을 기술한다.

8.8.6 개발 완료 보고서 주요 ID 체계

해당 사항 없음.

K-Method 적용 패키지 안내

정보시스템 개발에 있어 방법론 적용은 사업의 성패를 좌우할 정도로 중요합니다.
완벽한 방법론의 적용을 위해서는 방법론에 대한 이해와 적절한 도구의 지원이
필요합니다.
이에 (주)소프트웨어품질기술원에서는 당사가 정립한 병렬형 SW 개발 방법론인
K-Method의 채택과 더불어 교육, 품질 점검, 도구 지원 등 다양한 서비스를 제공하고
있습니다.
품질 점검 서비스만 받으실 수도 있고, 2가지 이상의 복합적 서비스도 가능합니다.

01 K-Method 컨설팅
02 방법론 교육
03 품질 점검
04 도구 지원

* 당 사는 고객사의 프로젝트 성공을 위해 최상의 지원을 약속드립니다.

🔍 상담 안내　■ 전　화 : 031-819-2900　　■ 이메일 : master@softqt.com

새빛(SEVIT) 소개

새빛(SEVIT: Software Engineering Visualized Integration Tool)은 JAVA 소스 코드로부터 분석 및 설계 모델을 추출하고 이해하는 것을 돕는 시각화 도구입니다.

프로그램 분석 및 설계 모델과 병행하여 파악할 수 있어, 개발자는 객체지향 JAVA 언어 개발에 좀 더 쉽게 접근할 수 있고 소규모 프로젝트의 경우 효과적으로 JAVA 언어를 이용하여 개발에 임할 수 있습니다. 새빛(SEVIT)은 GS 1등급 인증을 받은 제품입니다.

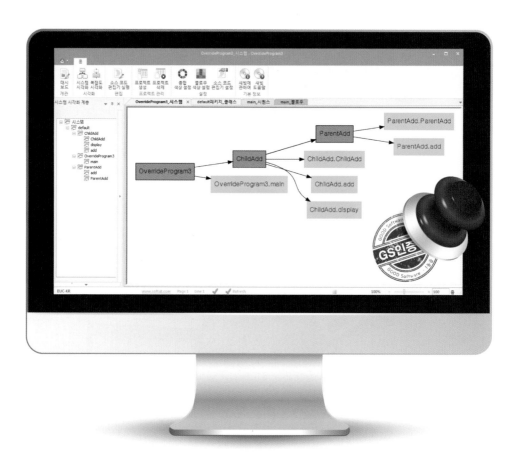

"JAVA 가시화 프로그래밍 도구"

새빛은?

1 개념 이해하기

예제와 함께 익히는
JAVA 객체지향 개념

JAVA를 지원하는 객체지향 개념과 JAVA 언어의
기초를 익힐 수 있는 다양한 프로그래밍 학습
콘텐츠를 준비하고 있습니다. 쉽게 설명한 강의
동영상과 간결한 예제의 실습을 통해 JAVA 언어와
객체지향 개념을 쉽게 익혀 적용할 수 있습니다.

2 모델로 익히기

프로젝트 내부를 통합적인
관점에서 시스템 시각화

작업하는 JAVA 프로젝트의 내부를 시스템,
패키지, 클래스, 시퀀스, 플로우 순으로 추상도를
낮춰가면서 통합적인 시각에서 추상화 및
구체화하는 시스템 시각화를 통해, 분석 및 설계
모델과 JAVA 소스코드에 대한 입체적 파악으로
단시간에 전문가 수준으로 프로그램에 대한
이해도를 높힐 수 있도록 지원합니다.

3 복잡도 제어하기

순환 복잡도 계산으로
복잡도 제어

작업하는 프로젝트의 소스 코드 전체를 플로우
다이어그램으로 일괄 시각화하고, 순환 복잡도를
계산하여 보고서를 출력하는 복잡도 시각화를
도모합니다. 이를 통해 같은 결과를 나타내는
프로그래밍 코드라도 비효율적으로 프로그래밍
작업이 이루어진 부분을 쉽게 파악할 수 있습니다.
따라서 개발 생산성을 높이고 향후 유지보수성
향상에도 기여할 수 있습니다.

새틀(SETL) 소개

새틀(SETL: Structured Efficienty TooL)은 '소프트웨어 논리 구조 표기 지침 (Guidelines for Representing the Logic Structure of Software)'이라는 명칭으로 2015년 12월 16일자로 TTA 정보통신단체 표준(TTAK>KO-11.0196)으로 제정된 쏙(SOC : Structured Object Component)을 지원하는 소프트웨어 설계 자동화 도구입니다.

새틀(SETL)은 소프트웨어 제어 구조를 구성하는 부품을 표준화 규격화하여 자유롭게 조립 및 분해를 할 수 있는 시각적인 프레임 중심 도구입니다.

새틀은 '새로운 틀'이라는 의미도 가지고 있습니다.

1 새틀(SETL)을 이용한 컴퓨팅 사고 연습

- 실 사회에서 해결해야 하는 다양한 문제를 모두 표현 가능
- 컴퓨팅 사고의 주요 6요소(추상화, 패턴인식, 분해, 알고리즘, 자동화, 병렬화) 모두 지원

2 새틀(SETL)을 이용한 설계와 코드의 자동 변환

- 쏙(SOC)으로 설계한 파일을 프로그램 소스 파일로 바꿔주는 순공학 기능
- 프로그램 소스 파일을 쏙(SOC) 설계 파일로 바꿔주는 역공학 기능
- 다양한 프로그래밍 언어 지원(ex. C, C++, ARDUINO(C의 변형), JAVA 등)
- 프로그램 제어 구조 자동 개선

3 새틀(SETL)과 IoT 제어 도구 융합으로 배우는 소프트 웨어

- 새틀(SETL)과 IoT 제어 도구와 연동하여 제어 프로그래밍
- 드론, 자율 주행 자동차, 로봇 등 다양한 IoT 프로그래밍에 적용 가능

새틀 프로그래밍

"정보 중심 SW 프로그래밍에서
IoT 융합 프로그래밍까지"

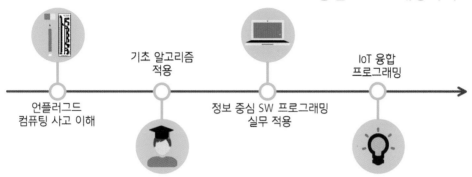

수준별 지원

㈜소프트웨어품질기술원에서는 최신의 가시화 소프트웨어 공학
(VSE:Visualized Software Engineering) 기술을 바탕으로, 관련
소프트웨어 기술을 체계적으로 익힐 수 있도록 기초, 심화, 고급 등
수준별 교재를 지원합니다.

다양한 프로그램 언어 지원 도구 및 교재

실사회에서는 Algol 기반의 다양한 프로그래밍 언어가 세계
소프트웨어 시장을 점유하고 있습니다.
(주)소프트웨어품질기술원에서는 C, C++, ARDUINO(C의 변형),
JAVA 등 Algol 계열의 전문 프로그래밍 언어를 가시화하여
지원하는 도구 및 교재를 함께 제공하고 있습니다.

NCS 기반의 지원

소프트웨어 개발과 관련하여 국가 직무 능력 체계(NCS)를
바탕으로 기술을 지원하고 있습니다.

온·오프라인 연계

오프라인 지원과 함께 새롭고 효용성 있는 개발 기술 콘텐츠 제공을
위해 공식 홈페이지에 지속적으로 연관 자료를 업로드하고
있습니다.

새벗(SEVUT) 소개

새벗(SEVUT: Software Engineering Visualized Untification Tool)은 PC에 구축하여 개발과 학습을 병행할 수 있는 소프트웨어 융합 프레임 워크입니다.

개발과 학습을 개인별 눈높이에 맞춰 자유롭게 할 수 있도록 개발자 주도의 동기부여를 바탕으로 하는 작업 환경입니다.

새벗은 '새로운 벗' 이라는 의미도 가지고 있습니다.

1 개발과 학습 병행

개발을 하면서 연관 학습의 병행

SW 융합 프레임 워크 환경에서 개발 영역과 학습 영역을 확보하여 SW 개발과 학습을 병행할 수 있습니다.

2 대화식 개발

SW 개발 도구 쌍방향 대화식 사용

SW 개발 작업 내용을 시각화한 SW 융합 프레임워크 환경에서 쌍방향으로 대화하는 형태로 확인하면서 개발을 진행할 수 있습니다.

3 개발 기술 축적

SW 개발 기술은 지속적을 등록 축적

SW 개발을 하는 과정에서 습득하거나 터득한 핵심 기술들을 학습자료화 하여 등록하고 기술 축적을 통해 자기 발전을 도모할 수 있습니다.

"개발과 학습을 병행할 수 있는
소프트웨어 융합 프레임 워크"

www.softqt.com

새룰(SERULE) 소개

　새룰(SERULE: Software Engineering Rule)은 Java 소스 코드의 문제점을 점검해주는 자동화 도구입니다.
　코딩 가이드라인(Coding Guideline) 준수를 기본으로 하고 있으며, 코드의 완전성 점검, 코드의 취약점 점검 등 부가적인 기능도 포함하고 있습니다.

"Java 코딩 표준을 지원하는 도구"

www.softqt.com

새룰의 주요기능

1 코딩 가이드 라인 점검

- Java 소스 코드를 구현할 때, 코딩 규칙을 표준화한 바람직한 형태로 준수하고 있는지를 점검합니다.
- 또한 표준에 따라 일관성 있는 코딩 규칙을 적용하고 있는지도 점검합니다.

2 코드의 완전성 점검

- 소스 코드를 불완전하게 작성하여 논리적인 오류가 발생할 가능성이 높거나, 기능이 불완전하게 동작할 가능성이 높은 부분을 찾아내어 보완할 수 있도록 합니다.

3 코드의 취약점 점검

- 소스 코드 내에 잠복하고 있는 예외 대처 기능의 문제점, 보안상의 문제점 등 코드가 보유한 취약점을 점검하여 보완 조치할 수 있도록 지원합니다.

새품(SEPUM) 소개

새품(SEPUM: Software Engineering Project-quality Unveiling Machine)
은 소프트웨어의 전체 생명주기에 걸쳐 작업 품질을 점검해 주는 자동화 도구입니다.
분석 단계, 설계 단계, 구현 단계를 포함하는 종합 품질 점검 도구입니다.

1 분석 단계 품질 점검

- 요구사항 설정 및 추적성 품질 점검
- 분석 단계 공정 작업의 품질 점검
- 분석 모델링의 완전성 품질 검점

2 설계 단계 품질 점검

- 설계 단계 공정 작업의 품질 점검
- 설계 모델링의 완전성 품질 점검
- 설계 단계 데이터 프로파일링 점검

3 구현 단계 품질 점검

- 구현 단계 공정 작업의 품질 점검
- 실제 구현 품질 점검
- 설계 대비 구현 품질의 일관성 점검

새품 품질 점검

1. 예방
2. 인지
3. 점검
4. 대안
5. 조치

품질 점검 프레임 워크 적용

최고 6단계에 걸친
세부 SW 품질 점검 프레임 워크
수준을 적용하여
상세한 품질 점검을 행합니다.

개념·논리·물리의 통합 접근

개념적인 수준에서부터
물리적인 수준에 이르기까지의
Layer를 모두 커버하는
입체적인 접근을 통한
품질 점검을 행합니다.

철저한 대안 제시

단순히 점검만 하는 것이 아니라
과학적인 점검을 기반으로,
실현 가능한 대안을 제시합니다.

예방 통제에 중점을 둔 품질 관리

문제가 생긴 후의 사후 통제보다
문제가 발생되기 전에 인지하는
예방 통제 중심의
품질 관리를 행합니다.

새북(SEBOOK) 소개

　새북(SEBOOK: Software Engineering Book)은 소프트웨어 공학 기술을
이용하여 새로운 형태의 책을 지향하는 소프트웨어입니다.
　'새로운 책'이라는 의미를 가지고 있는 새북은, 동영상과 참고 자료를 쌍방향으로
연결하여 볼 수 있도록 하는 도구입니다. 사용자 및 운영자 매뉴얼이나 각종
지침서 작성에 최적화하여 적용할 수 있습니다.

"쌍방향으로 연결하여 볼 수 있는 도구"

🔍 www.softqt.com

새북의 주요기능

1. 동시에 재생

● 동영상 강의에 연결한 매뉴얼 자료를 동시에 재생합니다.

2. 자유롭게 편집

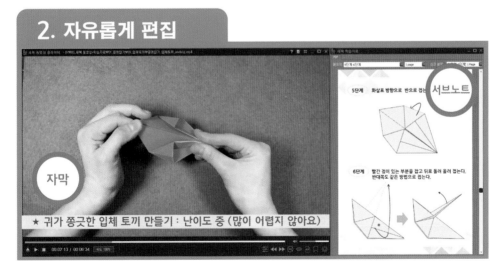

● 동영상에 자막을 넣고 자막의 배경 및 폰트의 색깔과 크기 조정도 가능합니다.

● 사용자가 매뉴얼 내용을 메모하고 편집한 서브 노트를 동영상에 연결할 수 있습니다.

새북의 주요기능

3. 북마크

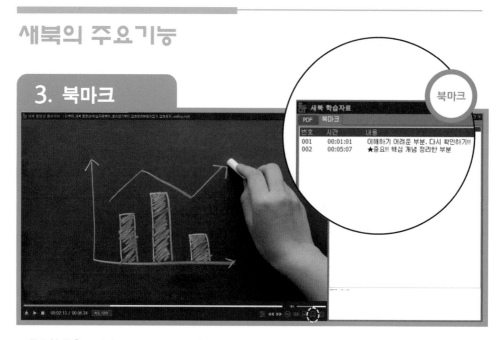

● 중요한 곳을 표시하는 기능으로, 다시 확인하고 싶은 곳에 북마크를 하면 이동하여 매뉴얼 자료와
  연결한 동영상을 쉽게 확인할 수 있습니다.

4. 화면 비율 조정

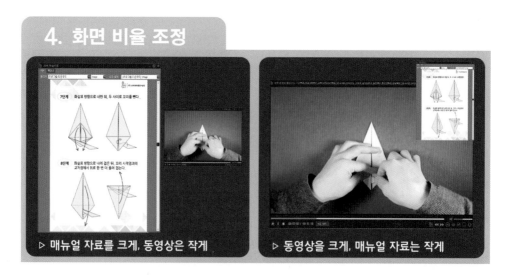

▷ 매뉴얼 자료를 크게, 동영상은 작게　　　　　▷ 동영상을 크게, 매뉴얼 자료는 작게

● 동영상과 매뉴얼 자료 화면의 위치와 비율을 자유롭게 조절 가능합니다.

새북 활용

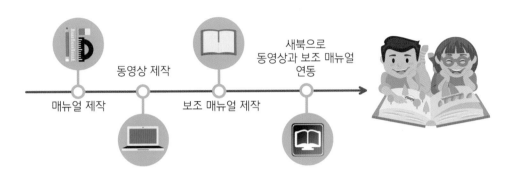

동영상 제작

새북으로
동영상과 보조 매뉴얼
연동

매뉴얼 제작

보조 매뉴얼 제작

제휴 방법

구매를 통한 제휴

새북 자체를 해당 조직에서 구매하여 적용하는 제휴
방법입니다.

공동 서비스를 통합 제휴

새북을 이용한 콘텐츠 제작 및 배포 등 공동으로 참여하는
형식의 제휴입니다.

라이센스 제휴

새북의 라이센스를 일정기간 위탁받아 시행하는 형태의
제휴입니다.

기타 제휴

기타 여러 적용 가능한 형태로 합의하는 제휴 방법입니다.

소프트웨어 품질 평가
(SQE : Software Quality Evaluation)

소프트웨어 품질 평가는

적용 비용으로 작은 감리(small-audit)와 유사한 효과를
지향하는 형태의 품질 평가를 의미합니다. 전문 인력을 통하여
작은 규모로 빠르게 문제점을 분석하고 개선사항을
제시합니다. 법적 의무 감리가 불가능한 소규모 사업에서
약식으로 적용할 수 있어 실용적입니다.

어떤 곳에
소프트웨어 품질 평가가 **필요할까요**

- 사업 품질 수준을 확인하고 싶은 경우
- 정보시스템 감리를 사전에 준비하고 싶을 경우
- 보안 등 법적인 대응 요소를 식별하고 준수 여부를 확인하고 싶을 경우
- 어떻게 사업을 진행해야 할지 모를 경우
- 사업 성과물의 품질을 높이고 싶은 경우
- 정식 감리 비용을 마련하지 못한 경우

SQE 장점

- ✓ 고효율 저비용 평가
- ✓ 빠르고 정확한 점검
- ✓ 핵심 위험 요소 식별
- ✓ 시정조치 부담 제거
- ✓ 통합적인 진단
- ✓ 요구사항 이행 확인

적용 가능 사업 및 분야는?

정보시스템 개발 사업

- ✓ 사업관리 및 품질 보증 분야
- ✓ 응용 시스템 분야
- ✓ 데이터베이스 분야
- ✓ 시스템 구조 및 보안 분야
- ✓ 상호운영성 분야 등

시스템 운영 및 유지보수 사업

- ✓ 사업관리 및 품질 보증 분야
- ✓ 서비스 제공 분야
- ✓ 서비스 지원 분야
- ✓ 유지보수 이행 분야 등

DB 구축 사업

- ✓ 사업관리 및 품질 보증 분야
- ✓ 데이터 수집 및 시범 구축 분야
- ✓ 데이터 구축 분야
- ✓ 품질 검사 분야 등

정보화 전략 계획수립 사업

- ✓ 사업관리 및 품질 보증 분야
- ✓ 업무 분야
- ✓ 기술 분야
- ✓ 정보화 계획 분야 등

정보기술 아키텍처 구축 사업

- ✓ 사업관리 및 품질 보증 분야
- ✓ 기반 정립 분야
- ✓ 현행 아키텍처 구축 분야
- ✓ 이행계획 수립 분야
- ✓ 관리체계 분야 등

소프트웨어 품질 평가(SQE)로

비용의 부담은 내리고!

사업의 성과는 올리고!

* 당사는 고객사의 프로젝트 성공을 위해 최상의 지원을 약속드립니다.

* 상담안내　　　전 화 : 031-819-2900　　　이메일 : master@softqt.com

병렬형 SW 개발 방법론 K-Method 표준

초판 1쇄 발행 2017년 09월 05일

저   자   유 홍 준   김 성 현

편   집   IoT 융합 서적 편집팀
디 자 인   김 류 경

발 행 자   (주)소프트웨어품질기술원
주   소   경기도 고양시 일산동구 호수로 358-39. 101-614
전   화   031-819-2900
팩   스   031-819-2910
등   록   2015년 2월 23일 제015-000042호

정가   20,000 원
ISBN 979-11-87473-03-9